beck sche reihe

C.H.Beck Geschichte Europas – die zehnbändige Reihe vereint herausragende Vertreter der deutschen Geschichtswissenschaft, die auf dem neuesten Stand der Forschung eine zugängliche und zeitgemäße europäische Geschichte vorlegen. Ihr Blickwinkel ist europäisch, nicht nationalstaatlich. Sie konzentrieren sich auf zentrale Entwicklungen, die ein ganzes Zeitalter prägten, und vermitteln zugleich das wichtigste Wissen über den behandelten Zeitraum. So wird deutlich, was «Europa» in den unterschiedlichen Epochen seiner langen Geschichte ausmachte und was für Vorstellungen jeweils mit dem Begriff verbunden wurden.

Die Zeit zwischen 1789 und 1850 war durch ein bis dahin nicht vorstellbares Maß an Wandel in allen Lebensbereichen geprägt. Die Epoche umfasst den Übergang von einer destruktiven Kriegsphase zu einem langen Frieden. In ihr fallen politische Umbrüche mit einer neue Dimensionen erreichenden wirtschaftlichen Dynamisierung zusammen und sie markiert zugleich einen dramatischen Rückzug Europas aus der Welt: globale Reiche lösten sich weitgehend auf, neue Staaten in Amerika traten an ihre Stelle. Andreas Fahrmeir zeichnet ein anschauliches Porträt Europas in der Epoche der Revolutionen und Reformen und fragt nach dem Zusammenhang zwischen politischen Umbrüchen und wirtschaftlicher Entwicklung. War die politische Revolution eine Folge wirtschaftlichen Wandels oder lieferte diese erst die Voraussetzungen für die wirtschaftliche, politische und gesellschaftliche Modernisierung Europas? Diese Frage steht im Mittelpunkt der Geschichte, die in diesem Band erzählt wird.

Andreas Fahrmeir ist Professor für Neuere Geschichte an der Goethe-Universität Frankfurt am Main.

Andreas Fahrmeir

Revolutionen und Reformen

Europa 1789–1850

C.H.BECK GESCHICHTE EUROPAS

Mit 3 Abbildungen und 3 Karten (© Peter Palm, Berlin) im Text

Originalausgabe / © Verlag C.H. Beck oHG, München 2010 / Satz, Druck u. Bindung: Druckerei C.H. Beck, Nördlingen / Umschlagentwurf: malsyteufel, Willich / Umschlagabbildung: Jacques-Louis David, Der Tod des Marat, Versailles © akg-images / Erich Lessing / Printed in Germany / ISBN 978 3 406 59986 6 / *www.beck.de*

Inhaltsverzeichnis

Einleitung: Europa um 1789

Als der englische Grundbesitzer und Agrarwissenschaftler Arthur Young Anfang 1790 von Norditalien über Paris nach Hause reiste, bemerkte er überall Zeichen des Wandels: entlang der Straße geplünderte Landsitze, deren Inhaber geflohen waren, in Städten misstrauische Bürger und Beamte, die in jedem Fremden einen Verräter vermuteten. Erregte Menschenmengen der französischen Provinz hielten den neugierigen Engländer, der in Brunnen lugte, um diese möglicherweise zu vergiften, und auf Hügel kletterte, um dort vielleicht Geschützstellungen zu markieren, für einen royalistischen Spion, der an den nächsten Baum gehängt gehörte. Sie hatten insofern recht, als er zwar kein Spion, aber auch kein Freund der Reform von unten oder einer Republik war. Wenn es ihm immer wieder gelang, durch das Lob progressiver Besteuerung und die Kritik am Standesdünkel der französischen Aristokratie seinen Kopf buchstäblich aus der Schlinge zu ziehen, dann nur, weil er glaubte, den Kern der bestehenden britischen monarchischen Ordnung zu beschreiben.

Youngs Vorstellungen kamen dem nahe, was die «Propagandamaschine»[1] des Großherzogs Leopold der Toskana, eines Bruders der französischen Königin, als Ergebnis aufgeklärter, monarchengesteuerter Wirtschaftspolitik anpries: rationale Reformen, die qualifizierte (Groß-)Grundbesitzer und (Groß-)Kaufleute in die Lage versetzen sollten, Produktion und Wohlstand zu steigern und damit dem Staat zu neuen Einnahmen sowie der Monarchie zu neuem Glanz, aber nicht zu neuem Prunk zu verhelfen.

In Paris, wo Young im Frühjahr 1789 auf seinem Hinweg erlebt hatte, wie die Eröffnung der Generalstände in Versailles das in Gang setzte, was wir als «große» Französische Revolution kennen, konnte er auf der Rückreise beobachten, wie der König von Nationalgardisten im Garten der Tuilerien spazieren geführt und die Königin von einer Menschenmenge bedrängt wurde, die nur noch durch das Lüften von Hüten ihren Respekt bezeugte. Für Young war diese implizite Beleidigung durch körperliche Nähe ein Indiz dafür, dass die Revolution ihre Chance vertan hatte und wegen ihrer unnötigen Exzesse bald einen royalistischen Putsch oder eine ausländische Intervention erleben werde. Dass die königliche Familie bald viel mehr zu fürchten haben würde als Zudringlichkeiten und dass die Reaktion erst nach 1815 zuschlagen konnte, sah er jedoch nicht vorher.

Dennoch gilt Young als «Revolutionär», wenn auch nur im Agrarbereich. Er war einer der Männer, deren systematische Suche nach fetteren Schweinen, besseren Entwässerungsmethoden, ertragreicheren Getreidesorten und mehr Milch gebenden Kühen Voraussetzung wie Symptom des wirtschaftlichen Aufschwungs im Europa des späten 18. und frühen 19. Jahrhunderts war, der den Übergang vom vorindustriellen zum industriellen Wirtschaften ermöglichte. Dass zwischen der industriellen oder protoindustriellen «Revolution» und den politischen Revolutionen ein Zusammenhang besteht, ist kaum umstritten. Kontrovers ist, ob der wirtschaftliche Wandel die Voraussetzung politischer Revolutionen war oder ob die politischen Umbrüche erst die institutionellen Grundlagen der wirtschaftlichen Blüte legten, indem sie in weiten Teilen (West-)Europas das Feudal- und Zunftsystem durch eine kapitalismusfreundliche, auf Privatbesitz, Freihandel und einem schlanken Staat beruhende Rechts- und Gesellschaftsordnung ersetzten.

Die Frage, ob politische Revolution eine – vielleicht zwangsläufige – Folge davon war, dass die Gewinner der sich im ausgehenden 18. Jahrhundert vor allem in Großbritannien und Frankreich abzeichnenden neuen Wirtschaftsordnung in einer «feudalen» Adelsherrschaft marginalisiert wurden, oder ob die politischen Umbrüche institutionelle und intellektuelle Voraussetzungen der wirtschaftlichen, gesellschaftlichen und politischen Modernisierung Europas waren, steht im Mittelpunkt der Geschichte, die in diesem

Band erzählt wird. Man könnte, einer langen Tradition der Geschichtsschreibung über das 19. Jahrhundert folgend, ein «Bürgertum» als Hauptprofiteur der «Industrialisierung» vermuten, das in den Revolutionen von 1789, 1830 und 1848 «feudale» Regime stürzte oder zu stürzen versuchte. Im Zuge der Auseinandersetzung mit der kosmopolischen Adelsgesellschaft des 18. Jahrhunderts oder dem repressiven System Metternichs nach 1815 könnte sich das «Bürgertum» zugleich seiner nationalen Identität bewusst geworden und darangegangen sein, für den «Nationalstaat» als die seinen Interessen am besten entsprechende politische Ordnung zu agitieren. In dieser Perspektive erschiene das 19. Jahrhundert dann als Zeitalter von Bürgertum, Industrialisierung und Nationalbewegungen. Hier soll stattdessen, neuere Forschungsdebatten aufgreifend, danach gefragt werden, inwieweit ein solches Muster tatsächlich auf die sozialen, politischen und wirtschaftlichen Entwicklungen in unterschiedlichen Teilen Europas zutrifft und welche Kausalbeziehungen zwischen politischen und sozialen Veränderungen bestanden. Anders formuliert: Es soll gefragt werden, in welchem Sinne die erste Hälfte des «langen» 19. Jahrhunderts zwischen 1789 und 1914 als Geburtsstunde des modernen Bürgertums, des modernen liberal-demokratischen (National-)Staates und industrieller Produktionstechniken in Europa gelten darf.

Man kann die Komplexität dieser Problemstellung anhand eines Erlebnisses Youngs konkretisieren. Frankreichs Société Royale d'Agriculture beschloss am 18 November 1789 (angeblich auf Youngs Anregung), den im selben Jahr zum ersten Präsidenten der USA gewählten George Washington wegen seiner Verdienste um die Landwirtschaft zum Ehrenmitglied zu ernennen. War die Ehrung eines nichtadeligen Revolutionärs in einer absoluten Monarchie ein Akt des Widerstandes? Oder war die Ehrung Washingtons ein Akt politischer Loyalität mit der französischen Monarchie, die alles getan hatte, damit Washington Präsident einer unabhängigen Föderation werden konnte? War sich die ehrwürdige Gesellschaft bewusst, dass sie einen Sklavenhalter ehrte? War die Begründung der Auszeichnung ein Beleg für eine enge Weltsicht, da

Washingtons Felder, nicht seine welthistorische Bedeutung geehrt wurden, oder sah der Verein möglicherweise zu Recht in gut bestellten Feldern größeres Veränderungspotential als in einer gewonnenen Schlacht? Solche Fragen machen deutlich, dass die Grenzen zwischen politischen Parteien, Aufbruch und Beharren, Widerstand und Loyalität nicht einfach zu rekonstruieren sind – nicht zuletzt, weil die damals zentralen Fragen nach Freiheit und Unterdrückung, Gerechtigkeit und Effizienz, Staatseinfluss und Wirtschaftsautonomie immer noch aktuell sind.

Die Zeit zwischen 1789 und 1850 war durch ein bis dahin nicht vorstellbares Maß an Wandel in allen Lebensbereichen geprägt. Die Epoche erlebte den radikalen Bruch mit der Tradition monarchischer Herrschaft. Sie wurde erst Zeuge eines Versuchs, Kontinentaleuropa in einem Reich zu vereinigen, dann einer Differenzierung in Nationalstaaten und Imperien, die liberal oder autokratisch verfasst waren. Jahre fast bruchlos aufeinanderfolgender Kriege, die ganz Europa und weite Teile der außereuropäischen Welt in ihren Bann zogen, gingen einer langen Friedensperiode voraus, die zwar gelegentlich unterbrochen wurde, aber in der europäischen Geschichte doch Seltenheitswert hat. Innenpolitische Auseinandersetzungen mündeten jedoch weiterhin immer wieder in Revolutionen oder Versuche der Reform «von oben».

Die Kriege der Französischen Revolution und Napoleons sowie die Revolutionswellen zwischen 1820 und 1848 führten in Süd-, Mittel- und Osteuropa zu ähnlichen Erinnerungen und vergleichbaren Debatten. Das macht es relativ leicht, die Geschichte «Europas» zwischen 1789 und 1850 als eine gemeinsame, von der Politik dominierte Geschichte zu erzählen. Die Wahl einer solchen Perspektive hat – angesichts der begrenzten Seitenzahl, die eine «histoire totale» ohnehin unmöglich macht – Folgen für die Schwerpunkte der Darstellung. Die Schilderung von Entwicklungen im Bereich der Kunst, Alltagskultur oder Religion tritt in den Hintergrund, ebenso die Geschichte des täglichen Lebens in öffentlichen wie privaten Räumen, die Rekonstruktion von Mentalitäten oder die Beschreibung des Wandels in den Beziehungen zwischen den

Menschen und ihrer Umwelt. Insofern handelt es sich um eine in manchem traditionelle «Politikgeschichte» – allerdings aus einem etwas ungewohnten Blickwinkel. Das frühe 19. Jahrhundert galt lange als Epoche, in der sich nationale «Sonderwege» in die demokratische Moderne oder in den autoritären Obrigkeitsstaat ausbildeten. Ob die hier emphatisch vertretene Sicht, welche den Grad der Nationalisierung in Europa im frühen 19. Jahrhundert geringer gewichtet, plausibel ist, muss jede Leserin und jeder Leser für sich entscheiden. Die neue Perspektive kann aber in keinem Fall darauf zielen, die Unterschiede in Europa kleinzureden, die sich zwischen dem ausgehenden 18. Jahrhundert und der Mitte des 19. Jahrhunderts in zum Teil dramatischer Weise vergrößerten.

Um 1790 hatten die Menschen, die in «Europa» – worunter damals in der Regel die Region zwischen dem nördlichen Skandinavien und dem Mittelmeer, der Atlantikküste und dem Dnjepr oder dem Ural verstanden wurde – lebten, einiges gemeinsam; zugleich trennte sie viel. Wie viele Menschen damals in Europa lebten, lässt sich nur schätzen. Obgleich die Einwohnerzahl vielen Monarchen als wichtiger Indikator für den Reichtum ihres Staates galt, versuchten nur wenige, ihre genaue Höhe zu ermitteln. Aussagen zur Bevölkerung müssen sich daher meist auf gelegentliche Zählungen von Haushalten, wehrfähigen Männern, Steuerpflichtigen oder Stadtbürgern stützen, die sich mit Hilfe von Annahmen über Familiengröße und Sozialordnung in eine Bevölkerungszahl umrechnen lassen. Zudem kann man aus der Analyse von Kirchenbüchern oder anderen Urkunden die Zahl der Geburten und Todesfälle, Zu- und Abwanderungen rekonstruieren und so auf der Grundlage von Stichproben von den Volkszählungen des 19. Jahrhunderts ins 18. Jahrhundert zurückrechnen.

Aus einer Kombination der verschiedenen Quellen und Methoden ergibt sich für «Europa» bis zum Ural um 1790 eine ungefähre Bevölkerungszahl zwischen 170 und 180 Millionen. Davon waren etwa 10 Millionen Untertanen des Allerkatholischsten Königs von Spanien, 27 Millionen des Allerchristlichsten Königs von Frankreich, 51 Millionen des Römischen Kaisers (davon lebten etwa

25 Millionen in den nichthabsburgischen Teilen des Heiligen Römischen Reiches deutscher Nation), 15 Millionen des britischen Königs, 24 Millionen des russischen Zaren, 3 Millionen des Königs von Portugal. Rund 5 Millionen lebten in den skandinavischen Monarchien, circa 14 Millionen in den italienischen Fürstentümern, etwa 10 Millionen in den europäischen Teilen der Besitzungen des Sultans. Nur wenige Europäerinnen und Europäer waren keinem Monarchen untertan: die etwa 2 Millionen Einwohner der Generalstaaten der Niederlande, die über 3 Millionen Bewohner der italienischen Stadtrepubliken Venedig und Genua, die rund 2 Millionen Angehörigen der Schweizer Kantone. Zahlreiche Herrscher Europas verfügten außerhalb des Kontinents über eine erhebliche Zahl von Untertanen: Der osmanische Sultan herrschte über rund 15 Millionen Menschen in Kleinasien und Nordafrika; etwa 17 Millionen Untertanen des Königs von Spanien und gut 3 Millionen Untertanen des Königs von Portugal lebten in überseeischen Besitzungen; allein die drei Zentren des britischen Kolonialreichs in Indien (Bombay, Kalkutta und Madras) hatten um 1800 eine Million Einwohner.

Obgleich die genaue Zahl unbekannt ist, ist gewiss, dass es um 1790 mehr Europäerinnen und Europäer gab als um 1700 oder um 1750. Das lag an den klimatischen Bedingungen, die sich nach der «kleinen Eiszeit» um 1700 verbesserten. Sie trugen ebenso zu reicheren Ernten bei wie die allmähliche Vergrößerung der landwirtschaftlichen Anbaufläche durch das Trockenlegen von Sümpfen und das Roden von Wäldern, neue Feldfrüchte wie die Kartoffel, schließlich die Verbesserung landwirtschaftlicher Techniken. Dazu kam die Immunisierung gegen Pocken, welche in immer größeren Teilen Europas zur Regel wurde. Trotz der beträchtlichen Auswanderung aus West- und Mitteleuropa nach Nord- und Südamerika sowie in den Herrschaftsbereich des russischen Zaren stieg daher die Bevölkerungszahl überall an – in Mittel- und Nordeuropa deutlich stärker als im Süden und Osten des Kontinents. Insgesamt wuchs die Bevölkerung Europas im halben Jahrhundert nach 1750 um etwa 30 Prozent, in Großbritannien und Skandinavien um rund 41 Prozent, in Frankreich und «Deutschland» um circa 30 Prozent, in Spanien, Italien und Portugal dagegen nur um knapp 20 Prozent, was eine Verschiebung des «demographischen Gleichgewichts» und der ökonomischen Dynamik weg vom Mittelmeerraum signalisierte.[2]

Die Mehrzahl der Europäerinnen und Europäer lebte auf dem Land auf einsamen Höfen oder in kleinen Dörfern. Selbst die meisten, die als Stadtbewohner galten, waren in Siedlungen zu finden, in denen nur wenige tausend Menschen lebten. Europäerinnen und Europäer waren zum größten Teil sesshaft oder an Sesshaftigkeit orientiert. Wanderexistenzen wie die der Schafhirten der spanischen «Mesta», die durch die dürren Gebiete Andalusiens zogen, der Samen in Lappland oder der Trödler und Hausierer, welche jedes Jahr die kargen Täler der Alpen, Pyrenäen oder Abruzzen verließen, um ihre Waren zu verkaufen, der Seeleute oder der Söldner, die sich den europäischen Heeren anschlossen, der Dienstboten, welche ihre Herren auf Reisen begleiteten, waren weder typisch, noch galten sie als erstrebenswert. Wanderarbeit wurde als Ergänzung eines stetigen Berufs in Landwirtschaft oder Gewerbe ausgeübt oder diente (wie die Gesellenwanderung oder die «grand tour» der oberen Schichten) der Ausbildung und dem Erwerb eines festen Orts in der Gesellschaft.

Sesshaftigkeit hing eng mit den schwierigen Verkehrsverhältnissen zusammen, die verhinderten, dass Reisen ein Vergnügen sein konnte. Das Maß der Fortbewegung war in der Regel die menschliche Schrittgeschwindigkeit. Selbst wer sich die Reise in einer unbequemen, holprigen und engen Kutsche leisten konnte – 100 Kilometer verschlangen leicht ein durchschnittliches Monatseinkommen –, kam auf den allerbesten Straßen in Großbritannien oder Frankreich über eine Durchschnittsgeschwindigkeit von 20 Stundenkilometern kaum hinaus. Reiten war zwar schneller, aber noch sehr viel teurer. Billiger und vielleicht sogar etwas zügiger war der Transport übers Meer, auf schiffbaren Flüssen oder den künstlichen Kanälen, die vor allem in Großbritannien, den Niederlanden und Frankreich zur Vernetzung von Wirtschaftszentren beitrugen.

Da Reisezeit – außer für Dienstboten, Hirten, Kuriere oder Soldaten – keine Arbeitszeit war, setzten die niedrigen Reisegeschwindigkeiten der Mobilität derer, die von der Hand in den Mund leben mussten, enge Grenzen. Die Mehrheit der Menschen lebte nicht nur auf dem Land, sondern hatte auch an den Folgen der vielerorts begrenzten Produktivität der Landwirtschaft zu leiden. In Portugal, Russland, Skandinavien, weiten Teilen des Heiligen Römischen Reiches, im südlichen Italien oder auf dem Balkan erwirtschafteten Bauern kaum mehr, als sie für das eigene Überleben, die Aussaat im nächsten Jahr sowie die zwar als drückend empfundenen, in ihrem Anteil am Einkommen mit modernen Steuerlasten jedoch kaum zu vergleichenden Abgaben an Klerus, weltliche Obrigkeit und Grundherren brauchten. Zwischen 70 und über 90 Prozent der Bevölkerung waren in diesen Gebieten Bauern oder Landarbeiter. Nur in Großbritannien, Nordfrankreich, den Niederlanden und Norditalien, also in einer Art breitem Halbmond, dessen Spitzen in Dublin und Mailand lagen, ermöglichte eine produktivere Landwirtschaft einem höheren Anteil der Bevölkerung, sich in anderen Wirtschaftsbereichen zu betätigen.

Unterschiede in der Lebenserwartung stellen ein grobes Maß des Wohlstands dar, das einen Vergleich zwischen europäischen Regionen ermöglicht. In Großbritannien betrug die Lebenserwartung ab Geburt (d. h. unter Einschluss der hohen Kindersterblichkeit) im Durchschnitt über 34 Jahre, in Russland 24 Jahre. Ein weiterer Indikator für das Wohlstandsgefälle ist die Größe von Städten. Der Millionenstadt London standen in Paris etwa 700 000 Einwohner gegenüber, in Konstantinopel als Zentrum des Mittelmeermarkts 570 000, in Neapel 400 000, in Madrid 200 000, in Wien 230 000, in Rom 160 000, in Kopenhagen 100 000, in Stockholm 73 000, in St. Petersburg 220 000, in Moskau 250 000.

Die Ursachen der Produktivitäts- und Wohlstandsunterschiede sind umstritten. Sorgte eine leistungsfähigere Landwirtschaft für größere Städte, oder boten erst größere Städte einen Markt, für den es sich lohnte, Lebensmittelüberschüsse zu produzieren? Klar ist, dass überregionale Lebensmittelmärkte notwendig waren, um das Risiko marktorientierten Wirtschaftens zu begrenzen. Nur sie verhinderten, dass Gutsbesitzer, Pächter oder Bauern fürchten mussten, nach einem Ernteausfall zu verhungern. Der Konsum von London, Paris und Neapel beeinflusste zumindest in fast allen Küstenstädten Nordamerikas, Europas, des Mittelmeerraums und Süd- und Südostasiens die Produktion von Lebensmitteln des täglichen Bedarfs oder von Luxuswaren. Die französische Kontrolle Korsikas, die im 18. Jahrhundert errungen wurde, war beispielsweise notwendig, um die Versorgung des französischen Markts mit Getreide aus der Mittelmeerregion zu sichern. Städte konnten ohne den Zustrom von Nahrungsmitteln aus zum Teil weit entfernten Regionen kaum überleben. Madrid, die einzige Hauptstadt Europas, die nicht zu Wasser zu erreichen war, benötigte jeden Tag den Import von Nahrungsmitteln aus der näheren und weiteren Umgebung auf etwa 700 Wagen und 5 000 Maultieren. Auch in Neapel konnte die Versorgung nicht aus dem unmittelbaren Umland kommen, denn die Ausstrahlung der Großstadt auf die Anbaupraxis in Kalabrien war begrenzt; Basis der Expansion war hier der Zugang zum Mittelmeerraum und zum amerikanischen Reis- und Getreidemarkt. Lebensmittel des gehobenen Bedarfs wie Wein, Zucker, Spirituosen oder Gewürze wurden ebenso wie Seiden- und Baumwolltuche weltweit gehandelt – die portugiesische Südweinproduktion beispielsweise floss überwiegend in englische Weinkeller.

In ländlichen Regionen, die keinen Zugang zu überregionalen Märkten hatten, war dagegen oberste Priorität, die Hungersnöte zu vermeiden, die in einer Subsistenzwirtschaft jedem Ernteausfall folgten. Das machte die Abkehr von bewährten Anbaupraktiken hochriskant. Dazu kam ein Mangel an Kapital, das die Einführung neuer Zuchttiere, Geräte, Pflanzensorten, Be- und Entwässerungstechniken ermöglicht hätte. Manchmal übernahm – wie etwa bei der Trockenlegung des preußischen Oderbruchs im späten 18. Jahrhundert – der Staat solche Investitionen, aber auch der Obrigkeit mangelte es vielerorts an Kenntnissen, Interesse und Geld.

Unabhängig davon, ob sie auf dem Land oder in der Stadt, in einer fortschrittlichen oder in einer rückständigen Region lebten:

Europäerinnen und Europäer waren überall Teil einer sozialen Hierarchie, die durch die Existenz von Ständen geprägt war. An der Spitze der Hierarchie stand – sieht man von den wenigen Republiken ab – ein Monarch, dessen Amt in der Praxis meist auch dann vererbt wurde, wenn die Theorie, wie im Heiligen Römischen Reich deutscher Nation, eine Wahl vorsah. Den vornehmeren Ständen Klerus, Adel und städtischem Bürgertum gehörte nur eine Minderheit der Bevölkerung an; die große Mehrheit gehörte zur Bauernschaft, zu Schichten, deren soziale Position durch ihre Zugehörigkeit zum Hausstand eines Bürgers, Adeligen oder Klerikers bestimmt war (also Lehrlinge, Gesellen, Dienstboten, Gehilfen, Knechte und Mägde) beziehungsweise zu Gruppen, die ihren Platz in der ständischen Gesellschaft durch unehrliche oder suspekte Tätigkeiten wie Henker, Soldat, Matrose, durch Arbeitsunfähigkeit oder kriminelle Handlungen verloren oder wegen ihrer «unehrlichen» (d. h. meist unehelichen) Geburt gar nicht erst erworben hatten.

Die Angehörigen verschiedener Stände unterschieden sich durch Kleidung, Umgangsformen, Lebenspraktiken, Rechte und Pflichten. Diese spiegelten die unterschiedlichen Aufgaben, die den Ständen zugedacht waren. Der vornehmste und daher «erste» Stand, der Klerus, fungierte im christlichen Europa als Mittler zwischen dem Diesseits und dem idealen Jenseits der christlichen Heilsvorstellung. Daraus ergab sich eine allgemeine Zuständigkeit für moralische Fragen ebenso wie die Kompetenz zur rechtlichen Ordnung des privaten Raums. Der Klerus registrierte Geburten, Sterbefälle und Eheschließungen nach den Regeln der jeweiligen Staatskirche. Das in der Regel nicht besteuerte Vermögen der Kirchen, zu dem auch der Anspruch auf Abgaben der Gemeindemitglieder gehörte, wurde auch zur Pflege von Armen und Kranken und zur Finanzierung von Bildungseinrichtungen eingesetzt. Schulen wurden oft von Geistlichen geführt und geprägt, während Theologie an Hochschulen eine große, wenn nicht die zentrale Rolle spielte.

Der in der Praxis prominenteste Stand, der Adel, aus dem sich die Spitze des Klerus rekrutierte, definierte sich durch seine Nähe zum

Monarchen, dessen Hof von Adeligen dominiert wurde, und über seine militärischen Aufgaben. Als Ratgeber des Monarchen waren Adelige ferner zu Aufgaben in der höheren Verwaltung und Justiz prädestiniert. Ihre Tätigkeit für Krone und Staat war vielerorts Grundlage erheblicher Privilegien wie Befreiung von Steuern und Abgaben oder Freistellung von militärischen Dienstpflichten. Dem «dritten» Stand der Stadtbürger und nichtadeligen Landbesitzer oblag es, durch Arbeit in der landwirtschaftlichen Produktion, im verarbeitenden Gewerbe oder im Handel für den Wohlstand des Gemeinwesens zu sorgen.

Menschen ohne Besitz, Amt oder unabhängig ausgeübten Beruf machten etwa die Hälfte der Bevölkerung aus. Um sie von den Vollmitgliedern der Stände zu unterscheiden, werden sie auch als «unterständische Schichten» bezeichnet. Sie hatten die Aufgabe, sich durch Lohn, der in Kost und Logis, seltener in Geld ausgezahlt wurde, auf legitime Art und Weise zu ernähren – der Rückgriff auf öffentliche Unterstützung galt nur im Kindesalter, im hohen Alter oder bei schwerer Krankheit als legitim.

Jeder Stand hatte eigene interne Hierarchien: vom Bischof zum Gemeindepfarrer, vom Prinzen von Geblüt zum gerade nobilitierten Rechtsanwalt oder Landedelmann, vom Zunftvorsteher zum Gesellen oder vom Großbauern zum Pächter. Die Unterscheidung der drei Stände war daher nur eine Möglichkeit, die Gesellschaftsordnung zu beschreiben. Eine andere war die Schilderung einer ständeübergreifenden Hierarchie, in der vom Monarchen bis zum Bettler jeder seinen Platz vorfand, eine weitere die Unterscheidung zwischen «oberen», «mittleren» und «unteren» Rängen, eine letzte die zwischen «oben» und «unten», etwa zwischen Arbeitern und Nichtstuern. Jedes dieser Gesellschaftsmodelle implizierte ein anderes Verhältnis von Gerechtigkeit und Ungerechtigkeit, und jedes legte andere politische Programme nahe.

Anders als der Platz in diesen unterschiedlichen Gesellschaftsbildern, der im Wesentlichen eine Folge subjektiver Statuswahrnehmung war, hatte die Zugehörigkeit zu einem Stand konkrete Folgen. Jeder Stand hatte seinen eigenen «Gerichtsstand», also das

Privileg, nur vor bestimmten Gerichten erscheinen zu müssen – vor allem in dem Bereich, den wir heute als «Zivilsachen» kennzeichnen würden. Für Lehrlinge, die ihre Verpflichtungen nicht erfüllten, konnte der Lehrherr als Vorstand des Haushaltes, ein Gericht der Zunft oder der städtischen Korporation zuständig sein. Studenten wurden vor Gerichte der Universitäten zitiert, deren Sanktionsmöglichkeit, der «Karzer», sich bis ins 19. Jahrhundert hielt. Bauern oder Landarbeiter mussten ihre Klagen den Gerichten der Grundherren vortragen, während die Adeligen selbst nur vor den höchsten Gerichten wie dem britischen Oberhaus oder den französischen Parlamenten erscheinen mussten. Anders gewendet: Die Gesellschaften des «Ancien Régime» unterschieden nicht zwischen ökonomischen Abhängigkeitsverhältnissen (wie denen zwischen Lehrherr und Lehrling oder Pächter und Besitzer) einerseits und politischen Herrschaftsbeziehungen andererseits. Daher konnten sich ökonomische Abhängigkeiten unter bestimmten Umständen zur absoluten Hörigkeit steigern. In Europas westlichen Kolonien hieß das Sklaverei, im östlichen Europa Leibeigenschaft; der Unterschied bestand darin, dass im einen Falle die Opfer an individuelle Besitzer, im anderen Falle an Landstücke gebunden waren – gemeinsam waren eingeschränkte Persönlichkeits- und Eigentumsrechte und die Wehrlosigkeit gegen Willkürakte des Besitzers oder Grundherrn.

Insgesamt war die Ständeordnung aber weniger starr, als Leibeigenschaft oder Sklaverei als extreme Fluchtpunkte suggerieren. Zwar deckte sich die Zugehörigkeit eines Mannes zu einem Stand meist mit der seiner Eltern (nur der katholische Klerus konnte sich wegen des Zölibats nicht aus dem eigenen Nachwuchs rekrutieren), aber der Wechsel von einem Stand in einen anderen war immer möglich. Bauern und Bürger konnten durch Bildung und Vermögen in Klerus oder Amtsadel aufsteigen, Kaufleute konnten in den Adelsstand erhoben werden oder ihre Töchter an Adelige verheiraten, Adelige konnten ihren Status durch unehrenhaften Lebenswandel (etwa körperliche Arbeit) verlieren – und selbst Sklaven oder Leibeigene konnten als Lohn für besondere Dienste befreit werden.

Die Zugehörigkeit zu einem Stand war für den Adel eine internationale Eigenschaft, vermittelt durch ähnliche Umgangsformen und Herrschaftsansprüche, komplexe Verwandtschaftsbeziehungen, Freundschaften, die im Zuge von Kriegen zwischen ritterlichen Gegnern geschlossen wurden, und fiktive Verwandtschaftsgrade, welche die europäischen Monarchen dazu brachten, ihresgleichen als «Brüder» und Adelige immer noch als «Cousins» anzureden. Ähnliches galt innerhalb der jeweiligen konfessionellen Grenzen für die höheren Ränge des Klerus, vor allem für die alle mehr oder weniger intensiv nach Rom blickenden katholischen Bischöfe und Kardinäle. Dagegen war die Zugehörigkeit zum «dritten Stand», etwa zur Kaufmannschaft, zum Handwerk oder zu den Bauern, in aller Regel nur lokal von Bedeutung. Ein Meister in Frankfurt konnte sich nicht als Meister in Mainz oder Bordeaux niederlassen, Kaufmannsprivilegien in Liverpool waren in London oder Stockholm wertlos.

Damit ist indirekt das Problem einer europäischen Identität angesprochen. Diese konnte sich allenfalls an der Spitze der Gesellschaft konstituieren, nicht an der Basis, wo schon die Einwohner des übernächsten Dorfes fremdartig erscheinen mochten. Große Teile der Bevölkerung waren von europaweiten Diskursen prinzipiell abgeschnitten. Zwar konnte in Preußen, den Niederlanden und Schottland eine deutliche Mehrheit, in England immer noch eine knappe Mehrheit der erwachsenen Männer etwas schreiben und vermutlich lesen, ebenso in Skandinavien. Die Gesellschaften Russlands, Spaniens, Portugals, Italiens und des Osmanischen Reiches waren dagegen Gesellschaften einer von West nach Ost und von Nord nach Süd zunehmenden Mehrheit von Analphabeten. In allen Regionen hinkte die Lese- und Schreibfähigkeit von Frauen der von Männern deutlich hinterher. Geschriebene Nachrichten konnten sich also kaum so rasch und gründlich verbreiten wie mündlich weitergegebene Gerüchte.

Trotz der Wirkungen der Aufklärung blieb Europa von tiefen konfessionellen und religiösen Gräben durchzogen. Zwar rechnete das katholische und evangelische Europa inzwischen nach demselben Kalender, das orthodoxe und muslimische Europa aber noch nicht. Es gab keine gemeinsamen heiligen Texte oder gleichartige Gottesdienste. Den Klerus verband über konfessionelle Grenzen hinweg kaum etwas. Dagegen gab es für Monarchen und Adel so etwas wie eine europäische Identität, die sich im hohen Adel (zu dem auch illegitime Kinder von Monarchen gehörten) auch in der Praxis widerspiegelte, in den Dienst ganz unterschiedlicher Staaten zu treten – Ähnliches galt für Adelsstatus anstrebende paneuropäische Abenteurer wie Casanova oder Cagliostro. Als Gustav III. von Schweden im ausgehenden 18. Jahrhundert einen Raum im Schloss Gripsholm mit Porträts europäischer Regenten ausmalen ließ, waren neben den Monarchen der großen Länder auch der Sultan und der Papst vertreten – Ersterer übrigens in einer Position, die der des Königs von Dänemark analog war. Bot die Existenz miteinander interagierender und konkurrierender Monarchen eine Basis für die Entwicklung einer europäischen Identität, so galt Ähnliches für die Korrespondenznetzwerke wissenschaftlich interessierter Menschen und die Handelsnetzwerke von Kaufleuten – die sich zwar nicht auf Europa beschränkten, in bestimmten Regionen Europas aber dichter waren als zwischen Europa und anderen Teilen der Welt.

Daraus aber auf eine emphatische europäische Identität des Adels, der Unternehmer und der Literaten zu schließen, würde in die Irre führen. «Europa» als Identitätsstifter trat hinter einer Reihe von Alternativen zurück: die lokale Dorf- oder Stadtgemeinschaft, die Region, in der man lebte, das Königreich, dem man angehörte. Dazu kam, dass europäische Staaten sich nur selten auf europäische Gebiete beschränkten. Die großen Länder – Großbritannien, Frankreich, Spanien und Portugal, aber auch das Osmanische Reich, Russland, die Niederlande, Dänemark oder Preußen – besaßen oder strebten nach Territorien, die außerhalb der Grenzen Europas lagen. Wie aus dem Artikel «Europe» des zentralen Nachschlagewerks des 18. Jahrhunderts, der *Encyclopédie*, hervorgeht, gab es nur wenige Eigenarten, die als spezifisch für den kleinsten Erdteil galten; somit blieb erklärungsbedürftig, warum Europa so mächtig wurde, dass «die Geschichte fast nichts Vergleichbares kennt». Ganz fromm verweist die *Encyclopédie* auf das Christentum, dessen Moral zu einem «gewissen politischen Recht» in der Innenpolitik und zu einem «gewissen Völkerrecht im Krieg» geführt habe, die über das hinausgingen, was die Menschen im Naturzustand, denen man vor allem in Afrika und Nordamerika zu begegnen glaubte, anerkannten.[3] Dennoch waren die außereuropäischen Territorien nicht nur exotischer und faszinierender, sondern meist auch ökonomisch interessanter als die europäischen Besitzungen. Das wohl extremste Beispiel hierfür ist Portugal, das sich im Laufe des 18. Jahrhunderts zu einem eher armen Weinbaugebiet entwickelte, das demographisch und ökonomisch immer weiter hinter Brasilien mit seinen großen Edelmetallvorkommen zurückblieb; Ähnliches gilt für die Wahrnehmung Indiens und der Karibik als Quell beinahe unerschöpflichen Reichtums in Großbritannien und Frankreich.

Europa: Das war im ausgehenden 18. Jahrhundert eine Ansammlung von in die Welt expandierenden, miteinander konkurrierenden Staaten, deren in strikte Hierarchien eingebundene Einwohner verschiedenen Glaubensrichtungen anhingen und unterschiedliche kulturelle Traditionen ausgebildet hatten. Darüber konnten auch ähnliche Lebenserfahrungen in weitgehend agrarisch strukturierten Gesellschaften nur begrenzt hinwegtäuschen.

I. Revolution (1789–1815)

1. Akute Krisen und langfristige Probleme

Revolutionen und Konflikte 1776–1792

Die 1770er und 1780er Jahre waren für Europas Obrigkeiten schlechte Zeiten. Seit 1776 kämpften Einwohner von 13 britischen Kolonien in Nordamerika gegen den Versuch des Londoner Parlaments, sie ohne ihre Zustimmung zu besteuern. Die Kolonisten behaupteten, Steuern dürften nur mit Zustimmung von Vertretern der Betroffenen erhoben werden: «no taxation without representation». Zunächst sah es so aus, als würden die amerikanischen Revolutionäre der überlegenen britischen Militärmacht unterliegen. Erst als die Monarchen Frankreichs und Spaniens die Chance nutzten, unter günstigen Bedingungen Krieg gegen Großbritannien zu führen, sah sich das Londoner Kabinett gezwungen, den Aufstand in Teilen Nordamerikas hintanzustellen, um die wertvolleren Besitzungen in der Karibik und Indien zu verteidigen. Der als amerikanischer Unabhängigkeitskrieg bezeichnete globale Konflikt endete mit der ersten Niederlage Großbritanniens gegen eine von Frankreich geführte Koalition seit 1688. Im 1783 geschlossenen Frieden von Paris behielt Großbritannien zwar seine Kolonien in der Karibik, in Afrika und Indien, musste aber die Unabhängigkeit 13 neuer «Staaten» in Amerika anerkennen, die sich 1787 zu einem Bundesstaat zusammenschlossen und so zeigten, dass eine republikanische Verfassung nicht nur in vergleichsweise kleinen Territorien wie Genua, Venedig oder den Schweizer Kantonen, sondern auch in großen Flächenstaaten funktionieren konnte.

Innenpolitisch stand die Londoner Regierung nicht nur wegen der Niederlage unter Druck. 1778 hob das britische Parlament obsolete antikatholische Gesetze in England und Wales auf. Als 1779 dasselbe für Schottland bevorstand, gab es Gerüchte, der protestantische König Georg III. sei in Wirklichkeit katholischer «Papist», das geplante Gesetz Beginn der Rekatholisierung des Landes. Anführer der skurrilen Bewegung, die bald auf England übergriff, war Lord George Gordon, ein Eton-Absolvent, der zwischen 1766 und 1769 als Marineoffizier in Amerika stationiert gewesen war. Gordons Forderung, Katholiken in England wieder mit Vermögensverlust, Deportation und Körperstrafen zu bedrohen, war populär; allein im Großraum London wurde seine Petition rund 40 000-mal unterschrieben. Als das Parlament am 2. Juni 1780 über die Unterschriftenlisten beriet, versammelten sich etwa 60 000 Menschen vor dem Gebäude. Als Soldaten die Menge auseinandertrieben, rief Gordon zur Ruhe auf. Trotzdem kam es am selben Abend zu ersten Ausschreitungen. In der Nacht zerstörte der Mob die Privatkapellen der Botschafter katholischer Mächte wie Bayern und Sardinien, in den nächsten Tagen Privat- und Gebetshäuser von Katholiken sowie des protestantischen obersten Richters Lord Mansfield, Mautstationen und Gefängnisse. Erst am 8. Juni erhielt das Militär den Befehl zurückzuschlagen. In den Gefechten starben etwa 200 Menschen, rund 300 wurden verletzt. Prozesse und Hinrichtungen folgten; Gordon selbst wurde in den Tower, die Bastille Londons, gebracht. In den Tagen der «Gordon riots» entstand in London etwa der zehnfache Sachschaden an Immobilien, den Paris im Zuge der Französischen Revolution zu beklagen hatte.

Gordon, der sich fortan als Gegner der britischen Regierung und erbitterter Feind der Königin von Frankreich profilierte, floh nach seinem Freispruch in die Niederlande. Als er 1787 durch die dortigen Unruhen nach London zurückgetrieben wurde, verurteilte man ihn wegen übler Nachrede zu fünf Jahren Haft im wieder aufgebauten Gefängnis Newgate.

In Großbritannien war das Parlament mithin in manchen Fragen liberaler als ein Teil der Öffentlichkeit. In der Republik Genf weigerten sich dagegen Anfang 1782 die Räte der Stadt, eine 1781 beschlossene Reform umzusetzen, welche die Rechte der verschiedenen Klassen von Einwohnern (*bourgeois*, *natifs* und *habitants*) angleichen sollte. Reformanhänger begannen am 8. April 1782, gegen die Verzögerung zu protestieren. Die «Genfer Revolution» lief gesitteter ab als die Gordon-Unruhen. Es kam lediglich zur versehentlichen Verletzung eines Mannes – obgleich die Revolutionäre drohten, die städtische Aristokratie aufzuhängen. Als Truppen aus Bern, Savoyen und Frankreich mit einer Belagerung drohten, wenn die bisherige Verfassung nicht wiederhergestellt und die Anführer des Aufstands verbannt würden, lenkten die progressiven Politiker ein und gingen mit zahlreichen Sympathisanten ins Exil.

Zwei Jahre später brannten im östlichen Teil der Habsburgermonarchie adelige Landsitze. Joseph II., seit dem Tod seiner Mutter Maria Theresia alleiniger Herrscher der weit verstreuten Habsburger Besitzungen, hatte 1781 begonnen, die Stellung der Bauernschaft zu verbessern, indem er die Leibeigenschaft abschaffte und Bauern in zahlreichen Provinzen erlaubte, Land zu einem fairen Preis zu kaufen. In Transsilvanien hatte Josephs Besuch 1783 große Hoffnungen geweckt. Ausgerechnet dort verzögerten aber die lokalen Eliten die Umsetzung der Reform. Da diese die Erstellung eines Katasters einschloss, fürchteten viele Bauern, die Registrierung der Besitzverhältnisse bereite eine Wehrpflicht vor. Beides trieb im Winter 1784 Zehntausende Bauern in die Revolte; dabei sollen bis zu 4000 Angehörige adeliger Familien zu Tode gekommen sein. Die Brutalität des transsilvanischen Aufstandes, der Ende Januar 1785 niedergeschlagen war, bestärkte den Monarchen in seinen Reformplänen, vor allem in seiner Absicht, 1789 eine einheitliche Landsteuer einzuführen.

Dazu kam es nicht. 1786 eskalierte in der Republik der Niederlande eine Auseinandersetzung zwischen «Oraniern», Anhängern des mit quasi-monarchischen Befugnissen ausgestatteten erblichen Generalstatthalters, und «Batavern» bzw. «Patrioten», die eine dezentralisierte, die Autonomie der einzelnen Gemeinden betonende Verfassung forderten. Zunächst triumphierte die außenpolitisch Frankreich zuneigende «patriotische» Bewegung an vielen Orten über die englandfreundlichen «Oranier». Der Verlauf der «niederländischen Revolution», die sich im Sommer 1787 zum Bürgerkrieg ausweitete, ähnelte dem in Genf. Die Opposition gegen monarchisch-aristokratische Herrschaft hatte Erfolg, bis es zur Intervention von außen kam. Anlass war die Festnahme von Wilhelmine, Gattin des Generalstatthalters der Niederlande Wilhelms V., durch «Patrioten» – Wilhelmine war die Schwester des preußischen Königs Friedrich Wilhelms II. Der von Großbritannien gedeckte Einmarsch preußischer Truppen stabilisierte die Herrschaft der Oranier und trieb zahlreiche «Patrioten» ins Exil.

Der preußisch-oranische Sieg war eine implizite französische Niederlage: Ludwig XVI. ließ die Gelegenheit verstreichen, den französischen Einfluss jenseits der verwundbaren Nordgrenze zu stärken.

In den südlich gelegenen habsburgischen Niederlanden war die politische Lage ebenfalls angespannt. Joseph II. plante nicht nur eine durchgreifende Steuerreform, sondern setzte überhaupt alles daran, seine Besitzungen in Ungarn, Böhmen, Polen, auf dem Balkan, in Österreich, Norditalien, «Vorderösterreich» (um Freiburg im Breisgau) und den südlichen Niederlanden denselben Regeln zu unterwerfen. Das war ein radikaler Bruch mit der bisherigen Rechtslage. Allein in den habsburgischen Niederlanden, die etwas kleiner waren als das heutige Belgien, regierte Joseph II. auf der Grundlage von zehn verschiedenen Herrschaftstiteln, aus denen sich für den «Grafen von Flandern», den «Grafen von Brabant» «&c. &c.» jeweils andere Rechte und Pflichten ergaben. Jeder neue Herrscher musste diese bestätigen; Joseph II. hatte nach kurzem Zögern dieselben Eide geschworen wie seine Vorgänger. Nun hatte er aber die begrenzte rechtliche Gleichstellung unterschiedlicher Konfessionen und die Auflösung von Klöstern verfügt.

Der durch Österreichs Rivalen Preußen unterstützte Widerstand gegen den Reformer auf den vielen Thronen regte sich besonders in Ungarn und den habsburgischen Niederlanden, in geringerem Maße auch in Tirol, Galizien, Böhmen und Transsilvanien. Seit Sommer 1789 herrschte in Belgien offener Aufstand. Das bot den Anti-Patrioten aus den nördlichen Niederlanden und der preußischen Regierung willkommenen Anlass zu einer Intervention, welche die nach Belgien geflüchteten «Patrioten» über die nächste Grenze nach Frankreich trieb. Anfang 1790 riefen die von Äbten geführten Rebellen eine «Republik der vereinigten belgischen Provinzen» aus. Im Februar 1790 starb Joseph II.; sein Bruder und Nachfolger Leopold II., der vormalige Großherzog der Toskana, einigte sich mit Friedrich Wilhelm II. auf eine von Preußen garantierte Rückkehr zur alten belgischen Verfassung.

Interventionen größerer Mächte in schwächeren Staaten dienten primär dem Ausbau der eigenen Machtposition, obgleich sie sich gelegentlich mit der Furcht vor Reformfolgen in Nachbarstaaten verbanden. Russland, Österreich und Preußen hatten 1772 ihre Territorien durch Annexion von Teilen des Königreichs Polen vergrößert. Die polnische Frage wurde erneut aktuell, als das Land 1791 daranging, sich eine Verfassung zu geben, die Grundsätze des aus Genf stammenden politischen Philosophen Jean-Jacques Rousseau, der britischen politischen Praxis und der amerikanischen Konstitution übernahm. Die polnische Verfassung sah ein in zwei Kammern geteiltes Parlament vor, das mit Stimmenmehrheit entschied. Sie band den Monarchen an die Zustimmung seiner Minister, stellte Freizügigkeit und Vertragsfreiheit in Stadt und Land in Aussicht und übertrug die polnische Krone nach dem Tod des regierenden Königs an die Kurfürsten von Sachsen. Sie beseitigte damit die scheinbaren Ursachen polnischer Schwäche: Handlungsunfähigkeit durch das «liberum veto» jedes Aristokraten gegen jedes Gesetz, Einflussnahme von außen bei der Wahl jedes Monarchen, ökonomische Rückständigkeit durch Diskriminierung produktiver Bürger. Wenn die Verfassungsreform glückte, mussten die «Teilungsmächte» ein Erstarken Polens fürchten.

Der zweite besonders schwache Staat Europas war das Osmanische Reich, das im 18. Jahrhundert eine Folge militärischer Rückschläge erlebt hatte; der letzte große Verlust war 1783 der Übergang der Krim-Halbinsel an Russland gewesen. Um weiteren Eroberungen zuvorzukommen, erklärte der Sultan 1787 Russland den Krieg. Beide Seiten begaben sich auf die Suche nach Verbündeten.

Da die osmanische Kriegserklärung eine russisch-habsburgische Allianz aktivierte, band der Kriegseinsatz auf dem Balkan habsburgische Truppen, deren Abwesenheit die Aufstände des Jahres 1789 erleichterte. Polen trat als russischer Verbündeter in den Krieg ein. Die Aussicht auf eine russisch-polnisch-österreichische Allianz machte wiederum Preußen und Großbritannien nervös. Beide ermutigten Schweden dazu, Russland 1788 den Krieg zu erklären.

Die russisch-habsburgische Kampagne begann zögerlich, hatte aber bald Erfolge. Am 8. Oktober 1789 fiel Belgrad, wenig später Bukarest. Diese Faustpfänder in der Hand Josephs II. und die Bedrohung Preußens durch Russland waren Grundlage eines Verhandlungsfriedens. Im Juni 1790 verzichteten das Habsburgerreich und Schweden auf ihre Gebietsgewinne; Preußen stellte im Gegenzug die Unterstützung für Oppositionsbewegungen im Habsburgerreich ein. Russland erhielt 1792 vom Osmanischen Reich die Kontrolle über die Nordküste des Schwarzen Meeres.

In den Jahren vor 1789 bestand also in vielen Teilen Europas Unruhepotential, das gelegentlich zum Zusammenbruch von Herrschaftsstrukturen führte. Manche dieser Episoden werden eher als Aufstände, andere eher als Revolutionen bezeichnet. Viele wurden von den Regierungen mächtigerer Nachbarstaaten instrumentalisiert, um außenpolitischen Gegnern Niederlagen zu bereiten; eine Solidarität der Monarchien, die sich zum großen Teil gegenseitig bekriegten, gab es nicht.

Es gab aber auch keine Solidarität der Oppositionsbewegungen. Ging es in Amerika, Genf oder den Generalstaaten um die Ausweitung von Partizipationsrechten und die Beseitigung von Ungleichheiten, also um durch «altes» Recht begründete, inhaltlich «moderne» Forderungen, so stritten die Teilnehmer der Gordon Riots und die Rebellen in Belgien oder Ungarn für die Beibehaltung einer Differenzierung von Untertanen nach Konfession, Stand oder Region. Den aufständischen Bauern in Transsilvanien ging es um soziale Belange. Den Anstoß zu Gewaltakten gaben meist Intellektuelle, lokale oder regionale Amtsträger. Sie konnten ihre Ziele durchsetzen, wenn sie einen Teil der Bevölkerung und des Militärs dazu brachten, sich gegen die bislang legitime Obrigkeit zu wenden; die Bevölkerung reagierte dann besonders drastisch, wenn sie mit Nachrichten über unmittelbare Bedrohungen konfrontiert wurde.

Soziale und ökonomische Spannungsmomente

Die Bereitschaft, trotz des Risikos von Haft, Exil oder Tod den Angriff auf bestehende Verhältnisse zu wagen, konnte durch wirtschaftliche Verhältnisse vergrößert werden. Dabei darf die Annahme als widerlegt gelten, der Aufstieg eines «neuen» Bürgertums, das den Zugang zur politischen Macht einforderte, habe seit den ausgehenden 1770er Jahren «bürgerliche» Revolutionen wahrscheinlicher werden lassen. Hilfreicher ist der Verweis auf die Folgen des Bevölkerungswachstums. Vor allem in Nord- und Westeuropa stiegen die Geburtenzahlen bei sinkender Kindersterblichkeit. Das machte Karriereperspektiven unsicherer, da an die Stelle der Aussicht, den Platz des Vaters oder der Mutter in der Gesellschaft zu übernehmen, für immer mehr Menschen die Notwendigkeit trat, sich neu zu orientieren. In Russland, Nordamerika oder Ungarn bestand die Möglichkeit, die landwirtschaftliche Nutzfläche auszuweiten. Dagegen war in weiten Teilen Frankreichs, Großbritanniens oder Westdeutschlands der produktive Boden verteilt, sodass dem ländlichen «Bevölkerungsüberschuss» nur der soziale Abstieg vom Bauern zum Knecht, vom Knecht zum Tagelöhner oder der Weg in die Stadt blieb, wenn man nicht nach Osten oder Westen auswandern wollte.

Veränderungen in ländlichen Besitzverhältnissen förderten die Landflucht ebenfalls. Im späteren 18. Jahrhundert setzte sich bei vielen Intellektuellen, die sich mit landwirtschaftlichen Fragen beschäftigten, eine These durch, die Beobachter wie Arthur Young scheinbar empirisch-quantitativ bestätigten: Große Ländereien, die sich im Besitz einer Person oder Institution befanden, seien produktiver als in kleine Parzellen aufgeteilter, von Dorfgemeinschaften gewissermaßen kollektiv bewirtschafteter Grund. Manchen, etwa Joseph II., schienen zwar kleinere Höfe produktiver als

Latifundien, aber auch er bevorzugte Privatbesitz, nicht Dorfgemeinschaften.

Das vorrevolutionäre Europa der dörflichen Agrarwirtschaft war keine protokommunistische Idylle, in der jeder Landbewohner den gleichen Anteil des Ertrags erhielt. Überall stöhnten Bauern unter den Abgaben, die adeligen oder nichtadeligen Grundbesitzern, Äbten, Bischöfen, kirchlichen oder säkularen Institutionen den Bau oder die Erweiterung von Palästen, Stadtvillen, Klöstern, Kirchen oder Colleges erlaubten, während ihnen nur blieb, was zum Überleben notwendig war. Die komplexen, sozial minutiös abgestuften Nutzungsregeln für Feld, Wald und Wiese bevorzugten diejenigen, die über viel Land oder hohen sozialen Status verfügten. Beispielsweise galt in weiten Teilen Frankreichs das Interesse eines Großgrundbesitzers an einem künstlich überfluteten Karpfen- und Hechtzuchtgebiet mehr als das Interesse weniger vermögender Bauern an Weidefläche. Das bedeutete, dass Bauern, selbst wenn sie entschädigt wurden, zwei bis drei Jahre warten mussten, bis der künstliche Teich «abgeerntet» werden konnte.

Auch wer große Landflächen kontrollierte, war aber an eine Vielzahl teils verschriftlichter, teils mündlich weitergegebener Gewohnheitsrechte gebunden. Ein Agrarunternehmertum, das sich Gewinnmaximierung als Ziel setzte, war unter diesen Bedingungen kaum vorstellbar. Die preußische Forstverwaltung des späten 18. Jahrhunderts zeigte jedoch, dass Agrarwirtschaft nach solchen Regeln besser funktionieren konnte. Sie bestimmte den Wert von Waldflächen allein danach, wie viel Holz sie lieferten. Diese «Logik kommerzieller Ausbeutung» wurde zur Richtlinie der Praxis: Die Forstverwaltung pflanzte schnellwachsende Bäume in ordentlichen Reihen, sie «reglementierte» den Wald. Störendes Unterholz musste weichen, was allen, die sich bisher durch das Sammeln von Beeren und Pilzen, Reisig oder Kräutern über Wasser gehalten hatten, die Basis entzog. Ökonomisch war das neue Bewirtschaftungsmodell anfangs überaus erfolgreich – bis es wegen seiner Präferenz für Monokulturen zur entscheidenden Ursache des «Waldsterbens» der 1980er Jahre wurde.[1]

Ziel der Agrarreformen des 18. Jahrhunderts war daher, extensiv genutzten Gemeindebesitz in intensiv bewirtschafteten individuellen Besitz umzuwandeln. Gewohnheits- und Nutzungsrechte wurden abgeschafft und «Allmenden», *commons* oder *demani* aufgeteilt. Entsprechende Reformen gab es in Großbritannien, wo das Parlament zwischen 1760 und 1780 besonders viele Felder «einhegte», ebenso wie 1792 im Königreich Neapel, im Habsburgerreich oder in Preußen. Traditionelle Rechte der Armen, Felder nach der Ernte von Hand nachzulesen, gerieten unter Druck, obgleich Gerichte solche Gewohnheitsrechte gelegentlich schützten – in England wurden etwa Prozesse von Sammlern angestrengt, die Landbesitzer wegen Körperverletzung verklagten.

Die Einschränkung von Gemeinschaftsrechten trieb jene, die bei der Umverteilung leer ausgingen, in die Städte, wo sie Lohnarbeit oder ein dichteres soziales Netz zu finden hofften. In die Städte wanderten daher viele junge Männer und Frauen mit unklarer Lebensperspektive, die dort auf Frauen und Männer trafen, die ebenfalls Grund hatten, die Zukunft in düsterem Licht zu sehen. Konzentrationsprozesse im Handel und in nicht zünftig organisierten Bereichen gewerblicher Produktion reduzierten die Aussicht, eine eigene Werkstatt oder ein eigenes Kontor zu besitzen. Die Reform ländlicher Besitzrechte und die mäßigen Ernten der 1780er Jahre steigerten die Lebensmittelpreise und senkten die Nachfrage nach gewerblich erzeugten Waren, was zu Unterbeschäftigung auf städtischen Arbeitsmärkten führte. Boston, London, Paris oder Brüssel wären im ausgehenden 18. Jahrhundert somit Karatschi, Teheran und Amman heute nicht ganz unähnlich gewesen: Städte mit einer jungen, relativ perspektivlosen Bevölkerung, die sich leicht durch charismatische Führer begeistern ließ. Ist in vielen Entwicklungsländern heute jeder Zweite unter 25 Jahre alt, so waren in Frankreich um 1789 immerhin mehr als 40 Prozent der Bevölkerung jünger als 20, in Großbritannien jünger als 25.

Wie und wo sich die wirtschaftliche Lage breiter Schichten der Bevölkerung im Laufe des 18. Jahrhunderts verschlechterte, ist allerdings schwer festzustellen. Schätzungen für Großbritannien und

Frankreich gehen recht weit auseinander; für Mittel-, Süd- und Osteuropa sind sie aufgrund der erheblich schlechteren Quellenlage nur selten gewagt worden. Für Frankreich schwanken Schätzungen über den Rückgang der Realeinkommen vom Beginn des 18. Jahrhunderts bis zur Revolutionszeit zwischen 10 und 50 Prozent. Für Großbritannien wird kontrovers diskutiert, ob die Realeinkommen im 18. Jahrhundert eher stabil blieben, eher sanken oder eher stiegen.[2]

Die Beschreibung von Löhnen, Einkommen und Preisen in Zahlen entsprach überhaupt nur in den städtischen Zentren Nordwesteuropas der Lebenspraxis, und selbst dort machten schwer quantifizierbare Sachleistungen (was ist der Preis eines Schlafplatzes in einem Handwerkerhaushalt?) einen Teil des Einkommens aus. Im ländlichen Europa spielte Geldwirtschaft meist eine geringe Rolle; Auseinandersetzungen zwischen Herr und Knecht hatten häufig mit der Verpflegung am gemeinsamen Tisch zu tun, deren Qualität oft weniger mit ihren Kosten als mit der Verteilung der guten und nicht so guten Stücke zu tun hatte.

Diese strukturellen Verschiebungen, die sehr langsam abliefen und in der individuellen wie kollektiven Wahrnehmung von jährlich schwankenden Ernten und monatlich variierenden Preisen überlagert wurden, waren jedoch allenfalls allgemeiner Hintergrund der politischen Unruhen der 1780er Jahre, nicht ihr unmittelbarer Anlass. In den bereits geschilderten Revolutionen wurden außer in Transsilvanien sozialpolitische Fragen erst artikuliert, nachdem länger andauernde politische Unsicherheit zu Teuerungen und Entlassungen geführt hatte – die meisten Revolutionen der 1780er Jahre waren dafür zu kurz.

Politische Kontroversen

Im Kern der Auseinandersetzungen standen vielmehr Konflikte über Herrschaft, die konkret um die Erhebung und Verausgabung von Steuern und die Privilegien unterschiedlicher Stände kreisten. Die eine «Partei» bezog sich europaweit auf Schriften wie die von John Locke, Voltaire, Jean-Jacques Rousseau oder auf Diderots und d'Alemberts *Encyclopédie*, die versuchten, Herrschaft auf ein Abkommen zwischen Herrschern und Beherrschten zurückzuführen. Die traditionelle Legitimation monarchischer Herrschaft bezog sich dagegen auf eine göttliche Weltordnung. Schlechte Monarchen wie der wegen seiner Liebschaft mit drei Schwestern eines fast schon inzestiösen Verhältnisses verdächtigte Ludwig XV. in Frankreich, der wegen seiner Spiel- und Frauenleidenschaft bekannte, ständig überschuldete Thronfolger Georg Prinz von Wales in Großbritannien oder die vor allem durch die Errichtung von Lusttempeln hervorgetretenen Duodezfürsten in Deutschland vom Schlage Karl Eugens Herzog von Württemberg konnten dann freilich nur als göttliche Strafe gedeutet werden.

Die «aufgeklärten» Monarchen des 18. Jahrhunderts, Friedrich II. von Preußen, Katharina II. von Russland oder Joseph II. von Österreich, verwiesen dagegen eher auf historische Erfahrungen. Seit dem Ende der römischen Republik waren in Europa nur monarchisch organisierte größere Staaten erfolgreich gewesen. Fehlte die zentrale Autorität, drohte Anarchie. Vertreter des «Reformabsolutismus» und Intellektuelle wie Rousseau waren sich also einig, dass Verfassungen sich rational begründen ließen und dass alle Institutionen, Praktiken und Privilegien periodisch daraufhin überprüft werden mussten, ob sie den Zweck des Staates beförderten.

Im Habsburgerreich schien dies Joseph II. bei ständischen Privilegien nicht der Fall zu sein. Letzte Konsequenz seiner vielfältigen Reformpläne war die Ablösung der Ständegesellschaft durch eine Gesellschaft gleicher Untertanen. Schwerverbrecher wurden im Österreich der 1780er Jahre daher nicht mehr zu einer Strafe verurteilt, die sich am Stand des Täters orientierte, sondern zu unter gleichen Bedingungen zu verrichtender, produktiver Zwangsarbeit – wenn auch oft mit absehbarer Todesfolge. 1783 schloss Joseph II. das Theresianum, eine nur für Adelige zugängliche Bildungsanstalt, um allen Ständen gleiche Bildungschancen zu eröffnen.

Allerdings bestand keine Einigkeit darüber, welches Ergebnis eine Politik als erfolgreich auswies – eine wohlhabende Bevölkerung, ein großes Staatsgebiet, viel Prestige? Die seit 1751 erscheinende *Encyclopédie*, das Referenzwerk der europäischen Aufklärung, nannte als Ziel, «die größte Zahl glücklicher» Menschen hervorzubringen, was nur die Regierungsform Großbritanniens erreicht habe; sie stimmte mit Joseph bezüglich der Standesschranken überein.[3] Rousseau dagegen hatte 1762 in seiner Schrift *Du contrat social* allein die Bevölkerungszahl zum Maßstab erhoben, nicht deren Glückszustand.[4]

Die Umgestaltung von Herrschaftsbeziehungen nach rationalen Prinzipien hielt für jeden Stand Chancen und Risiken bereit. Privilegien des Adels, etwa Steuerbefreiung oder das Monopol auf höhere Militär-, Kirchen- und Staatsämter, boten Anlass zur Kritik aus der Mitte des Adels, von Seiten vermögender Kaufleute, nichtadeliger Intellektueller oder «bürgerlicher» Grundbesitzer.

Vermögende Bürger und Bauern konnten neue Karrierechancen, sinkende Abgabenlasten und ein größeres Ausmaß an politischer Partizipation erhoffen. Dieser «dritte Stand» konnte überhaupt jeder Reform optimistisch entgegensehen, denn Kritik an ihm konzentrierte sich auf Randphänomene wie die negativen Begleiterscheinungen von Finanz- und Handelsspekulation.

Besonders reformbedürftig schien der Klerus. Im Protestantismus kamen immer wieder individualistische, emotionsbetonte Bewegungen auf, die nach dem Modell des Pietismus oder der «Quäker» des 17. und frühen 18. Jahrhunderts von charismatischen Persönlichkeiten wie John Wesley (Methodisten) oder Hans Nielsen Hauge (Haugeaner) inspiriert wurden und sich gerade noch innerhalb oder schon außerhalb der etablierten Amtskirchen bewegten. Im Katholizismus übernahm der Jansenismus, der sich um 1800 stärker sozialreformerischen Tendenzen öffnete, eine analoge Funktion. Die interne Differenzierung religiöser Bekenntnisse verschärfte die Kritik am unikonfessionellen Staat. Diese Kritik hatte neben der moralischen auch eine wirtschaftliche Dimension: Religiöse Diskriminierung verhinderte, dass religiöse Minderheiten, etwa Juden und Protestanten in Frankreich oder Juden und Katholiken in protestantischen Reichsstädten, ihr ökonomisches Potential entfalten konnten. Die von Amtskirchen geführten Register von Geburten, Eheschließungen und Todesfällen schlossen Nonkonformisten aus; Erbschafts- und Familienverhältnisse von Protestanten und Juden in Frankreich oder Österreich, von Katholiken und Angehörigen nichtanglikanischer politischer religiöser Gemeinschaften in England bewegten sich daher in einer juristischen Grauzone. Die Gordon Riots oder die belgische Revolution zeigten freilich, dass Versuche, religiöse Minderheiten zu emanzipieren, große politische Risiken bargen. Kein Monarch wagte daher, mehr zu tun, als einzelne diskriminierende Bestimmungen aufzuheben oder bei einzelnen Personen von der Regel abzusehen – beispielweise tat dies Ludwig XVI., als er 1777 den protestantischen Bankier Jacques Necker zum französischen Finanzminister ernannte.

In katholischen Ländern lieferte der hohe Anteil von Welt- und Ordensgeistlichen (der zwischen einem und zehn Prozent der Bevölkerung betrug) ein weiteres ökonomisches Argument gegen die Kirchenverfassung. Diese Männer und Frauen beteten viel, arbeiteten nach gängiger Wahrnehmung wenig und trugen zum Wachstum der ehrbaren Bevölkerung nichts bei. Während der Weltklerus einen nützlichen Zweck erfüllte, schien das allen katholischen Monarchen des 18. Jahrhunderts bei Ordenshäusern weniger klar. Neben den politisch allzu einflussreichen Jesuiten schlossen sie vor allem kleinere Ordenshäuser und zogen ihren Besitz zugunsten der unter chronischer Geldknappheit leidenden Staatskassen ein. Dabei ging es um erhebliche Summen: Die katholische Kirche verfügte in Frankreich über rund 10 Prozent der fruchtbarsten Böden, im Königreich Neapel über ein Drittel, im Kurfürstentum Bayern über fast die Hälfte der Landesfläche – zudem weckten geistliche Fürstentümer und der Kirchenstaat bei benachbarten weltlichen Staaten Begehrlichkeiten. Von der Konfiskation ausgenommen waren meist nur «produktive» Orden, die Kinder unterrichteten, Kranke pflegten oder Seelsorger bereitstellten. Lediglich in Frankreich förderte Ludwig XV. vor allem kontemplative Ordenshäuser. Der Klerus konnte solche Entwicklungen mit Sorge sehen oder als religiöse Erneuerung begrüßen.

In monarchischen Kabinetten, gelehrten Gesellschaften, schriftlichen und mündlichen Diskussionen im Europa des ausgehenden 18. Jahrhunderts bestand Konsens darüber, dass Veränderungen notwendig waren, um Missbräuche abzustellen. Heftig umstritten waren dagegen das Gewicht von Vernunft und Tradition und die Frage, wer über Veränderungen bestimmen konnte. In den größeren Staaten gelang es den Monarchen meist, die Entscheidungsgewalt für sich zu reklamieren. Im «aufgeklärten» oder «Reform-» Absolutismus gingen sie persönlich oder durch starke erste Minister vor den Augen einer durch Zensur begrenzten Öffentlichkeit an den Umbau von Recht, Gesellschaft, Verwaltung, Kirche und Wirtschaft. Die eine Ausnahme von der Regel war England, wo sich die Regierung eher auf das Parlament als auf den Monarchen stützte, die andere war Frankreich, wo Reformen nicht so recht in Gang zu kommen schienen.

2. Revolution in einem Land

Die Krise der Staatsfinanzen und die französische Monarchie

Wenn von den Höfen Portugals und Spaniens bis zu dem Katharinas der Großen in Russland ähnliche Probleme bestanden, warum kam es dann nur in Frankreich zu einer «großen» Revolution? Gab es dort besonders dramatische Missstände? Die Verelendung der politisch geknechteten, unter einer erdrückenden Steuerlast ächzenden Bevölkerung des vorrevolutionären Frankreich war bereits bei britischen Karikaturisten des 18. Jahrhunderts ein beliebtes Motiv: Franzosen wurden um 1790 als ausgemergelte Gestalten gezeichnet, die niemand mit im Pub vor Braten und Bier sitzenden rundlichen Engländern verwechselte.

Zu diesem Bild passt nur schlecht, dass die Briten die deutlich höhere Steuerlast schulterten. Pro Kopf war das zentralstaatliche Steueraufkommen in Großbritannien Ende des 18. Jahrhunderts etwa zwei- bis dreimal so hoch wie jenseits des Kanals, und der steigende Anteil staatlicher Einkünfte, der aus indirekten Steuern stammte, belastete auch in Großbritannien immer stärker die ärmeren Schichten der Bevölkerung. Die französische Regierung war nicht nur billiger als ihr britisches Gegenstück, sondern im letzten Drittel des 18. Jahrhunderts auch erfolgreicher. Französische Moden dominierten den Geschmack Europas, und Französisch rivalisierte mit Latein um die Stellung als Zweitsprache jedes gebildeten Europäers. Nur wenn man außenpolitisches Prestige als zentral betrachtete – wofür sprach, dass die Nachricht von der Eroberung Belgrads im Oktober 1789 die Kritik der Wiener Bevölkerung an den Reformen Josephs II. und der Teuerung des Jahres 1788 sofort verstummen ließ –, dann musste man festhalten, dass die französische Krone seit 1783 keinen außenpolitischen Erfolg erzielt hatte.

Schuld daran waren die chronischen Finanzprobleme der französischen Monarchie. Frankreich konnte die Kosten seiner Kriege schlechter abzahlen als Großbritannien, dessen vor allem von der Vermögenselite des Landes gewähltes Parlament die Staatsschulden garantierte. Ein Gegenstück gab es in Frankreich seit 1614, als die Generalstände zum letzten Mal zusammengetreten waren, nicht mehr. In Großbritannien wurden Steuern von einer staatlichen Zoll- und Steuerbehörde und ehrenamtlichen Steuerkommissaren eingezogen. In Frankreich schrieb die Krone das Recht zur Einnahme von Steuern öffentlich aus; wer die höchste Summe bot, erhielt den Zuschlag. Erfolgreiche «Steuerpächter» wollten während der Laufzeit ihrer Konzession Gewinne eintreiben und nahmen daher keine Rücksicht auf die Rechte der Steuerzahler.

Frankreich besaß nichts, was einem Staatshaushalt ähnelte. Der Bericht des Finanzministers Necker über Ein- und Ausgaben, der 1781 erschien, trug zu seinem Ruhm als Aufklärer bei, da er die Verschwendung der Monarchie geißelte. Neckers Zahlenwerk war aber weitgehend fiktiv. Es behauptete, der Haushalt sei ausgeglichen; in Wirklichkeit lebte die französische Monarchie seit der Mitte des 18. Jahrhunderts mit einem strukturellen Defizit. Trotz der Verschiebung von Ausgaben in «außerordentliche» Konten konnte kein Generalkontrolleur der Finanzen übersehen, dass die jährlichen Ausgaben der französischen Monarchie Mitte der 1780er

Jahre um etwa ein Fünftel über den Einnahmen lagen. Schuld daran war eine Staatsschuld, die durch den Krieg in Amerika erheblich angewachsen war und angesichts der Historie französischer Staatsbankrotte höher verzinst werden musste als in England, das den Schuldendienst seit 1672 nicht mehr ausgesetzt hatte. Zinszahlungen machten die Hälfte von Frankreichs Ausgaben aus, das Militär in Friedensstärke ein Viertel. Das verbleibende Viertel diente der Finanzierung der inneren Verwaltung und des Hofs, der etwa sechs Prozent beanspruchte. Somit wuchs die französische Staatsschuld in Friedensjahren weiter, während Großbritannien in ruhigen Jahren seine Staatsschulden reduzierte. Diese finanzielle Notlage zwang Frankreich in den späten 1780er Jahren zu außenpolitischer Passivität.

Zentrale Frage für Monarch und Minister war, wie Frankreich seine Handlungsfähigkeit wiedererlangen konnte. Radikale Pamphletisten erwogen, das Land durch einen Staatsbankrott von allen Schulden zu befreien und damit handlungsfähiger zu machen als Großbritannien. Ludwig XVI. und seine Berater wollten dagegen das Steuersystem reformieren, indem sie die teilweise von Steuerzahlungen befreiten Stände Klerus, Amts- und Schwertadel stärker belasteten.

Frankreich war eine absolute Monarchie, der Wille des Monarchen oberstes Gesetz – wenn Ludwig XVI. es befahl, mussten Adel und Klerus Steuern zahlen. Jedoch war kein französischer Monarch befugt, Kernbestände der als ewig und unwandelbar imaginierten Rechtsordnung anzutasten, indem er etwa die männliche Erbfolge der Monarchie abschaffte, die Konversion der Nation zum Protestantismus anordnete oder die Sklaverei in Frankreich einführte.

Die Aufsicht darüber, ob die Rechtsordnung respektiert wurde, hatte in erster Linie das Parlament von Paris. Es war das wichtigste von 13 obersten Gerichtshöfen, die Gesetze registrierten, in oberster Instanz Recht sprachen und den Monarchen in juristischen Fragen berieten. Es bestand aus der Spitze des Hochadels und einer exklusiven Gruppe von Juristen, die ihre Ämter in einer Art Erbpacht erworben hatten; die Fachkompetenz der Erben wurde dabei durch ein Kooptationsverfahren geprüft. Alle Angehörigen aller Parlamente waren als Angehörige des Adelsstandes von der Zahlung direkter Steuern befreit.

Parlamente überprüften Gesetze vor der Registrierung auf ihre Vereinbarkeit mit existierendem Recht. Im Falle von Widersprüchen «remonstrierten» sie. Daraus leitete das Pariser Parlament die Befugnis ab, darüber zu urteilen, ob Gesetze mit den Prinzipien der französischen Monarchie vereinbar waren. Seit den 1770er Jahren lehnte es Modifikationen ständischer Privilegien (etwa der adeligen Steuerbefreiung) als mit den Grundgesetzen der Monarchie unvereinbar ab. Zwar konnte der Monarch die Registrierung eines Gesetzes erzwingen, indem er sie persönlich befahl. Wenn er diese Macht aber nutzte, suchte das Parlament die Unterstützung der Öffentlichkeit, indem es sich als Opfer monarchischer Willkür präsentierte. Den Versuch Ludwigs XV., die Parlamente durch Gerichtshöfe mit ernannten Richtern zu ersetzen, hatte Ludwig XVI. 1776 zurückgenommen und damit die Weichen für die Eskalation des Grundsatzkonflikts gestellt.

Dass die Zeit gegen die Monarchie lief, lag auch an den Eigenarten des Ehepaars, das die Geschicke Frankreichs lenkte. Ludwig XVI. war 19 Jahre alt, als er 1774 den Thron bestieg. Er war gutwillig, verantwortungsbewusst und menschenfreundlich, zugleich sich seiner Rechte als Oberhaupt der vornehmsten Dynastie Europas in hohem Maße bewusst. Es gelang ihm jedoch anders als den «aufgeklärten» Monarchen auf anderen europäischen Thronen nicht, eine eigene politische Linie zu entwickeln oder sich hinter einen Minister zu stellen. Seine öffentliche Wirkung wurde durch eine zur Korpulenz neigende Figur, die Obsession für das immerhin standesgemäße Jagen und – deutlich weniger standesgemäß – für Schlosserarbeiten getrübt.

1770 hatte der damalige Kronprinz zur Bestätigung eines Bündnisses mit Österreich eine Tochter Maria Theresias geheiratet, die damals 15-jährige Marie Antoinette. Das Paar fand nur schwer zueinander. Der Öffentlichkeit fiel vor allem auf, wie lange es dauerte, bis ein Kind zur Welt kam, und mangelnde Virilität des Monarchen hob sein Ansehen nicht. Erst eine Operation am Glied des Königs brachte Erfolg: 1778 kam eine Tochter zur Welt, 1781 ein erster, 1785 ein zweiter männlicher Thronerbe. Da Marie Antoinette davor von ihrem Mann ferngeblieben war, hatte sich in Teilen der öffentlichen Wahrnehmung das Bild einer frivolen «Autrichienne» festgesetzt, in dem die politische Kritik am traditionellen Feind Österreich dominierte. Politische Pornographie, die der Königin alle denkbaren sexuellen Laster unterstellte, war zwar vorhanden, blieb aber insgesamt selten. Trotzdem fiel das Leben Marie Antoinettes in einer mit Windmühlen und frisch gebadeten Schafen ausgestatteten Kunstwelt gegen die Vorbilder Josephs II., der Hospitäler baute, oder Georgs III. von Großbritannien, der sich für Modellfarmen interessierte, ab.

Dass die Freude über die Geburten die negative Sicht der Königin nicht verdrängte, wurde 1785 im Finanz- und Sexskandal der «Halsbandaffäre» deutlich. 1784 wurde der Königin, die etwa 260 000 *Livres* jährlich für Kleidung und Schmuck ausgab, ein Diamanthalsband für 1,6 Millionen *Livres* angeboten. Marie Antoinette lehnte den Kauf mit der patriotischen Begründung ab, ein Kriegsschiff sei sinnvoller. Einer Gräfin de la Motte gelang es aber, den in Ungnade gefallenen Bischof Louis de Rohan von Straßburg glauben zu machen, die Königin bitte ihn, das Collier in seinem Namen für sie zu kaufen. Rohan war gerne behilflich, de la Motte gab den Schmuck ihrem Mann, der die Steine in England verkaufte. Um den Bischof bei Laune zu halten, arrangierte sie im Wäldchen der Venus ein Stelldichein mit der von einer Prostituierten gespielten «Königin». Als Rohan Mitte 1785 nach seinem Geld fragte, flog der Betrug auf, und der erboste Monarch ließ neben de la Motte und Rohan 15 weitere mehr oder weniger direkt Beteiligte in Haft nehmen. Das Pariser Parlament zog den Fall an sich, obgleich Rohan vor die Generalversammlung des Klerus gehört hätte. Es inszenierte ein Verfahren, das bis Mai 1786 dauerte und mit einem Freispruch für Rohan endete. Man durfte also ungestraft glauben, die Königin von Frankreich erweise liebestollen Klerikern intime Zeichen der

Gunst – ein für die Monarchie untragbares Ergebnis. Nach dem Freispruch erschien die Entscheidung des Königs, Rohan zu verbannen, dennoch als Willkür.

Vor diesem Hintergrund trat die Auseinandersetzung um eine Steuerreform in ihre entscheidende Phase. 1786 legte Finanzminister Charles, Vicomte de Calonne einen Plan zur Finanzreform vor, dessen Kern ähnlich wie bei Joseph II. eine allgemeine Steuer auf Grundbesitz war. Schulden sollten durch den Verkauf von Ländereien der Krone (also Privatisierungen) abgelöst werden. Um das Programm gegen die Opposition des Parlaments zum Gesetz zu erheben, lud Ludwig XVI. auf Calonnes Rat zum 22. Februar 1787 prominente Persönlichkeiten («Notablen») nach Versailles. Die 144 Prinzen von Geblüt, Angehörigen des Hochadels, Mitglieder von Parlamenten, Bürgermeister und Prälaten waren zwar bereit, ihre Privilegien zu beschneiden, aber nicht, mit Calonne zusammenzuarbeiten. Das Experiment endete mit der Ernennung eines Führers der Opposition in der Notablenversammlung, Étienne de Brienne, Erzbischof von Toulouse, zum ersten Minister. Brienne verfolgte die Doppelstrategie, die schreibende Öffentlichkeit hinter sich zu bringen und die privilegierten Stände des Ancien Régime gegeneinander auszuspielen. Eine Konzession an die aufgeklärte Öffentlichkeit war die Verbesserung der Stellung der Protestanten, denen er offizielle Register von Geburten, Ehen und Todesfällen zugestand. Bauern eröffnete er die Perspektive, Dienstpflichten durch eine Geldzahlung abzulösen. In jeder Provinz sollte fortan eine beratende Versammlung tagen, wobei dem dritten Stand ebenso viele Vertreter zugestanden wurden wie den ersten beiden Ständen zusammen. Natürlich kassierte das Parlament von Paris die Edikte und protestierte im Winter und Frühjahr 1788 gegen den Registrierungszwang, was Brienne den Vorwand für eine umfassende Justizreform bot.

Briennes Kurs erfuhr viel Zustimmung, aber auch manche Kritik. Offiziere mit Amerikaerfahrung wie der Marquis de Lafayette forderten eine verfassunggebende Versammlung. Im Sommer 1788 trat im Schloss Vizille in der Dauphiné auf Einladung des Kaufmanns und Fabrikanten Claude Périer eine von Gemeinden der Dauphiné gewählte Mini-Nationalversammlung zusammen, die den Schutz hergebrachter Rechte gegen ministerielle Willkür forderte. Angesichts schlechter Ernten führte Briennes Freigabe des Getreidehandels zu Hungerkrisen. Ludwig XVI. hielt den Druck nicht aus, gab im August 1788 der veröffentlichten Meinung nach und ernannte erneut Jacques Necker zum Generalkontrolleur der Finanzen. Necker setzte die Parlamente wieder ein und berief die Notablenversammlung erneut, um Modalitäten für die Wiedereinberufung der Generalstände des Königreichs zu beschließen. Diese Entscheidung versetzte Frankreich in einen Zustand überwiegend freudiger Erregung.

Die Generalstände

Die Erinnerung an die Wahlen von 1614 war inzwischen verblasst, sodass die Frage, wie Vertreter der drei Stände in über 300 Wahlkreisen in Frankreich und Frankreichs Besitzungen in der Karibik, Afrika und Indien gewählt werden sollten, durchaus nicht ganz einfach war. Klar war nur, dass die Vertreter Instruktionen in Form von «Beschwerdeheften» (*cahiers de doléances*) erhalten würden. Die zum guten Teil überlieferten *cahiers* bieten ein umfassendes Stimmungsbild Frankreichs im Winter und Frühjahr 1789. Da die Abschaffung jedes Gesetzes irgendwo gefordert wurde, kann man sie als Beleg für die Unvermeidbarkeit der Revolution betrachten. Blickt man jedoch auf die Häufigkeit, mit der die einzelnen Forderungen erhoben wurden, dominierte die Kritik an lokalen Missständen. Die Abschaffung von Steuerprivilegien, also das, was die Monarchie erreichen wollte, war außerordentlich populär. Die Beschwerden dokumentierten somit vor allem ein umfassendes Mandat für die Linie des Monarchen.

Wie für Briennes Provinzialstände vorgesehen, schickte der dritte Stand entgegen den Wünschen von Notablenversammlung und Parlament die gleiche Zahl von Abgeordneten nach Versailles wie der erste und zweite zusammen. Das schürte die Erwartung, dass nicht wie 1614 nach Ständen getrennt beraten und abgestimmt, sondern gemeinsam beraten und nach Köpfen abgestimmt würde. Die sichere Mehrheit der ersten beiden Stände würde somit einem strukturellen Patt weichen.

Die erwachsenen Angehörigen des Adels wählten ihre Vertreter wie bisher persönlich. Erwartungsgemäß fiel die Wahl auf Angehörige der vornehmsten Geschlechter, die mehrheitlich als Offiziere in der Armee dienten und ansonsten in Paris und Umgebung vom Ertrag ihrer Besitzungen lebten. Die Wahlordnung des ersten Standes, des katholischen Klerus, war dagegen signifikant anders als 1614. Pfarrer konnten persönlich oder mittels eines Stellvertreters an der Wahlversammlung teilnehmen; dagegen konnten Domkapitel und Ordenshäuser trotz ihrer vielen Mitglieder ebenfalls nur jeweils eine Stimme geltend machen. Das verschob die Gewichte zum Nachteil der Nutznießer des bestehenden Systems. Von den 295 Abgeordneten des ersten Standes waren nur 46 Bischöfe oder ihre Stellvertreter, darunter der 1788 zum Bischof von Autun ernannte, vorher als Verwalter des Kirchenvermögens tätige Charles Maurice de Talleyrand. Die Mehrzahl der Oberhäupter der 130 Diözesen war in den Generalständen nicht anwesend. Drei Viertel der Abgeordneten waren Gemeindepfarrer, die 1614 eine kleine Minderheit gewesen waren; Ordensleute fehlten.

Im dritten Stand wurde in einem mehrstufigen Wahlverfahren gewählt. Das Wahlrecht besaßen alle männlichen Untertanen der Krone über 25 Jahre, die einem steuerpflichtigen Hausstand vorstanden, einer Zunft oder sonstigen Berufsorganisation angehörten. In der Theorie waren Ausländer und Frauen vom aktiven Wahlrecht ausgeschlossen, in der Praxis war die soziale Stellung oft wichtiger als Staatsangehörigkeit oder Geschlecht. Ergebnis der Wahl war eine Juristenversammlung. Etwa zwei Drittel der Angehörigen des dritten Standes waren wie der Abgeordnete von Arras, Maximilien de Robespierre, Anwälte, Richter oder hatten eine juristische Ausbildung genossen. Nur wenige waren wie die insgesamt zehn Mitglieder der Familie Périer (Vater, sechs Söhne und drei Schwiegersöhne), die in die Generalstände gewählt wurden, Kaufleute, Landbesitzer oder Fabrikanten. Da Abgeordnete

Wahlkampf, Reise nach Versailles und Aufenthalt dort selbst finanzieren mussten, war klar, dass sich die Generalstände aus vermögenden Männern zusammensetzen würden. Die Wahlen zogen sich längere Zeit hin; in Paris hatte die Einteilung der Wahlbezirke Ausschreitungen zur Folge, welche die Wahl bis Anfang Juni verzögerten.

Die Wahl führte teilweise zu dem Missverständnis, die in den *cahiers* beschriebenen Missstände seien dadurch, dass man sie dem Hof zur Kenntnis gebracht habe, abgeschafft. Seit Frühjahr 1789 kam es vereinzelt, im Lauf des Sommers der «großen Furcht» 1789 in weiten Teilen des Landes vor, dass Bauern sich weigerten, Abgaben zu errichten oder Strafen zu bezahlen, dass sie Landsitze plünderten, Verwalter und Grundbesitzer angriffen oder töteten und Archive niederbrannten, in denen ihre Verpflichtungen festgehalten waren. In den Städten kam es zu Übergriffen gegen Getreidehändler, Bäcker, Müller und Steuereinnehmer.

Die Generalstände, die im Winter und Frühling 1789 gewählt wurden, waren eine einzigartige Versammlung. Es war im 18. Jahrhundert durchaus üblich, dass Fürsten Vertreter der Stände auf Staats- (wie in Großbritannien oder Schweden) oder Provinzebene (wie im Habsburgerreich oder Frankreich) einberiefen. In diesen anderen Ständeversammlungen war aber lange vor der Wahl bekannt, wer ihr angehören würde. Wenn es erste Kammern gab, war die Mitgliedschaft erblich oder an bestimmte Ämter gebunden – das britische Oberhaus bestand aus dem englischen Erbadel, den Bischöfen der anglikanischen Kirche und den obersten Richtern; gewählt wurden nur zwei Dutzend Vertreter des schottischen Adels. In den unteren Kammern stellte sich meist ein de facto-Erbanspruch auf Mitgliedschaft ein, da aus Mangel an Alternativen oder Tradition immer wieder Angehörige bestimmter Familien gewählt wurden. Das britische Unterhaus des 18. Jahrhunderts mit seinen rund 560 Mitgliedern etwa war fest in der Hand von rund 800 «parlamentarischen Familien». Neue Männer bildeten eine Minderheit, die ein Interesse daran hatte, sich bestehenden Gruppierungen anzuschließen. Die Generalstände von 1789 dagegen waren eine riesige Versammlung, deren Mitgliedschaft im Vorfeld völlig unbekannt war – und für deren Angehörige parlamentarische Arbeit eine neue Erfahrung darstellte. Nur 22 Vertreter des dritten Standes hatten ein von der Krone vergebenes Amt innegehabt; die meisten waren zwar monarchietreu und gesetzeskundig, aber mit den Details der Staatsverwaltung nur wenig vertraut.

Ein Parlament, das im Sommer 1789 1177 Mitglieder umfasste und dem insgesamt 1315 Abgeordnete angehören sollten, hatte es in Europa bislang nicht gegeben und sollte es bis zum Obersten Sowjet nicht mehr geben. Die Generalstände waren fast doppelt so groß wie das britische Parlament (rund 560 Commoners und bis zu 240 Lords), dreimal so groß wie der Reichstag des Heiligen Römischen Reiches (rund 430 Reichsstände, die nicht alle über Stimmrecht verfügten) und mit dem vorrevolutionären amerikanischen Kontinentalkongress (55 Mitglieder) überhaupt nicht vergleichbar. Eine solche Rechnung setzt freilich voraus, dass die Stände gemeinsam betrachtet werden – ansonsten wäre der dritte Stand nur wenig größer als das britische Unterhaus gewesen. Doch bereits das Wahlergebnis stellte die ständische Gliederung in Frage. Angehörige des Adels fanden sich unter den Abgeordneten des dritten Standes (beispielsweise der in Aix gewählte Marquis de Mirabeau) und unter denen des Klerus. Kleriker gab es sowohl unter den Vertretern des zweiten Standes (Ritter des Ordens von Malta) als auch unter denen des dritten, wie das Beispiel des Abbé Emmanuel-Joseph Sieyès zeigt, der Mitglied des Domkapitels von Chartres und einer der Abgeordneten von Paris war. Die Gruppen, die sich nach Zusammentritt der Generalstände bildeten, orientierten sich meist an Provinzgrenzen und waren oft ständeübergreifend.

Am 4. Mai 1789 zogen die Abgeordneten in standesgemäßer Kleidung (Klerus in Soutanen, Adel in farbigen Gewändern, dritter Stand mehrheitlich im vorgeschriebenen schlichten schwarzen Anzug) durch Versailles; einen Tag später eröffneten ein knappes Grußwort des Königs und vier Stunden Vortrag des Justizministers Barentin und des Finanzministers Necker im Saal der *Menus plaisirs* die Versammlung.

Auf das kleine Vergnügen der Eröffnung folgte am Abend die große Ernüchterung. Stein des Anstoßes war die von fast allen Vertretern des dritten Standes geteilte Erwartung gemeinsamer Beratung und Abstimmung. Die Abgeordneten hatten ihr Selbstbewusstsein bereits dadurch signalisiert, dass sie sich weigerten, in der Gegenwart des Königs auf die Knie zu fallen, und wie Klerus und Adel stehen blieben. Ludwig XVI. ging dagegen von getrennter Beratung aus, Klerus und Adel mehrheitlich ebenfalls.

Die konstituierende Nationalversammlung

Die Notwendigkeit, die Legitimationen der Abgeordneten zu überprüfen, bot dem dritten Stand die Gelegenheit, gemeinsame Sitzungen zu fordern. Er konnte nicht nur auf das Vorbild Großbritanniens verweisen, wo die Vertreter der nichtadeligen Vermögenselite in Stadt und Land bei Entscheidungen über Finanz- und Steuerfragen federführend waren, sondern auch auf die These des im Januar 1789 veröffentlichten, außerordentlich populären Pamphlets *Qu'est-ce que le tiers état?* («Was ist der dritte Stand?») des Abbé Sieyès, das argumentierte, nur der dritte, produktive Stand sei die legitime Vertretung der «Nation».

Dass die Krone weder ein- noch durchgriff, gab dem dritten Stand Zeit, seine Position durchzusetzen. Ab Mitte Juni folgten einzelne Vertreter des Klerus dem Aufruf, die Legitimationen gemeinsam zu prüfen, was dem dritten Stand ermöglichte, sich ab dem 17. Juni als «Nationalversammlung» zu bezeichnen. Als sich der dritte Stand am 20. Juni aus seinem Sitzungsaal ausgeschlossen sah, schworen die Abgeordneten im Saal des *Jeu de Paume* (ein Vorläufer des Tennis), sich immer wieder an einem Ort zu versammeln, bis «die Verfassung des Königreichs auf stabilen Grundlagen etabliert und bestätigt ist». Als Ludwig XVI. am 23. Juni persönlich die getrennte Beratung forderte, replizierte Mirabeau, wohl wissend, dass keine militärische Aktion geplant war, mit der schönen Phrase, man weiche nur der Macht der Bajonette. Als der König am 27. Juni die gemeinsame Beratung der drei Stände zugestand und den zweiten Stand fallen ließ, erklärte sich die Versammlung zur verfassunggebenden Nationalversammlung, zur *Assemblée nationale constituante.*

Die Dinge liefen also ganz und gar nicht so, wie Ludwig XVI. erwartete oder Necker scheinbar versprochen hatte. Skeptische Höflinge, zu denen auch Frau und Brüder des Königs zählten, rieten Ludwig XVI., Truppen in Versailles und Paris zusammenzuziehen, Necker zu entlassen, die Generalstände einzuschüchtern und gegebenenfalls an den Parisern ein Exempel zu statuieren, damit das Militär in der Folge darangehen könne, im Rest des Landes wieder Ruhe und Ordnung herzustellen. Ludwig XVI. ließ sich darauf ein. Die wachsende Militärpräsenz um Versailles blieb der Nationalversammlung freilich nicht verborgen, die den Abzug der Truppen forderte. Dies mag Ludwig XVI. dazu gebracht haben, zu früh loszuschlagen: Er entließ Necker am 11. Juli, fünf Tage bevor die Truppenbewegungen abgeschlossen sein sollten, wenn auch mit der Auflage, das Königreich insgeheim Richtung Brüssel zu verlassen. Die Nachricht von der Entlassung und die Vermutung, Paris solle angegriffen werden, steigerte die Erregung in der Hauptstadt, wo das Palais Royal, Familiensitz der traditionell mit den regierenden Bourbonen rivalisierenden Herzöge von Orléans, unter der Patronage des Hausherrn zum zentralen Umschlagplatz politischer Nachrichten geworden war.

Handwerker, Dienstboten, Krämer und Kaufleute plünderten Arsenale, verbrüderten sich mit den französischen Soldaten in der Stadt gegen deutsche und schweizer Söldner und zogen am 14. Juli zur Bastille, der Festung, die Paris militärisch in Schach hielt. Neben ihrem militärischen Wert war die Bastille Symbol königlicher Willkür, denn mit einem *lettre de cachet* konnte der Monarch jeden Kritiker in einem Kerker dieses (oder eines anderen) Gefängnisses verschwinden lassen. In Wirklichkeit wurden *lettres de cachet* meist eingesetzt, um auf Wunsch adeliger Familien schwarze Schafe aus dem Verkehr zu ziehen. Aus diesem Grund hatte sich etwa der Marquis de Sade, dessen Angehörigen seine sexuellen Phantasien unheimlich geworden waren, bis zum 2. Juli 1789 in der Bastille befunden. Als sich die Besatzung der Festung dem Ansturm ergab, fand die Menge anstatt der erwarteten zahlreichen ausgemergelten politischen Häftlinge vier Fälscher (die sich sofort davonmachten), einen auf Bitten seiner Familie inhaftierten Adeligen (der auf Kosten des Königreichs nach Hause reisen durfte) sowie einen englischen und einen französischen Geisteskranken, die beide, nachdem man sie im Triumph durch die Stadt getragen hatte, rasch in ein anderes Verlies kamen – auch de Sade landete, nachdem die *lettres de cachet* 1790 abgeschafft wurden, in einer gewöhnlichen Irrenanstalt.

In Versailles sah der König, der am 14. Juli «nichts» in sein Tagebuch eingetragen hatte, da ihm das Jagdglück nicht hold gewesen war,[5] keine andere Möglichkeit, als zu kapitulieren. Er sprach den Abgeordneten vollstes Vertrauen aus und holte Necker zurück. Der 14. Juli zeigte, dass die Menge, auf die sich die Nationalversammlung stützte, brutal sein konnte. Nach der Kapitulation der Bastille riss sie die Körper des Kommandanten und des königlichen Vertreters in der Stadt, des *prévôt des marchands*, in Stücke und trug ihre Köpfe auf Lanzen umher. Man kann darüber streiten, ob der Tötung eine Art Prozess voranging und ob das Volk lediglich die im Strafrecht eingeübte rituelle Zerstörung krimineller Körper an den Agenten einer in ihren Augen verbrecherisch gewordenen Obrigkeit praktizierte – für die Abgeordneten der Nationalversammlung trat die Frage in den Vordergrund, wie lange die Menge ihnen gewogen bleiben würde. Auf dem Weg von und nach Paris begegneten sie in den folgenden Tagen und Wochen immer neuen blutigen Schädeln auf Lanzen, in Paris wie in der Provinz erlebten sie spontane Tötungen von Amtsträgern, die angeblich Getreide horteten, gefolgt vom Verstümmeln ihrer Körper und der triumphalen Präsentation ihrer Gliedmaßen oder Innereien – Proteste gegen diese Selbstjustiz verhallten ungehört. Die vorwiegend von Besitzenden gestellte Pariser Nationalgarde unter dem Befehl des Amerika-Helden Lafayette konnte oder wollte nicht gegen die Lynchjustiz vorgehen.

Die unerwartet lange Dauer der Nationalversammlung führte dazu, dass die Auseinandersetzungen bis in die ökonomisch schwierigste Jahreszeit einer vorindustriellen Agrargesellschaft reichten. Im Gegensatz zu der scheinbar mit Frühlingsritualen verbundenen optimistischen Stimmung bedeutet in agrarischen Gesellschaften die Schneeschmelze nicht den Beginn der satten Monate, sondern den Anfang schwerer Wochen, in denen die Vorräte aus dem letzten Jahr, die aufgrund der schlechten Ernte 1788 besonders karg waren, zur Neige gehen und die neue Ernte noch nicht eingebracht werden kann. Steigende Brotpreise, die unklare, durch immer weniger zensierte, zugleich immer parteilichere Druckschriften widersprüchlich beschriebene politische Lage, Nachrichten, Getreide werde außer Landes geschafft oder gehortet, um die Preise weiter in die Höhe zu treiben, Gerüchte über Militäraktionen und Verschwörungen schürten in weiten Teilen Frankreichs eine «große Furcht», die sich im Sommer 1789 in Angriffen auf Vermögende, Adelige und Fremde äußerte.

Das setzte die Nationalversammlung unter Druck. Alle Abgeordneten hatten zu Hause Freunde, Verwandte, Besitz. Vor allem adelige Abgeordnete mussten sich fragen, wie die Bevölkerung in der Umgebung ihrer Landsitze auf Berichte über ihr Verhalten in Versailles reagierte. Die langen Debatten in dem nach einer Idee des Pariser Arztes Joseph Ignace Guillotin zum ovalen Plenum umgestalteten Saal der *Menus plaisirs* und die Angst vor einem royalistischen Angriff vergrößerten die Solidarität in der Versammlung. In einer von vermutlich knapp 1 000 Abgeordneten besuchten Sitzung in der Nacht vom 4. auf den 5. August 1789 brachte «die merkwürdige Kombination von Idealismus, Angst und den Gefühlen der Brüderlichkeit, die sie alle zusammengeführt hatte»[6], die Nationalversammlung dazu, die meisten ökonomischen Privilegien von Klerus und Adel abzuschaffen. Jeder, der einer kirchlichen Institution oder einem Adeligen Dienste, Zahlungen oder Leistungen schuldete, sollte die Möglichkeit erhalten, diese Verpflichtungen durch eine einmalige Zahlung abzulösen. Danach konnte er (dass Besitz auch Frauensache sein konnte, schien der Nationalversammlung eine abwegige Idee zu sein – sie hielt am Prinzip fest, dass weiblicher Besitz durch Männer kontrolliert werden musste) frei über seinen Besitz verfügen. Adel und Klerus verzichteten auf lokale Privilegien wie das Jagdrecht und stimmten einer Steuerreform zu. Der Versuch einiger Abgeordneter, auch die Sklaverei abzuschaffen und Religionsfreiheit einzuführen, scheiterte allerdings.

Die Erklärung der Menschen- und Bürgerrechte – Umzug nach Paris

Am 26. August 1789 verkündete die Nationalversammlung mit der Erklärung der Rechte des Menschen und des Staatsbürgers Grundsätze, an denen sich eine künftige Verfassung orientieren sollte. Der Rekurs auf Prinzipien spiegelte die Weltsicht der die Kammer dominierenden Juristen und die Sorge, Ludwig XVI. könnte die Versammlung noch auflösen. Erstes Kernprinzip der Erklärung war die Aussage, alle Menschen hätten von Geburt an gleiche Rechte. Das geschriebene Recht müsse daher für alle Menschen gleich sein, ohne Unterschiede des Standes oder des Vermögens zu berücksichtigen. Auch öffentliche Ämter seien fortan ausschließlich nach Talent zu vergeben. Zweck des politischen Gemeinwesens sei die Bewahrung der «natürlichen und unwandelbaren Rechte des Menschen»[7] – Freiheit, Eigentum, Sicherheit und Widerstand gegen Unterdrückung –, nicht aber, das Staatsgebiet zu vergrößern oder den Ruhm des Monarchen zu mehren. Sitz der politischen Souveränität sei die «Nation», deren Zusammenleben durch explizite Gesetze geregelt werden müsse – alles, was nicht verboten sei, sei erlaubt; Strafen dürften nur auf der Grundlage veröffentlichter Gesetze verhängt werden und müssten «human» sein.

Gesetze sollten den «allgemeinen Willen» (*volonté générale*) widerspiegeln. Dieser aus der politischen Philosophie Rousseaus übernommene Begriff bezeichnete nicht die Meinung der Mehrheit, sondern eine Auffassung, die kein vernünftiger Mensch zurückweisen kann, weil sie das zwingende Ergebnis einer Debatte darstellt. Diese Vorstellung vom allgemeinen Willen war mit dem Regierungsstil des aufgeklärten Absolutismus durchaus vereinbar. Die Nationalversammlung hielt es dennoch für notwendig, die Zustimmung der Nation zu Gesetzen und Steuern durch Volksbefragung oder ein parlamentarisches Verfahren festzustellen.

Die Erklärung unterschied zwischen «Menschen» bzw. «Männern» (*hommes*) mit Recht auf Eigentum, Schutz gegen Willkür und Zugang zu öffentlichen Ämtern sowie «Staatsbürgern» (*citoyens*), die sich an der Entscheidung über Gesetze und Steuern beteiligen sollten, ließ aber offen, was diese Gruppen unterschied. Vor einem Bekenntnis zu Meinungs- und Religionsfreiheit schreckte die Versammlung ebenfalls zurück. Artikel 10 verbot einerseits, jemanden wegen privater politischer oder religiöser Ansichten zur Rechenschaft zu ziehen, andererseits jede Störung der «durch das Gesetz etablierte[n] öffentliche[n] Ordnung» und jeden Missbrauch der Pressefreiheit.

Die Erklärung der Menschen- und Bürgerrechte verlieh einem Welt-, Staats- und Gesellschaftsbild Ausdruck, das man später als «liberal» bezeichnen sollte. Entscheidend war die Gleichheit von Rechten; Ungleichheit des Vermögens war akzeptabel, wenn es den «gemeinen Nutzen» nicht störte (Art. 1). Da sich die Abgeordneten am 5. August für die Beibehaltung der Sklaverei in Frankreichs Kolonien entschieden hatten, war unklar, ob das auf irgendeinen Unterschied der sozialen Lage zutraf. Der Staat sollte jedem Mann den Genuss seines Vermögens ermöglichen und so den Anreiz zu individueller Leistung erhöhen. Unklare Besitzverhältnisse oder die Privilegierung bestimmter Stände widersprachen diesem Konzept, nicht aber Armut oder ökonomische Abhängigkeiten.

Ihre Blindheit gegenüber sozialen Fragen wurde den Abgeordneten der Nationalversammlung alsbald plastisch vor Augen geführt. Am 5. Oktober 1789 zogen Pariser Marktfrauen und eine immer größer werdende Gruppe von Männern nach Versailles, um von Nationalversammlung und König eine bessere Lebensmittelversorgung zu fordern. Die Pariser Nationalgarde unter dem Befehl Lafayettes eilte hinterher, um einen Zusammenstoß mit dem regulären Militär zu verhindern. Die französische Monarchie des 18. Jahrhunderts hatte kaum Vorkehrungen gegen einen direkten Angriff getroffen. Trotz gelegentlicher Anschläge vertrauten die

Monarchen auf die Sakralität ihrer Person und eine bescheidene Leibgarde. Diese wurde nun leicht überrannt, einige ihrer Mitglieder hingemetzelt. Königlicher Familie und Nationalversammlung blieb nichts anderes übrig, als nach Paris umzuziehen. Der Monarch wohnte fortan im düsteren Palast der Tuilerien, die Nationalversammlung zog zunächst in den Palast das Pariser Bischofs, ab November in die Reithalle des Königspalasts.

Fortan beriet die Nationalversammlung unter der Aufsicht der Pariser Öffentlichkeit. Die Aufhebung der Zensur und die Freigabe von Versammlungen und Vereinen förderten die Publikation unzähliger Programme und Flugschriften, die in Salons und Klubs diskutiert wurden. Eine besonders radikale Position vertrat der aus dem Kreis des Palais Royal erwachsene, in einem Dominikanerkloster in der Jakobinerstraße tagende Jakobinerklub, der bald Zweigstellen im ganzen Land eröffnete. Der Puls von Paris schlug freilich anders als der des Landes insgesamt. Paris war politisierter, antiklerikaler, aufgeklärter, dynamischer, von Nahrungsmittelimporten aus dem Umland abhängig. Das Land war von Bauern bevölkert, welche die Lebensmittel produzierten, die in der Stadt verzehrt (oder verprasst) wurden, es war religiöser, abergläubischer, königstreuer. In Paris wurde es schneller üblich als in der «Provinz», Nationalkokarden zu tragen oder sich als «citoyen» anzureden; auf dem Land waren «Feudallasten» das zentrale Thema.

Die Nationalversammlung erreichte im Laufe der nächsten beiden Jahre viel. Sie versuchte sich an der Lösung des Defizitproblems, indem sie, einem Vorschlag Talleyrands folgend, Kirchengut in Staatseigentum überführte, den Besitz adeliger Emigranten enteignete und diese «Nationalgüter» ab Frühjahr 1790 versteigerte. Sie versuchte, die Wirtschaft durch die Ausgabe von Papiergeld anzukurbeln, das angeblich durch die Nationalgüter gedeckt war. Sie ordnete Frankreich neu, indem sie die Provinzen durch 83 ungefähr gleich große *départements* ersetzte; sie löste Klöster auf, unterstellte den Klerus einer «Zivilverfassung», schaffte den Adel als Stand ab, hob Reisebeschränkungen auf, strich indirekte Steuern, Kirchenzehnten, Binnenzölle, Handelsmonopole und Zünfte, machte

Bürgerrechte von der Religionszugehörigkeit unabhängig. Sie erfand einen Feiertag für die postrevolutionäre Gesellschaft, indem sie am 14. Juli 1790 in Anwesenheit des Königs ein trotz Dauerregens gelungenes «Föderationsfest» inszenierte, und arbeitete fleißig an einer Verfassung.

Die Ausgestaltung der neuen Verfassung

Die im Mai 1789 von einer absoluten Monarchie einberufene Nationalversammlung hatte zwar beschlossen, dass jede Regierungsform vom Volke ausgehen müsse, strebte aber nicht danach, die Monarchie abzuschaffen. Auch in Zukunft sollte der älteste männliche Angehörige des Hauses Bourbon automatisch König werden, allerdings «der Franzosen» statt wie bisher «von Frankreich». War der König minderjährig, wählten die Staatsbürger einen Regenten – fast wie die Amerikaner einen Präsidenten. Die Person des Königs war «unverletzlich und heilig»; der König konnte kein Unrecht tun. Da der König selbst nicht zur Rechenschaft gezogen werden konnte, bedurfte es institutionalisierter Sündenböcke, die für Rechtsbrüche hafteten und daher ein Interesse hatten, sie zu verhindern: einen Bevollmächtigten für die Zivilliste, der für Schulden des Monarchen geradestand, und Minister, welche die politischen Handlungen des Königs «verantworteten». Da fortan Befehle des Königs der Zustimmung der Minister bedurften, konnte der Monarch, der das Land nicht ohne Erlaubnis der legislativen Versammlung verlassen durfte, Politik nur bestimmen, indem er Minister berief, die seine Auffassungen teilten. Die alle zwei Jahre neu zu wählende Nationalversammlung entschied über Gesetze, Staatshaushalt und Zivilliste; der König konnte sie lediglich bitten, sich mit bestimmten Angelegenheiten zu befassen. Allerdings waren die Beschlüsse der legislativen Versammlung nur gültig, wenn der König sie unterzeichnete. Ein Veto des Königs konnte nur durch das Votum von drei sukzessiven Legislativen, d. h. frühestens nach sechs Jahren, überstimmt werden – einer politischen Ewigkeit. Im Gegensatz zur britischen Verfassung sah das französische Modell nicht vor, dass Minister im Einklang mit der Mehrheit der Legislative agierten. Im Gegenteil: Amtsträger, Abgeordnete oder Geschworene durften erst zwei Jahre nach dem Ausscheiden aus ihren Amt Minister werden.

Blieb die Frage, wer an den politischen Entscheidungen mitwirken durfte. Die nunmehr «Legislative» genannte Nationalversammlung sollte aus 745 Abgeordneten bestehen, war also deutlich kleiner als die Generalstände. Wählen würden sie «aktive» Staatsbürger. Die Verfassung sah vor, dass alle Franzosen und alle Ausländer, die dauerhaft in Frankreich lebten und nicht Dienstboten, Tagelöhner oder Soldaten waren, als Staatsbürger gelten sollten. Staatsbürger war eine politische und eine moralische Kategorie: Staatsbürger war nicht, wer sich im Ausland einbürgern ließ, zu einer entehrenden Strafe verurteilt worden beziehungsweise vor einem Prozess geflohen war oder sich im Ausland eines Ritter- oder Adelstitels bediente.

Lehnte die Verfassung Standesunterschiede radikal ab, so erkannte sie Vermögensunterschiede bedingungslos an. Die 745 Sitze wurden nach unterschiedlichen Schlüsseln auf die *départements* aufgeteilt: je ein Drittel nach Fläche, Bevölkerung und Steuerleistung. Vorgesehen war eine indirekte Wahl. Im ersten Wahlgang wählten «Aktivbürger», also länger in einem Ort ansässige Staatsbürger über 25 Jahre, die keine Dienstboten waren, den Bürgereid geleistet und sich der Nationalgarde zur Verfügung gestellt hatten. Bei der ökonomischen Abgrenzung der Aktivbürger von den Habenichtsen, denen die Abgeordneten keine Rolle im politischen Prozess zugestanden, stand die Forderung nach politischer Unabhängigkeit durch Vermögen dem Wunsch nach breiter Partizipation gegenüber. Die Nationalversammlung entschied, Aktivbürger solle jeder Mann sein, der direkte Steuern im Wert von drei Tageslöhnen bezahlt hatte. Diese Regel kann man je nach Sichtweise als großzügig oder restriktiv deuten. Da Steuersätze im revolutionären Frankreich niedrig waren, zahlten kaum 15 Prozent der Staatsbürger entsprechende Summen. Allerdings machte es die Regelung jedem leicht möglich, sich das Wahlrecht zu erkaufen, indem er drei Tage (Zeit, die er möglicherweise durch die Abschaffung der Frondienste gewonnen hatte) arbeitete und den dafür enthaltenen Lohn zahlte, um politische Rechte zu erwerben. Auswählen konnten die Aktivbürger allerdings nur Mitglieder einer Vermögenselite, die Einkünfte im Wert von – je nach Größe des Ortes – zwischen 100 und 400 Tageslöhnen versteuerten. Diese vermögenden Wahlmänner würden aller Wahrscheinlichkeit nach jemanden aus ihrer Mitte aussuchen, obgleich sie dazu formell nicht verpflichtet waren.

Die Verfassung war fast fertig, als der Geduldsfaden des Königs erneut riss. Ein Grund war die Zuspitzung der religiösen Frage. Die Nationalversammlung hatte sich im Zuge ihrer Beratungen immer stärker radikalisiert und immer mehr Abgeordnete vertrieben. War am 4. August 1789 eine weitgehend geschlossene Versammlung an die Abschaffung des Feudalsystems gegangen, so erfolgte die Abschaffung der Titel und Ehrenzeichen des Adels ohne Vorankündigung in einer kaum besuchten Nachtsitzung. Die Unterscheidung zwischen schützenswertem Adelsbesitz und klerikaler Konfiskationsmasse entfremdete der Versammlung einen großen Teil des Klerus. Adelige Feudallasten mussten im Prinzip abgelöst werden, während der Zehnte, das Einkommen des Klerus, ersatzlos entfiel. Der gesamte Kirchenbesitz wurde beschlagnahmt, nicht aber der gesamte Adelsbesitz.

Die Verstaatlichung des Kirchenbesitzes war die erste Notmaßnahme zur Vermeidung des Staatsbankrotts. Durch das Kirchenvermögen gedeckte Staatsanleihen (sogenannte *assignats*) fanden in den großen Tranchen, in denen sie zunächst ausgegeben wurden, kaum Käufer. Erst wenig später von der Nationalversammlung ausgegebene Scheine ab 5 *livres* Nominalwert waren als Papiergeld einigermaßen erfolgreich – damit ist gemeint, dass der Wertverlust bis Frühjahr 1791 «nur» 25 % betrug. Der Verkauf des Kirchenbesitzes in öffentlichen Versteigerungen brachte zudem mehr ein als erwartet. Dass die über einen Zeitraum von 10 Jahren zu zahlenden Summen angesichts galoppierender Geldentwertung letztendlich minimal sein würden, konnte die Nationalversammlung 1790 noch nicht ahnen.

Mit der Konfiskation des Kirchenbesitzes übernahm die Nationalversammlung die Verpflichtung, Gottesdienste zu organisieren, Kleriker zu bezahlen sowie für Kranke und Arme zu sorgen. Sie nutzte die Gelegenheit, um die Kirche genauso zu demokratisieren wie Justiz und Armee. Einfache Kleriker sollten großzügiger besoldet werden. Im Gegenzug verlangte die Versammlung von ihnen einen Eid auf die am 12. Juli 1790 beschlossene und am 24. August 1790 verkündete «Zivilverfassung des Klerus», welche die Wahl von Priestern und Bischöfen durch ihre Gemeinden vorsah; die Amtskirche sollte die Gewählten nur noch bestätigen. Der Papst, der bereits die Erklärung der Menschen- und Bürgerrechte verdammt hatte, exkommunizierte jeden, der dem zustimmte. Viele Abgeordnete des ersten Standes teilten die prinzipielle Ablehnung, andere waren nicht bereit, sich gegen die päpstliche Anweisung zu stellen.

Es gelang der Nationalversammlung nicht, die Spaltung der französischen Kirche zu verhindern. Ludwig XVI. gehörte zu denen, die Priester, die den Eid geleistet hatten, nicht mehr als Geistliche betrachtete. Als er sich Ostern 1791 wie jedes Jahr aufs Land begeben wollte, um eine «echte» Messe zu hören, wurde er von einer Menschenmenge gezwungen, in Paris zu bleiben und die Messe der Staatskirche zu besuchen.

Die Flucht nach Varennes und ihre Folgen

Seiner Macht weitgehend beraubt – jede Nutzung des Vetorechts führte zur impliziten Morddrohung Pariser Massendemonstrationen – und in den Tuilerien zu einem Leben ohne Beichte und Absolution verdammt, schien Ludwig XVI. eine Flucht als einziger Ausweg, wie sie Marie Antoinette und der schwedische Gesandte Hans Axel Graf von Fersen energisch vorbereiteten. Sie fand am 20. Juni 1791 statt. Ludwigs Bruder, der Graf von Provence, fuhr als englischer Kaufmann verkleidet in einer kleinen Kutsche über die Grenze der habsburgischen Niederlande in ein langes Exil. Die königliche Familie dagegen bestand auf einer gemeinsamen Fahrt in einer langsamen Karosse, die von Dienern begleitet wurde, deren Uniformen denen eines führenden Emigranten zum Verwechseln ähnlich sahen. Der beste Damenfrisör von Paris musste mitfahren, Kindermädchen und Anstandsdame ebenso – Fersen blieb aus Gründen der Hofetikette zurück.

Entlang der Reiseroute sorgten seit Tagen Truppen für Unruhe, denen keiner mehr abnahm, dass sie eine Kriegskasse bewachen sollten. Ludwig XVI. scheint seine letzte Reise genossen zu haben, vielleicht auch weil er sich ausmalte, welche Gesichter seine Peiniger machen würden, wenn sie die Abrechnung mit der Nationalversammlung auf seinem Schreibtisch lasen. Er bemühte sich kaum, sein Inkognito zu wahren. Kurz vor dem Rendezvous mit einer größeren Einheit königstreuer Kavallerie wurde die Kutsche, auf die die vorgesehenen Eskorten nicht gewartet hatten, in dem Örtchen Varennes gezwungen, wegen angeblicher Unregelmäßigkeiten in den Papieren der «Baronesse Korff» samt Begleitung – Ludwig XVI. firmierte als Hausverwalter – anzuhalten. Der König wurde erkannt, gab sich zu erkennen, war aber nicht in der Lage, die Dorfbewohner dazu zu bringen, ihn bis zu einem nahe gelegenen Schloss zu begleiten, wo er sich, so seine Behauptung, vor einer Pariser Verschwörung (wer in Frankreich glaubte nicht an Pariser Verschwörungen?) in Sicherheit habe bringen wollen.

Die demütigende Rückkehr in die Quasigefangenschaft von Paris – begleitet von frischen Royalistenköpfen auf Pfählen – markierte das Ende der französischen Monarchie.

Zwar behalf sich die Nationalversammlung nach der Rückkehr des Königs nach Paris mit der Fiktion, Ludwig XVI. sei entführt worden, und bekräftigte nach einigem Zögern erneut die Unverletzlichkeit seiner Person; zwar ließ Lafayette am 17. Juli eine prorepublikanische Versammlung auseinanderschießen, wobei etwa 50 unschuldige Passanten zu Tode kamen; zwar begann die Nationalversammlung, radikale politische Vereine zu schließen; dennoch sah sich Ludwig XVI. kaum als Sieger, als er am 13. September 1791 die neue Verfassung beschwor.

Die Verfassung sah die Wahl einer neuen parlamentarischen Versammlung vor, deren Zusammensetzung wiederum unberechenbar war. Die Angehörigen der Nationalversammlung, die das politische

Geschäft mehrheitlich leid waren, hatten sich von der Wiederwahl ausgeschlossen. Im Herbst 1791 war Wahl; dass zugkräftige Namen auf den Kandidatenlisten fehlten, mag dazu beigetragen haben, dass kaum einer hinging. Unter den etwa 4,3 Millionen Aktivbürgern (gegen 3 Millionen männliche Passivbürger über 25) lag die Wahlbeteiligung bei einer Million oder 23 Prozent. Die «Legislative», die aus dieser Wahl hervorging, wurde von Angehörigen des dritten Standes dominiert – in diesem Sinne war sie eine «bürgerliche» Versammlung. Politisch fehlte eine monarchische «Rechte», denn Anhänger einer monarchischen Verfassung waren auf dem Weg ins Exil, hatten nicht kandidiert oder waren nicht gewählt worden. Monarchisten konnten nur noch auf Verschwörungen und Putschversuche, möglichst mit ausländischer Unterstützung, hoffen.

Zwischenbilanz

Warum also kam es in Frankreich zur Revolution? Sicher nicht allein wegen der Finanzprobleme der Monarchie – es gab keinen absolutistischen Staat, der nicht chronisch über seine Verhältnisse gelebt hätte. Sicher auch nicht wegen der diffusen Proteststimmung in einer durch ökonomische Entwicklungen bedrückten Bevölkerung – die Gordon Riots, die Genfer und niederländische Revolution, vor allem aber die Krise des Habsburgerreichs 1789/90 machen deutlich, dass es auch in wirtschaftlich schwierigen Jahren möglich blieb, eine fundamental in Frage gestellte Ordnung wiederherzustellen.

Was die französische Monarchie im negativen Sinne auszeichnete, war die unzulängliche politische Taktik des Monarchen, seine glücklose Auswahl leitender Minister – und seine Neigung, sie zu entlassen, sobald sie unpopulär wurden. Jeder weitere erfolglose Reformversuch schwächte die Monarchie und brüskierte immer neue Fraktionen der sozialen Schichten, auf deren Unterstützung der König angewiesen war: erst die Parlamente, dann die Offiziere, dann die Notablen. Dieses Muster setzte sich auch nach der waghalsigen Entscheidung fort, eine parlamentarische Massenversammlung mit unklarer Zusammensetzung und unbestimmten

Kompetenzen einzuberufen. Erst wurden den Vertretern des dritten Standes große Aufgaben suggeriert; in Versailles sahen sie sich dann marginalisiert. Im Sommer 1789 brüskierte die Monarchie die ersten beiden Stände, indem sie ihnen im entscheidenden Moment die Unterstützung versagte, sowie den konservativen Hochadel, indem sie vor einer militärischen Konfrontation zurückschreckte. Die wachsende Isolation der Krone und die unklare Rolle der Nationalversammlung schufen ein Machtvakuum an der Spitze des Staates, das die Ausbreitung von Aufständen in der Hauptstadt und auf dem Land ermöglichte. Als Ludwig XVI. schließlich nach seinem Fluchtversuch die ihm in der Verfassung zugedachte Rolle kaum mehr ausüben konnte, stellte sich nur noch die Frage, wie weit die Machtverschiebung von der Monarchie hin zu parlamentarischen Gremien und breiterer Öffentlichkeit noch gehen würde.

3. Die Revolutionierung Europas

Internationale Wahrnehmungen und Kontexte der Revolution

Bis Ende 1791 war die Revolution ein innenpolitisches Problem Frankreichs. Die Entwicklung des Konflikts zwischen Monarchie und Nationalversammlung wurde dennoch in ganz Europa wahrgenommen und – je nach Praxis der Zensur – mehr oder weniger offen diskutiert. Revolutionsbegeisterung war ein europaweites Phänomen. Das verwundert bei jüngeren Künstlern wie William Wordsworth, Samuel Taylor Coleridge, Lord Byron oder Friedrich Schiller kaum. Es passte ebenso gut ins Bild, dass Charles James Fox, Führer der englischen Opposition, sich der jeweils radikalsten französischen Mode anschloss und schließlich ohne Perücke und unter weitgehendem Verzicht auf Körperhygiene den Jakobiner gab. Begüterte und abkömmliche Revolutionsenthusiasten wie der preußische «Anarchasis» Cloots oder der englisch-amerikanische Radikaldemokrat Thomas Paine reisten nach Paris, um dort den Niedergang der Monarchie mitzugestalten. Andere Befürworter radikaler Veränderung waren bereits angekommen, als die Revolution ausbrach. Flüchtlinge früherer Revolutionen hatten sich oft nach Frankreich begeben – die rund 40 000 Exilanten der niederländischen Revolution etwa verteilten sich im Wesentlichen auf Frankreich, Dänemark und Großbritannien. Der calvinistische Geistliche Étienne Dumont, der den Genfer Proskribierten des Jahres 1782 nahestand, war zunächst als Hauslehrer nach St. Petersburg gegangen, sodann Tutor in einem englischen Herrenhaus geworden, bis er Ende der 1780er Jahre nach Paris ging. In der Revolution wurde er Redakteur von Mirabeaus Zeitschrift *Courrier de Provence.*

Die Nationalversammlung hatte gegen internationalen Zuspruch nichts einzuwenden und erleichterte ausländischen Sympathisanten die politische Partizipation in Frankreich, hatte aber nicht vor, Menschen- und Bürgerrechte aus Frankreich zu exportieren. Überraschender ist, dass die gekrönten Häupter Europas und ausländische Anhänger monarchischer Herrschaft dem König von Frankreich kaum Sympathien entgegenbrachten. Zu den anfänglichen Befürwortern der Revolution gehörten auch der spätere bayerische Ministerpräsident Maximilian Graf von Montgelas sowie der spätere Sekretär des Wiener Kongresses Friedrich Gentz. Nur wenige Monarchen wie die russische Zarin Katharina II. oder der schwedische König Gustav III. sahen in dem Angriff auf die Herrschaftsrechte Ludwigs XVI. eine Bedrohung der Stellung jedes Monarchen. Gustav III. tat aber kaum mehr, als Fersen bei dem Versuch zu unterstützen, Ludwig XVI. in Sicherheit zu bringen, während Katharina immerhin den Handel mit französischen Schiffen blockierte. Große Teile der Beamtenschaft, des Adels und der Bildungseliten aller europäischen Monarchien fanden dagegen die Forderungen der Nationalversammlung plausibel. Zurückdrängung überlebter Privilegien des Adels, Entfesselung wirtschaftlicher Energien durch Beseitigung ökonomischer Standesschranken, Rationalisierung der Verwaltung, Erweiterung des staatlichen Zugriffs auf alle Einwohner waren Ziele, die viele Anhänger monarchischer Herrschaft in Beamtenschaft und Militär herbeisehnten. Selbst Gustav III. begrenzte die Zensur und erlaubte 1789 Nichtadeligen, vormals dem Adel vorbehaltenes Land zu erwerben.

«Konservative» betrachteten die Revolution mithin vor allem als Strafe für schlechte Politik, und kaum jemand war bereit zu bestreiten, dass Ludwig XVI. und seine Gattin sich selbst als absolute Monarchen nach preußischem, österreichischem oder russischem Muster disqualifiziert hatten. Die Ankunft der aristokratischen Emigranten aus Frankreich und ihre Berichte über die Gräuel der Revolution änderten die Stimmung etwas, obgleich sie zunächst als Extremisten erschienen, die den Angriff auf eine legitime Regierung vorbereiteten. Erst mit der Zeit nahmen die revolutionskritischen Stimmen zu.

In Großbritannien ermöglichte eine besonders liberale Presse- und Vereinspolitik die intensive Popularisierung revolutionärer Ideen. Das war der Anlass für die bereits Ende 1790 publizierte antirevolutionäre Schrift *Reflections on the Revolution in France*. Ihr Autor, der aus Irland stammende Anwalt und Parlamentarier Edmund Burke, war die führende parlamentarische Stimme der «Whig»-Opposition gegen die königliche Regierung. Er war seit 1786 damit beschäftigt, dem ehemaligen Generalgouverneur der britischen East India Company, Warren Hastings, wegen Despotismus den Prozess zu machen. Trotzdem schienen Burke die Ereignisse in Frankreich unverständlich. Die Revolutionäre rebellierten gegen einen «milden» Monarchen, als sei er der «blutrünstigste Tyrann». Die Nationalversammlung vernichte eine blühende Handels- und Gewerbelandschaft, stürze das Volk in Armut und den Staat in den Bankrott. Das sei nicht das Werk international vorbildlicher Politiker, sondern offenbare die Machenschaften von Winkeladvokaten im Bunde mit «Dorfpfarrern».

Gegen aus abstrakter Spekulation abgeleitete «natürliche» Rechte setzte Burke historisch gewachsene Konventionen, gegen die majestätischen Deklarationen aus Versailles und Paris die Realität politischer Entscheidungsfindung «inmitten von Meuchelmord, Massakern und Beschlagnahmung». Die Parlamentarier seien Befehlsempfänger des Pöbels und schüfen durch die Ausgabe von ungedecktem Papiergeld eine zum Verlieren verdammte «Nation von Spielern». Burkes Schrift war zwar nicht in allen Punkten prophetisch – er vermutete etwa, Marie Antoinette werde sich bald das Leben nehmen –, aber spätere Leser konnten kaum übersehen, dass er den Aufstieg eines populären Generals, «der den echten Kommandogeist besitzt», richtig vorhergesagt hatte.[8] Kurzfristig gewannen freilich Burkes Gegner den Pamphletkampf; die prominenteste und am weitesten verbreitete Replik stammte von Thomas Paine, dem britischen Vordenker der amerikanischen Revolution, der 1791/92 die Existenz überhistorischer *Rights of Man* vehement verteidigte. Burke selbst konzentrierte sich fortan wieder auf den Hastings-Prozess, der 1795 mit einem Freispruch erster Klasse für den Angeklagten endete.

Entscheidender als die intellektuelle oder die innenpolitische Bedeutung der Revolution war aus der Sicht der anderen europäischen Monarchien, dass sie Frankreich als Machtfaktor ausschaltete, während das Osmanische Reich, Preußen, Österreich, Russland und Schweden durch Kriege im Norden und Osten des europäischen Kontinents gebunden waren. Großbritannien war vornehmlich damit beschäftigt, den Verlust seiner nordamerikanischen Kolonien zu verarbeiten. Mit den USA ging das Gebiet verloren, in das britische Sträflinge exportiert worden waren; als Ersatz entstand 1788 in einem entfernt an Wales erinnernden Teil der Ostküste Australiens eine reine Sträflingskolonie. Um die karibischen Kolonien von amerikanischen Lebensmittellieferungen unabhängiger zu machen, gab die britische Regierung den Auftrag, dort Brotbaumsetzlinge aus dem Pazifik anzupflanzen. Die Besatzung des Schiffs «Bounty» hielt 1789 die Gewächshausatmosphäre unter Deck nicht aus, revoltierte und versteckte sich auf dem einsamen Inselchen Pitcairn. Schließlich wuchs Londons Interesse an der Nordwestküste des amerikanischen Kontinents. James Cook hatte diese Region in den späten 1770er Jahren in Augenschein genommen; 1792 und 1794 kartographierte sie ein Teilnehmer der Reise namens George Vancouver genauer.

1789 beschlagnahmte am Nootka Sound eine spanische Flotte britische Handelsschiffe, die dort Pelze für den Handel mit China einkauften. Theoretisch war der Nootka Sound in einer russischspanischen Übereinkunft Spanien zugeschlagen worden. Spanien war dort aber weder militärisch noch wirtschaftlich präsent, die Belästigung von Händlern und der Bau einer spanischen Befestigung daher aus britischer Sicht ein feindlicher Akt. Spaniens Bitte um französische Unterstützung nötigte die Pariser Nationalversammlung, über postrevolutionäre Außenpolitik nachzudenken. Ihre Entscheidung, den Verbündeten im Stich zu lassen, zwang Spanien zur diplomatischen Kapitulation. Die Region wurde fortan Interessengebiet der North West und Hudson's Bay Companies und später als «New Caledonia», «Columbia» und «Victoria» Teil des britischen Herrschaftsbereichs; 1866 wurden die Kolonien zu «British Columbia» zusammengefasst.

Als nach Varennes die Zwangslage des Königs offenbar wurde, begann sich die Wahrnehmung der Revolution in manchen Hauptstädten zu ändern. Vor allem der durch den frühen Tod Leopolds II. 1792 auf den Thron gelangte neue Habsburger Herrscher Franz II. sah die Revolution als allgemeine Bedrohung monarchischer Herrschaft. Franz II. war ein Neffe Marie Antoinettes, seine Frau deren Nichte. Als römischer Kaiser war er zudem für den Schutz eines Reiches verantwortlich, dessen Fürsten bereits durch die Revolution geschädigt worden waren. Die Nationalversammlung hatte durch die Abschaffung der Feudallasten auch das Einkommen ausländischer Fürsten wie der Herrscher Badens, Württembergs, Hessen-Darmstadts oder des Kurfürsten von Trier vermindert, die Land in Frankreich besaßen. Noch gravierender waren die Verstaatlichung von Kirchengütern und die Einführung der Zivilverfassung des Klerus in Teilen Frankreichs, die zu den Erzdiözesen Köln, Mainz und Trier – den drei geistlichen Kurfürsten des Reichs – gehörten. Außerdem hatte das Papsttum sein Herrschaftsgebiet um Avignon verloren, als die Nationalversammlung im Mai 1791 beschloss, im Interesse eines arrondierten, durch eine ununterbrochene Grenze umschlossenen Territoriums diesen Besitz zu annektieren.

Revolutionskrieg und Radikalisierung Frankreichs

Trotz der Schwäche, die Frankreich in der Nootka-Sound-Krise bewies, war aber keine Monarchie bereit, das Land anzugreifen. Eine im August 1791 in Pillnitz publizierte Erklärung Österreichs und Preußens stellte zwar eine militärische Intervention in Aussicht, sollten die Rechte des wegen seiner Flucht suspendierten Ludwigs XVI. weiterhin beschnitten werden – allerdings nur unter der völlig abwegigen Bedingung, dass sich alle europäischen Mächte anschlossen. Die Entscheidung zum Krieg fiel vielmehr in der «Legislative». Diese Versammlung war politisch radikaler als die *Constituante*. Dort fand der Plan, die geknechteten Völker Europas von ihren Despoten zu befreien, größeren Zuspruch, zumal man so die Emigranten von Frankreichs Ostgrenzen entfernen konnte. Erster Schritt zum Krieg war das Anfang 1792 von Ludwig XVI. ausgesprochene Ultimatum, die östlichen Nachbarfürsten sollten die Emigrantenheere bis zum 1. März 1792 vertreiben. Angesichts des Tods Leopolds II. verlängerte die «Legislative» die Frist bis April. Die Kriegserklärung Frankreichs an Franz II., König von Ungarn und Böhmen, vom 20. April 1792 (Franz' Wahl zum Kaiser fand erst am 5. Juli statt) stellte für die Parteien der «Legislative» und die Krone auch die Flucht aus einer innenpolitischen Blockade dar. Überzeugte Revolutionäre strebten danach, das Erreichte zu sichern, indem sie Frankreich bis zu seinen «natürlichen» Grenzen (Rhein, Pyrenäen, Alpen) ausdehnten. Ludwig XVI. und konservativere Abgeordnete hofften auf eine Niederlage, die die Rechte des Monarchen wiederherstellen würde.

Beide wollten den militärischen Konflikt auf die habsburgischen Niederlande beschränken. Das funktionierte nicht, denn Preußen trat sofort in den Krieg ein, das Königreich Sardinien im Sommer. Im Februar 1793 erklärte auch Großbritannien Frankreich den Krieg, subventionierte den Kriegseinsatz Sardiniens und Preußens, blockierte Frankreichs Küsten und erreichte, dass Portugal seine Häfen für französische Schiffe schloss. Im März 1793 dehnte Frankreich den Krieg noch weiter aus, indem es Spanien angriff. Bis zum

Sommer 1793 erweiterte sich die antirevolutionäre «Koalition» zudem um den Kirchenstaat, das Reich, Neapel und die Toskana – nur Dänemark, Schweden, Polen, Russland und das Osmanische Reich hielten sich abseits.

Zunächst deutete viel auf eine französische Niederlage hin. Emigranten, Österreicher und Preußen überschritten Ende Juli 1792 die französische Nordostgrenze, um nach Paris vorzustoßen. Am 25. Juli 1792 kündigte die siegessichere Koalition aus Koblenz in einem von Emigranten formulierten «Manifest» ihres Oberbefehlshabers, des Herzogs Karl Wilhelm Ferdinand von Braunschweig-Wolfenbüttel, an, keine Eroberungen machen zu wollen, drohte aber, sie werde «eine beispiellose und für alle Zeiten denkwürdige Rache nehmen und die Stadt Paris einer militärischen Exekution und einem gänzlichen Ruine preisgeben», sollte der König auch nur «die mindeste Beleidigung» erfahren. Damit nicht genug: Die Emigration wurde zum einzig legitimen Schritt erklärt, denn selbst wer sich in Frankreich ruhig verhalten hatte, konnte allenfalls auf «Begnadigung» hoffen. Das Manifest veranlasste die Pariser Bevölkerung, die alles andere als ruhig gewesen war, vollends mit der alten Ordnung zu brechen. Am 10. August 1792 griff sie die von Schweizergarden und dem loyalen Teil der Pariser Nationalgarde ebenso verzweifelt wie erfolglos verteidigten Tuilerien an; Ludwig XVI., Marie Antoinette und ihre Kinder flohen in den Schutz der ebenfalls bedrohten «Legislative». Diese «suspendierte» den inzwischen wieder in seine Rechte eingesetzten König erneut, steckte ihn und seine Familie in Haft und vollzog faktisch den Übergang zur Republik. Am 26. August 1792 appellierte die parlamentarische Versammlung an die Unterstützung der internationalen Öffentlichkeit, indem sie prominente ausländische Kritiker monarchischer Herrschaft zu Ehrenbürgern eines Frankreich ernannte, das sich fortan als Verfechter universeller Werte stilisierte.

Der Sturm auf die Tuilerien zeigte den großen Einfluss der politischen Gremien der Stadt Paris. Seit dem 10. August ordneten diese die Verhaftung von Geistlichen, die den Schwur auf die Zivilverfassung verweigerten, von Aristokraten, Oppositionellen und

Menschen an, mit denen ein Mitglied irgendeines politischen Gremiums eine Rechnung offen hatte. Die anschließenden Sondergerichtsverfahren konnten mit der Hinrichtung auf einer im August 1792 erstmals eingesetzten, zunächst nach ihrem Erfinder Antoine Louis «Louisette», später nach ihrem Hauptbefürworter Joseph Ignace Guillotin «Guillotine» genannten Maschine enden. Die Köpfmaschine war erfunden worden, um Kapitalverbrechern aus allen Ständen einen gleichen, schmerzfreien Tod zu bringen. Nun entwickelte sie sich zum Symbol politischer Scheinjustiz – in den USA gilt Enthaupten daher immer noch als «grausame und ungewöhnliche Strafe». Je näher die Truppen der Koalition an Paris heranrückten, desto unerträglicher erschien radikalen Revolutionären der Abstand zwischen Verhaftung und Hinrichtung von Republikfeinden. Anfang September ermordeten einige hundert Menschen, die von führenden Politikern des Jakobinerklubs wie Jean-Paul Marat instruiert waren, über tausend Inhaftierte direkt in ihren Zellen.

Die Grundlagen des militärischen Triumphs der französischen Republik

Mit der endgültigen Suspendierung des Königs war die Verfassung von 1791 gescheitert, sodass eine neue verfassunggebende Versammlung notwendig wurde. Diesmal sollten alle erwachsenen Männer, die keine Dienstboten waren, zur Wahl gehen können. Die Ausweitung der Partizipation blieb freilich Theorie. Lediglich 10 Prozent der nun etwa 7 Millionen Wahlberechtigten nahmen an den Urwahlen teil; die Auswahl der Abgeordneten wurde in kleinen Kreisen von 300 bis 600 Wahlmännern pro Wahlbezirk vorgenommen, die von Juristen, Kaufleuten, Amtsträgern und Vermögenden dominiert blieben. Die Wahlen von 1792 ergaben einen «Nationalkonvent» oder «Konvent» mit 749 Mitgliedern: überwiegend Juristen, Amtsträger, Kaufleute und Rentiers, die vielfach (wie Robespierre) in Nationalversammlung oder «Legislative» gesessen hatten. Meist war die Wahl Folge politischer Prominenz, wie bei dem inzwischen nach Frankreich übergesiedelten Thomas Paine, bei Jean-Baptiste Drouet, der Ludwig XVI. auf der Flucht erkannt hatte, oder beim durch die Revolution zu «Philippe Egalité» gewordenen Louis Philippe II., Herzog von Orléans. Alle Genannten waren Mitglieder des Jakobinerklubs. Insgesamt verfügte dieser mit 113 Abgeordneten aber nur über eine Minderheit der Sitze; Wahlsieger waren die nach der regionalen Herkunft ihrer führenden Köpfe benannten, gemäßigten Girondisten; für die Jakobiner blieb «nur» die Kontrolle des Ausschusses für allgemeine Sicherheit.

Ende 1792 erzielte das republikanische Frankreich erste militärische Erfolge. Zwar gab es 1793 Rückschläge, aber seit 1794 befand sich das Land auf einem beispiellosen Siegeszug. Das 1789 als Königreich praktisch bankrotte Frankreich erreichte als Republik rasch die erstrebten «natürlichen» Grenzen Rhein, Alpen und Nordsee. Es kontrollierte bald Italien, weite Teile Deutschlands, Spanien, Dalmatien, Polen und für kürzere Zeit Ägypten, Portugal und Teile Russlands. Alle europäischen Staaten außer Großbritannien mussten sich zeitweise den Bedürfnissen der französischen Politik fügen. Diese Erfolge erzielte ein Land, dessen Offizierskorps und politische Elite in den Jahren nach der Revolution durch Flucht, Entlassungen und Hinrichtungen dezimiert wurden; das zwischen 1792 und 1799 Regierungen erlebte, die nur kurze Zeit im Amt waren und die Kontrolle über Teile des Staatsgebiets verloren; das seine Truppen bisweilen statt mit Gewehren und Kanonen mit Holzpiken und Dolchen in den Kampf schicken musste; und das bis 1815 über keinen tragfähigen Staatshaushalt verfügte.

Die Gründe für den Erfolg Frankreichs und für die Niederlagen der Koalitionen werden gerne mit einer als beispielhaft gewerteten Episode des Feldzugs von 1792 illustriert, der Kanonade von Valmy. Dort schlugen angeblich von revolutionärer und/oder nationaler Begeisterung erfasste Freiwillige eine überlegene preußische Invasionsarmee in die Flucht. Durch die Demonstration, dass Staatsbürger einer Republik besser kämpfen als Söldner, hätten sie die Wende des Krieges eingeleitet. Erst als die Erfahrung französischer Unterdrückung in anderen Ländern, vor allem Deutschland, ähnliche patriotische Emotionen freisetzte, sei es Monarchien möglich geworden, das postrevolutionäre Frankreich zu besiegen. Diese Interpretation wird durch eine in Johann Wolfgang Goethes seit 1819 niedergeschriebenem und 1822 veröffentlichtem Werk «Kampagne in Frankreich» enthaltene Bemerkung gestützt: «Von hier und heute geht eine neue Epoche der Weltgeschichte aus, und ihr könnt sagen, ihr seid dabei gewesen.» Goethe erlebte den Feldzug als Begleiter des Herzogs Karl August von Sachsen-Weimar, der Offizier im preußischen Heer war. In seinem Text führt Goethe diese Wendung aber als einen der Sprüche des Tages ein, die Offiziere und Mannschaften vom mitreisenden Dichter erwarteten; sie widerspricht zudem seiner Aussage, man habe damit gerechnet, der französische Befehlshaber werde die Fronten wechseln.

Überhaupt ist an der so skizzierten Interpretation fast alles falsch. Valmy war zwar ein weiterer Beleg dafür, dass die französische Bevölkerung die Koalition nicht mit Blumensträußen erwartete. Obgleich sich unterschiedliche Angaben zu den Verlusten finden, steht aber fest, dass Valmy militärisch allenfalls als Patt gewertet werden kann, das durch eine zahlenmäßig überlegene französische Armee gegen numerisch hoffnungslos unterlegene Preußen erfochten wurde: Circa «34 000 von Durchfall geschwächte Männer» der Koalition standen rund «52 000 Franzosen» gegenüber.[9] Die Franzosen waren zwar zum Teil Freiwillige, standen aber unter dem Kommando eines königlichen Berufsoffiziers namens Charles-François Dumouriez, der im April 1793 tatsächlich die Fronten wechseln sollte.

Wenn französische Truppen zwischen 1792 und 1799 über alliierte Verbände siegten, lag das an meist überdeutlicher numerischer Überlegenheit, nicht an größerem Kampfesmut. Die entscheidende Frage lautet daher, warum es Frankreich gelang, mehr Truppen zu mobilisieren. Die Antwort ist relativ schlicht: durch die intensivere Ausbeutung des Landes, das es kontrollierte. Das ergab sich paradoxerweise daraus, dass die französische Republik bei ihrem Versuch, die soziale Struktur des Militärs zu verändern, auf Widerstand stieß, den sie durch immer härtere Maßnahmen brach. Sie löste die im Wesentlichen aus Freiwilligen bestehende Armee des Ancien

Régime durch ein größeres Heer ab, das überwiegend aus zum Dienst gezwungenen Männern bestand.

Vor der Revolution verlief quer durch das Militär aller Staaten Europas ein unüberwindlicher sozialer Graben. Soldaten entstammten sozialen Randgruppen und waren durch die Aussicht auf Sold, die Wahl zwischen Gefängnis und Armee, den Druck der Heimatgemeinde, die List oder Werbeprämien der Rekrutierer dazu gebracht worden, sich zu verpflichten. Der Eintritt in die Armee bedeutete meist den dauerhaften Abschied von der ehrbaren Gesellschaft. Lebensmitteldieb, Herzensbrecher und Vater illegitimer Kinder, bedrohlicher, unterbezahlter, gewaltbereiter Außenseiter: Diese Attribute beschrieben vor wie nach der Französischen Revolution aus der Sicht von Bauern und Bürgern den gemeinen Soldaten. Seine Loyalität hing vom Sold, von der Bindung an Kameraden und der abschreckenden Wirkung der drastischen Strafen für Desertion ab – die häufig vorkam, weswegen die teuer eingekauften und mit einigem Aufwand ausgebildeten Soldaten durch leuchtende Uniformen leicht sichtbar gemacht und in geschlossenen Formationen von einem Ort zum anderen bewegt wurden.

Offiziere entstammten dagegen ganz überwiegend dem Adel, selten aus den nichtadeligen Oberschichten. Viele waren in einem militärischen Umfeld aufgewachsen und sahen sich als Teil einer internationalen sozialen Elite. Wechsel aus dem Dienst eines Landes in den eines anderen waren durchaus üblich. Die Umgangssprachen des besonders internationalen russischen Offizierskorps, das 1812 von Michael Andreas Barclay de Tolly geführt wurde, der von einer ins Baltikum ausgewanderten schottischen Familie abstammte, waren Französisch und Deutsch. Offiziere mussten über ein Vermögen verfügen, das für den Erwerb eines Offizierspatents und die standesgemäße Überbrückung der Jahre mit geringem Sold, die am Anfang jeder Karriere standen, ausreichte. Länder mit einem großen Bedarf an Soldaten wie Frankreich oder Preußen unterhielten darüber hinaus militärische Ausbildungseinrichtungen für relativ vermögenslose Söhne von Adeligen – wobei zwischen dem «armen» Adeligen und dem wirklich mittellosen Welten lagen. In Frankreich profitierten beispielsweise seit 1779 drei Söhne eines materiell recht gut gestellten korsischen Adeligen namens Carlo B(u)onaparte von einer solchen Einrichtung, nämlich der 1768 geborene Guiseppe, der 1769 geborene Napoleone und der 1775 geborene Luciano. Mit dem Übertritt nach Frankreich war zugleich die Übersetzung der Namen als Joseph, Napoleon und Lucien Bonaparte verbunden. Nach längerem Dienst winkten Offizieren ein hohes Einkommen (nicht zuletzt durch Kontrolle der Regimentskasse) und gegebenenfalls eine Pension.

In der Marine war die soziale Kluft nicht ganz so krass, weil erfahrene Seeleute knapp waren. Jeder Matrose konnte in Frankreich jedes dritte Jahr zum Kriegsdienst eingezogen werden, während die englische Marine in den meisten Hafenstädten unbeschäftigte Männer in den Dienst pressen durfte. In der Marine war der Aufstieg auf der Grundlage persönlicher Meriten leichter, wenn auch eine Karriere vom Schiffsjungen zum Kapitän wie die James Cooks außergewöhnlich blieb.

Im Detail gab es überall Besonderheiten. Staaten wie Hessen-Kassel suchten den Nachteil karger Böden auszugleichen, indem sie systematisch Soldaten verkauften oder vermieteten, etwa an Großbritannien. Großbritannien hob vor allem in Schottland und Irland Soldaten aus, unterhielt wegen des politischen Misstrauens gegenüber stehenden Heeren aber keine große Armee, sondern finanzierte Truppen von Verbündeten. Preußen verlangte von jedem «Kanton» eine bestimmte Zahl von Männern. Da alle ehrbaren Schichten (Bauern, städtische Bürger oder Adelige) vom Kantonssystem ausgenommen waren, betraf diese Quasiwehrpflicht in erster Linie die Unterschichten.

Jede Armee des 18. Jahrhunderts bestand somit aus mehr oder weniger Freiwilligen. Die Armeen waren zudem relativ klein. Preußen galt als besonders militarisiert, da es je nach Kanton und Jahr zwischen 10 und 50 Prozent der in Frage kommenden Männer eines Jahrgangs einzog – in absoluten Zahlen etwa 200 000. Im Frankreich Ludwigs XV. diente etwa 1 Prozent der Männer zwischen 18 und 40 Jahren, insgesamt bis zu 300 000 Soldaten; Großbritanniens

Armee umfasste in den 1790er Jahren etwa 40 000 Mann (die Marine bis zu 20 000), die Armee Russlands 470 000 und die des Habsburgerreichs 278 000. Grund für die begrenzte Ausnutzung des Soldatenpools waren die hohen Kosten für Ausrüstung, Ausbildung und Verpflegung ebenso wie die Tatsache, dass jeder Mann in Uniform auf dem Feld oder in der Werkstatt fehlte.

Im Zuge der Revolution wurden in Frankreich einige Truppenverbände niedergemetzelt, andere lösten sich auf oder gingen in die Emigration. Einige begrüßten die interne Demokratisierung und das Ende von Standesschranken, das dem Sohn eines Böttchers (wie Michel Ney) oder Gastwirts (wie Joachim Murat) den Aufstieg zum Offizier ermöglichte. Frankreichs parlamentarische Versammlungen betrachteten die Reste der auf den Monarchen eingeschworenen Berufsarmee mit Skepsis. Um die innere Ordnung aufrechtzuerhalten, war seit Juni 1789 zunächst in Paris und dann in allen anderen Städten eine «Nationalgarde» entstanden, der nur Männer angehören konnten, die Uniform und Waffen selbst kauften. Diese bald eine Million starke Ordnungskraft unter dem Oberkommando des Marquis de Lafayette sollte in der jeweiligen Heimatregion bleiben. Als jedoch im Herbst 1792 Paris bedroht schien, brachen Nationalgardisten aus vielen Landesteilen auf, um die Revolution zu verteidigen – obgleich Lafayette selbst bereits vor dem 10. August 1792 zu den Österreichern überlief. Als die akute Gefahr gebannt schien, kehrten sie meist nach Hause zurück, wurden in Krisen aber immer wieder mobilisiert.

Der Versuch, auch das reguläre Militär nur noch durch Männer zu ergänzen, die sich selbst ausrüsten konnten, scheiterte 1791. Nur wenige Mitglieder der ehrbaren Gesellschaft waren bereit, sich zum Dienst fern der Heimat zu verpflichten. Im Krieg setzten «Legislative» und «Konvent» daher notgedrungen auf Zwang, da sie über finanzielle Ressourcen nicht verfügten. Am 12. Juli 1792 erhielten die *départements* Befehl, eine bestimmte Zahl diensttauglicher Männer beizubringen. Das konnten durchaus weitere begeisterte Freiwillige sein – der Einzug von Enthusiasten aus Marseille am 28. Juni 1792 in Paris, die ein Lied sangen, das der Pionierhauptmann Claude-Joseph Rouget de L'Isle in der Nacht vom 25. auf den 26. April 1792 in Straßburg komponiert hatte, gilt als Durchbruch der «Marseillaise» als Revolutionshymne. Freiwillige fanden sich vor allem in den direkt vom Feind bedrohten Regionen und um Paris. Wo ihre Zahl aber unterhalb der festgelegten Quote blieb, mussten Kantonsbehörden durch Losverfahren oder auf anderem Weg Männer für den Dienst aussuchen – wer nicht einrücken wollte, musste jemanden finden, der seinen Platz einnahm, oder als Konterrevolutionär mit der Guillotine rechnen. Einige Kantone nutzten die Gelegenheit, um Dorfdeppen, Krüppel und Blinde loszuwerden, die meisten nahmen aber Familien ihre Väter, Grundbesitzern und Fabrikanten ihre Arbeiter oder Handwerkern ihre Gesellen weg – und beendeten schlagartig die Begeisterung für die Revolution.

Die 400 000 Mann, auf die das französische Heer 1792 anwuchs, reichten dem «Konvent» nicht lange. Anfang 1793 wies er die *départements* an, der Armee 300 000 ledige Männer zwischen 18 und 40 Jahren zuzuführen – es fanden sich nur 150 000. Nach militärischen Rückschlägen verfügte der Konvent im August 1793 den totalen Kriegseinsatz:

> «Von diesem Moment bis die Feinde vom Territorium der Republik verjagt sein werden, befinden sich alle Franzosen auf Dauer im Dienst der Armeen. Die jungen Männer werden in den Kampf ziehen; die verheirateten Männer werden Waffen schmieden und Lebensmittel transportieren; die Frauen werden Zelte und Uniformen herstellen und in den Krankenhäusern Dienst tun; die Kinder werden alte Wäsche in Verbände reißen; die alten Männer werden sich auf die öffentlichen Plätze tragen lassen, um den Mut der Krieger anzustacheln, den Hass auf die Könige und die Einheit der Republik zu predigen.»

Jeder diensttaugliche ledige Mann zwischen 18 und 25 Jahren musste fortan bereit sein, auf unbestimmte Zeit in eine Armee einzutreten, in der nun auch die Söhne von Beamten, Kaufleuten oder Richtern kämpften. Der Aufstieg aus den Mannschaften in den Offiziersrang wurde nicht nur möglich, sondern durch politische Säuberungen und das Misstrauen gegenüber Aristokraten sogar erleichtert. Versorgungsansprüche von Offizieren und Mannschaften wurden angeglichen, Kompetenzschranken abgebaut – erst ab 1794 war die Fähigkeit, lesen und schreiben zu können, wieder Voraussetzung für die Übertragung eines Kommandos. Ende 1793 hatte Frankreich über 500 000 Mann unter Waffen, 1794 knapp 800 000, 1795 immer noch 485 000. Danach sank die Zahl auf etwa 400 000 ab, da Desertionen zunahmen und nur ein geringer Teil der neuen Jahrgänge tatsächlich eingezogen wurde. Ab 1798 wurde jedes Jahr ein im Vorfeld bestimmter Anteil der «Klasse» 21-jähriger Männer für den Armeedienst ausgelost. Die selbst offiziell als Inhaber «schlechter» Lose bezeichneten Wehrpflichtigen konnten Ersatzmänner stellen, wenn sie über die nötigen Mittel verfügten.

Die großen Erfolge in den Niederlanden, im Rheinland, in Italien, in Spanien oder in Ägypten wurden also von einer Armee aus Freiwilligen und Wehrpflichtigen erzielt, die anfangs schlecht ausgerüstet war. Gerade das ermöglichte ihr eine Kriegführung, die bislang immer als impraktikabel verworfen worden war. Für die Armeen des Ancien Régime war Nachschub von zentraler Bedeutung; blieb er aus, desertierten oder starben Soldaten. (Die Furcht vor einem Winter ohne Nachschub war ein Grund der preußischen Kehrtwende im Herbst 1792.) Vormarsch erfolgte nur auf Routen, die an Lebensmittel- und Munitionslagern in Festungen oder befestigten Orten vorbeiführten. Es war daher leicht vorherzusagen, wann eine Armee wo ankommen würde. Die Revolutionsarmeen lebten dagegen von dem, was sie entlang des Weges fanden. Nicht durch Ausrüstungsgegenstände beschwerte Soldaten konnten schneller marschieren, sodass Truppen an unerwarteten Orten konzentriert werden konnten. Da Kommandanten hohe Verluste in Kauf nahmen, fielen Mängel der Ausrüstung wenig ins Gewicht. Belegt das nicht doch, dass die französische Bevölkerung eher bereit war, die Revolution zu verteidigen, als die Bewohner der Nachbarstaaten, ihre Ausbreitung zu verhindern? Preußen, Österreich oder die kleineren Reichsstände schreckten vor einer *levée en masse* zurück. Großbritannien verstärkte seine Miliz durch eine Art Wehrpflicht nur zur Abwehr einer Invasion oder innerer Unruhen, nicht für Einsätze in Übersee.

Interne Konflikte in Frankreich und der Übergang zum «Terror»

Eine Gegenüberstellung von erfolgreicher republikanischer *levée en masse* und passiven Monarchenuntertanen übersieht aber den erbitterten Widerstand gegen die Eingriffe der französischen Republik in Besitzrechte und Lebensplanung. Die Bevölkerung der Republik stand ebenso wenig geschlossen hinter der Revolution wie die der Monarchien hinter der Gegenrevolution, sodass leichte Verschiebungen in den politischen Kräfteverhältnissen dramatische Folgen haben konnten.

Bei seiner Flucht hatte Ludwig XVI. belastende Dokumente zurückgelassen, die enthüllten, dass der unlängst als Held der Nation im Pariser Panthéon, einem zum nationalen Gedenkort umgewandelten Kloster, beigesetzte Graf Mirabeau mit dem Monarchen für eine französische Niederlage intrigiert hatte. Man konnte sich streiten, ob es nicht das gute Recht Ludwigs XVI. war, den Untergang der konstitutionellen Monarchie anzustreben – außerdem war er nach den Buchstaben der Verfassung «heilig und unverletzlich» und der eventuell «verantwortliche» Mirabeau bereits tot. Der Konvent klagte dennoch den «Bürger Capet» des Hochverrats an. (Um den Ex-König vor ein Revolutionsgericht zu stellen, schien es nötig, ihm einen Bürgernamen zu geben. Der Konvent leitete diesen von der ersten Königsdynastie der Kapetinger ab, die allerdings mit den Bourbonen nicht verwandt war.) Der Prozess endete mit einem knappen Votum für die Todesstrafe, die am 21. Januar 1793 vollstreckt wurde.

Inhaftierung, Anklage und Hinrichtung des französischen Königs, dessen Würde in dem Maße stieg, wie sich seine Lage verschlechterte, waren europaweit Anlass für eine Flut promonarchischer Schriften. Konservativeren Teilen der französischen Bevölkerung galt der Angriff auf den heiligen Monarchen durch Pariser Radikale ebenfalls als Verletzung einer über Jahrhunderte bewährten Herrschaftsordnung, als Sakrileg. Das wäre möglicherweise weniger schlimm gewesen, wenn die Revolution die

Lebensverhältnisse verbessert hätte. Die revolutionäre Finanzpolitik brachte jedoch den Getreidehandel zum Erliegen – welcher Bauer war gewillt, seinen Jahresertrag gegen ein Papiergeld einzutauschen, dessen Wert so rasch sank, dass es bald unmöglich war, genügend *assignats* zu drucken, um die Staatsausgaben zu finanzieren? Die Sterblichkeit in den auf Getreidelieferungen angewiesenen größeren Städten stieg deutlich an; die Versorgung der Armee wurde schwieriger. Der Konvent reagierte mit drastischen Strafen für alle, die Getreide «horteten», setzte Preise und Löhne fest und schickte Soldaten auf die Suche nach Lebensmittellagern und dem kriegswichtigen Rohstoff Salpeter – verlieh aber damit der Forderung nach einer dezentraleren Verteilung politischer Entscheidungsgewalt Auftrieb.

Im Lauf des Jahres 1793 sagten sich immer größere Gebiete von der Pariser Zentrale los. Die Vendée an der nördlichen Atlantikküste hielt eisern an Priestern fest, die den Schwur auf die Zivilverfassung des Klerus verweigerten, und widersetzte sich erbittert der im Herbst 1792 beschlossenen Zivilehe und Zivilscheidung. Als der Konvent Anfang 1793 aus Sicht der Vendées den König ermordete und junge Männer einziehen wollte, um den Atheismus zu verteidigen, bildete sich mit halbherziger britischer Unterstützung unter Führung lokaler Adeliger ein Heer, das versuchte, die monarchische Herrschaft wiederherzustellen. Handelsstädte wie Nantes, Bordeaux, Marseilles und Lyon verweigerten Paris den Gehorsam, ebenso wie weite Teile des Südens, der Normandie, der Bretagne und die Insel Korsika. Seit 1793 griff der Konvent zum «Terror», um diese Gebiete auf den Pfad revolutionärer Tugend zurückzuführen.

Über die Bewertung des «Terrors» wird seit 1793 gestritten. Konservativeren Chronisten der Revolution gelten die «Rebellen» als Verteidiger moralischer Werte und politischer Vernunft gegen Repräsentanten eines von allen moralischen Hemmungen befreiten Pöbels, welche ihre Macht nutzten, um sich zu bereichern und sadistische Impulse zu befriedigen. Die «Terroristen» von 1793/94 erscheinen ihnen als Vorreiter der totalitären Bewegungen des

20. Jahrhunderts, ihrer Schreibtischtäter, ihrer Schläger auf der Straße, ihrer Mörder in den Lagern. 1793 sei aus einem Robespierre nur deshalb kein Stalin geworden, weil die technischen Möglichkeiten für Massenmord dieser Größenordnung fehlten.

Sympathisanten der radikalen Revolution sehen die «Rebellen» dagegen als Gegner der universellen Werte Gleichheit, Freiheit und Aufklärung. Die Anführer der «Terroristen» erscheinen ihnen als Idealisten, deren eigentliches Gesicht in den Gesetzen gegen Sklaverei, Feudallasten oder religiöse Diskriminierung zum Ausdruck komme. Dazu tritt ein nationales Argument: Die Konservativen hätten Frankreich seinen Feinden ausliefern wollen und so den werdenden Nationalstaat aufs Spiel gesetzt.

Im Sommer 1793 übernahmen die Jakobiner die Kontrolle des Konvents, indem sie die Girondisten ausschlossen. Diejenigen, die nicht flohen, wurden im Herbst hingerichtet. Die Macht ging fortan an «Wohlfahrtsausschuss» und «Sicherheitsausschuss» über, Robespierre wurde zur zentralen politischen Persönlichkeit. Der Konvent versuchte, eine neue Gesellschaft auf der Basis revolutionärer «Tugend» zu erschaffen – 1792/93 waren Jahre der Zerstörung eines großen Teils der christlich und monarchisch geprägten Kulturgüter Frankreichs, die entweder vernichtet oder der militärischen Verwertung zugeführt wurden (Gegenstände aus Bronze oder Blei wurden umgeschmolzen, wertvolle Materialien verkauft). Was blieb, verschwand in einer bereits 1790 eingerichteten Rumpelkammer, aus der 1795 das *Musée des Monuments français* hervorging.

Nichts signalisierte den Neuaufbruch deutlicher als der am 5. Oktober 1793 beschlossene Revolutionskalender. Das erste Jahr der Republik (1792) wurde ab dem 29. September zum Jahr I eines Kalenders, der aus 12 Monaten zu je 30 Tagen bestand, die sich in «Dekaden» gliederten. Die Namen der Monate ergaben sich – wie «Germinal» (März/April), der Keimmonat, «Thermidor» (Juli/August), der heiße Monat, «Brumaire» (Oktober/November), der Nebelmonat – aus Beschreibungen von Wetter und Vegetation. Kirchliche Feiertage gab es nicht mehr; man experimentierte mit einem

Kult der «Vernunft» und eines «Höchsten Wesens», der im November 1793 in der Kathedrale Nôtre-Dame von Paris zelebriert wurde.

Die Angehörigen der zentralen Konventsausschüsse vertrauten auf die vernünftige Ableitung richtiger Maßnahmen aus Prämissen. Es war ihnen unmöglich, gegensätzliche Positionen als demokratisch legitimiert zu betrachten, sondern diese mussten, da war sich der ehemalige Gegner der Todesstrafe Robespierre nun sicher, mit drakonischer Härte ausgemerzt werden. Frankreich wurde in der Vision des Wohlfahrtsausschusses «zu einem riesigen Gefängnis, in dem die Kantone die individuellen Zellen darstellten».[10] Künftig musste der örtliche Sicherheitsausschuss jede Reise über die engen Kantonsgrenzen hinaus genehmigen. Reisende aus dem Ausland brauchten eine Erlaubnis aus Paris und mussten immer damit rechnen, festgesetzt oder ausgewiesen zu werden.

Gegner der radikalen Revolution oder persönliche Feinde der Mächtigen flohen oder versuchten, Widerstand zu leisten – wie Charlotte Corday, die am 13. Juli 1793 Jean-Paul Marat, den sie als Hauptverantwortlichen für den beginnenden Bürgerkrieg betrachtete, in seiner Badewanne erdolchte. Zu denen, die Frankreich den Rücken kehrten, gehörten die Tochter Neckers, Germaine, die fürchtete, selbst durch die Ehe mit dem schwedischen Botschafter Erik Magnus Staël von Holstein nicht mehr geschützt zu sein. Talleyrand kehrte von einer diplomatischen Mission in England nicht zurück. Wer blieb, lief Gefahr, durch eine Schnelljustiz auf der Grundlage bloßer Anschuldigungen zum Tode verurteilt zu werden. Da die Kette enttarnter «Verschwörungen» nicht abriss, wurden die Vorgaben aus Paris immer brutaler. Rebellische Städte wie Marseilles und Lyon sollten so vollständig zerstört werden, dass dort, wo sie gestanden hatten, nichts mehr wuchs. Im Krieg sollte es keine Gefangenen mehr geben. Die Guillotine schien bald zu langsam: Gegner wurden in Flüssen ertränkt, von Kanonen in Stücke gerissen, vor von ihnen selbst ausgehobenen Gräben erschossen. In der zur zentralen Prozess- und Hinrichtungsstätte Frankreichs erhobenen Stadt Paris fiel neben Tausenden anderer

Königin Marie Antoinette der Guillotine zum Opfer – kurz bevor ihr erbitterter Feind George Gordon in Newgate dem Gefängnisfieber erlag; das Schafott bestiegen auch der 1792 von der Legislative zum Ehrenbürger Frankreichs ernannte preußische Revolutionsanhänger «Anarchasis» Cloots, «Philippe-Egalité», Olympe de Gouges, die politische Rechte für Frauen eingefordert hatte, der Chemiker und ehemalige Steuerpächter Antoine Laurent de Lavoisier, die Männer, welche die Komposition der Marseillaise angeregt hatten (Rouget de L'Isle selbst wurde allerdings nur inhaftiert). Ein gewisser Alexandre de Beauharnais war einer der vielen adeligen Offiziere, die den Terror nicht überlebten; ebenso gefährdet waren Angehörige der Opposition wie «Girondisten», «Föderalisten», «Monarchisten» oder «Hébertisten».

Der Versuch Robespierres, gegen Korruption vorzugehen, führte schließlich seinen Sturz herbei. Führende Jakobiner wie Joseph Fouché, der sich in Lyon einen schlechten Namen gemacht hatte, oder Paul François Jean Nicolas Vicomte de Barras, der im Südosten Frankreichs besonders verhasst war, hatten guten Grund zur Sorge, als Robespierre am 8. Thermidor II (26. Juli 1794) die Bestrafung von Verschwörern in Konvent, Wohlfahrtsausschuss und Jakobinerklub versprach. Am 9. Thermidor verweigerten Sicherheitsausschuss und Jakobinerklub Robespierre die Gefolgschaft, am 10. wurde er nach einem erfolglosen Selbstmordversuch mit seinem engsten Zirkel guillotiniert.

Dynamiken und Grenzen der französischen Expansion

Die Truppen der Revolution konnten sich also besonders in den Jahren 1793 bis 1794 nicht in allen Teilen Frankreichs auf die Bevölkerung verlassen. Genauso wenig konnten aber ihre Gegner sicher sein, dass die Bevölkerung außerhalb Frankreichs auf ihrer Seite stand. In Schweden etwa fiel Gustav III., der mit dem Gedanken eines gegenrevolutionären Kreuzzugs spielte, 1792 einem Attentat modernisierungswilliger Adeliger zum Opfer. Die Jahre nach 1792 lassen sich als Kampf des Prinzips der Monarchie gegen das Prinzip der Volkssouveränität deuten, wie man das 16. und 17. Jahrhundert als Zeitalter der Auseinandersetzung zwischen Protestantismus und Katholizismus oder die 1930er und 1940er Jahre als Konflikt zwischen Faschismus, Kommunismus und Demokratie beschreiben kann. In diesem Krieg ging es fast ebenso sehr um intellektuelle wie militärische Erfolge. Auch hier schien die Revolution zunächst im Vorteil. Die Koalitionsstaaten außer Großbritannien verließen sich nicht auf intellektuelle Entgegnungen, sondern verboten den Import von Druckschriften und verschärften die Zensur. Die Kontrollen von Fremden wurden verstärkt, «Jakobiner» überall verfolgt. In Großbritannien, wo die Handlungsmöglichkeiten der Regierung durch die Unabhängigkeit der Justiz und die Abwesenheit einer Vorzensur beschränkt waren, verbot die Regierung des jüngeren Pitt 1792 die Verbreitung von Paines *Rights of Man*. Sie finanzierte konservative Zeitungen und Vereine und erwirkte im Mai 1794 ein Gesetz, das erlaubte, politische Gegner auf unbestimmte Zeit festzusetzen. Ein Musterprozess gegen zwölf Radikale endete aber mit vier Freisprüchen, unter anderem, weil die Regierung 1792 den Geschworenen das Recht zuerkannt hatte, darüber zu befinden, ob ein Text zum Umsturz aufrief. Danach ließ die Regierung nicht nur alle Anklagen fallen, sondern zitierte sogar ihren Agenten John Reeves vor den Richterstuhl, weil er das Parlament für verzichtbar erklärt hatte (er wurde ebenfalls freigesprochen). Trotz einer Fülle von Gesetzen gegen politische Vereine und Zeitschriften reduzierte sich «Pitt's Terror» bei näherem Hinsehen auf etwa 200 Anklagen, die überwiegend mit Ausstellung am Pranger, Deportation nach Australien oder kürzeren Gefängnisstrafen endeten; Todesurteile waren selten.[11] Die Ausweisung von politisch verdächtigen Ausländern hielt sich ebenfalls in Grenzen – insgesamt sind zwischen 1793 und 1802 bei etwa 20 000 registrierten Ausländern rund 470 Fälle dokumentiert, darunter Talleyrand, der 1794 in die USA gehen musste, aber wie viele revolutionsfreundliche Exilanten 1796 nach Frankreich zurückkehrte.

Eine Facette der intellektuellen Konkurrenz zwischen dem republikanischen Frankreich und den Koalitionsregierungen war der Wettkampf um kulturelle Dominanz. Beide Seiten versuchten, sich als Erben der Antike darzustellen. Dies lässt sich nicht nur durch Selbststilisierung des Sozialrevolutionärs François Noël Babœuf als «Gracchus», am Pariser «Pantheon», später an «Konsulat» und «Imperium» Napoleons belegen – es erklärt auch den Wettlauf der Hauptstädte beider Kriegsparteien, Paris und London, um den Erwerb antiker Schätze. Seit 1794 gehörte es zum Auftrag französischer Truppen, außer Vermögenswerten auch Kunstwerke nach Paris zu bringen, um die Sammlungen, vor allem den 1791 zum öffentlichen Museum erklärten und 1793 eröffneten Louvre, auszubauen. Die britische Marine war vor allem in der zweiten Phase der Auseinandersetzung mit Frankreich immer bestrebt, beim Transport antiker Überreste zu helfen, damit der scheinbaren «*translatio imperii* von Rom nach Paris»[12] der Ausbau des seit 1800 teilweise öffentlichen Britischen Museums entgegengesetzt werden konnte. In Asien erfolgte der Umbau Kalkuttas zur «steinerne[n] Utopie eines imperialen Rom»,[13] dessen erste Phase 1803 abgeschlossen war. Der Verbleib archäologischer Funde war bei Waffenstillstands- und Friedensverhandlungen ein zentraler Punkt – etwa der Übergang des Steins von Rosette, mit dessen Hilfe 1822 die Hieroglyphen entschlüsselt wurden, in britischen Besitz bei der Rückgabe Ägyptens 1801.

Jedoch errangen auch die konservativen Kräfte Siege. Die Verfassungsreform von 1791 war in Polen umstritten. 1792 versammelten sich in Targowica konservative Adelige, die Russland zum Einmarsch aufforderten, um die hergebrachte Verfassung gegen revolutionäre Tendenzen in Schutz zu nehmen. Ob die Höfe Russlands und Preußens wirklich glaubten, das östliche Europa sei von «jakobinischen» Ideen bedroht, ist umstritten. Auf jeden Fall nahmen beide die Einladung an und annektierten 1793 als Entschädigung für ihren Aufwand weitere Teile Polens. Der von Tadeusz Kościuszko angeführte, von Krakau ausgehende Aufstand gegen diese Übervorteilung endete 1795 mit der Aufteilung des gesamten Staatsgebietes unter Preußen, Österreich und Russland, dem Untergang der polnischen Königswürde und der Flucht der verbliebenen polnischen Armee nach Frankreich.

In den näher bei Frankreich gelegenen Regionen war die Pariser Entscheidung, die Revolution nach außen zu tragen, ein Segen für die Befürworter von Verfassungsreformen. In den habsburgischen Niederlanden und den Generalstaaten kehrten die seinerzeit unterlegenen «Patrioten» mit den Revolutionstruppen an die Spitze von Regierung und Verwaltung zurück. In Mainz hatte Fürstbischof Friedrich von Erthal seit den 1780er Jahren die Ansiedlung aufklärerischer Intellektueller gefördert. Als nach der Revolution die Zahl bäuerlicher Proteste auf dem Land zunahm und städtische Freimaurerlogen sich revolutionärem Gedankengut öffneten, vollzog der Fürstbischof eine konservative Wende, bereitete den französischen Emigranten einen fürstlichen Empfang und entließ die progressiveren Lehrenden der 1784 wiedergegründeten Mainzer Universität.

Im Herbst 1792 ergaben sich Mainz und Frankfurt am Main kampflos der französischen Armee. Das «befreite» Mainz erklärte sich zur Republik mitsamt Freiheitsbaum und Revolutionszeitschriften. Vizepräsident des Jakobinerklubs wurde der Bibliothekar Georg Forster, ein Begleiter James Cooks auf seiner zweiten Weltumseglung und Alexander von Humboldts auf seiner Westeuropareise 1790. Als die französischen Truppen 1793 das Rheinland aufgaben, brach die Mainzer Republik zusammen; Forster floh nach Paris, wo er 1794 eines natürlichen Todes starb. Die in Mainz verbliebenen Republikaner bemühten sich vor Gericht, ihre politische Motivation kleinzureden. Das mochte den Eindruck erwecken, die Mainzer Bevölkerung sei in diesen Jahren nur durch «kalkuliertes Eigeninteresse» geleitet worden, da ihre Wahrnehmung «an den Stadttoren endete»[14] – auch wenn das im Einzelfall so gewesen sein mag, war es gewiss nicht die Regel.

Die französischen Truppen profitierten überall in ähnlicher Weise von latenten Spannungen zwischen Progressiven und Konservativen sowie mehr oder weniger Privilegierten. Viele einfache Menschen beobachteten schadenfroh, wie hohe Herren die Beine unter die Arme nahmen, sobald Revolutionstruppen in die Nähe kamen. Danach fragten sie sich allerdings oft, ob das Vergnügen mit dem

Tribut, den die mal plündernden, mal systematisch Lebensmittel, Pferde, Geld und Männer einfordernden Truppen erhoben, zu teuer bezahlt war. Dazu kam die Sorge um das Seelenheil, da die Franzosen religiöse Praktiken einschränkten, Kirchen und Klöster schändeten, Priester und Nonnen misshandelten. Bei ihrer Rückkehr wurden die bisherigen Herren daher oft mit ehrlicher Freude begrüßt.

Die Kriegskosten gefährdeten aber nicht nur die Popularität des Konvents, sondern jeder Regierung. Das zeigt das Beispiel des Königsreichs Neapel besonders deutlich. Hier wurde Teilen des progressiven Adels die konservative Wende der Monarchie seit 1791 (engerer Kontakt zur Kurie, verstärkte Aktivitäten der Geheimpolizei, Verfolgung von «Jakobinern», 1797 Verbot aller Freimaurerlogen) unheimlich, zumal sie das Königreich auf die Seite der Verlierer manövrierte. Die teuren Truppen, die gegen Frankreich aufgestellt worden waren, erlagen in ihren an ungünstigen Stellen errichteten Feldlagern dem Fieber, noch bevor sie zum Einsatz kamen. Allein im Sommer 1796 starben 18 000 Angehörige einer auf ihrem Höhepunkt 60 000 Mann umfassenden Armee. Der neapolitanische Versuch, 1798 die Franzosen aus Rom zu vertreiben, endete mit dem Einmarsch französischer Truppen, einer Revolution in Neapel und der Flucht des Monarchen nach Sizilien.

Die Regierung der von zurückkehrenden Emigranten geprägten «parthenopäischen Republik» versäumte es freilich, die Lebensbedingungen der Bauern durch Abschaffung der Feudalabgaben zu verbessern. Sie legte damit die Grundlagen einer wirtschaftlich und religiös motivierten royalistischen Gegenbewegung, die im Sommer 1799 den vorübergehenden Rückzug der Franzosen aus Neapel erzwang und die Rückkehr des Königs ermöglichte. Sie wurde von einem «weißen Terror» begleitet, den der britische Admiral Horatio Nelson nach Kräften unterstützte.

Neben der fast immer berechtigten Unzufriedenheit der Bauern war die Spaltung des Adels und des städtischen Bürgertums in unterschiedliche Fraktionen für den Verlauf der Kriege entscheidend.

Fast überall trafen Revolutionstruppen auf Eliten, die durch die französische Kultur der Aufklärung beeinflusst waren, auf Französisch kommunizieren konnten und hofften, mit französischer Unterstützung eigene politische Ziele durchzusetzen. Selbst unbedeutende Siege konnten Kettenreaktionen auslösen. In Norditalien genügte oft schon die Präsenz französischer Truppen, um die Übergabe einer Stadt oder – wie 1797 in der Republik Venedig – eines Staates zu erreichen. Das heißt nicht, dass die Revolutionskriege gewaltfrei abliefen. Zwar töteten Seuchen, Mangelerscheinungen und Wundbrand mehr Soldaten als die Kämpfe, aber die großen Konfrontationen forderten zahlreiche Opfer. So starben etwa 11 000 Soldaten bei Jemappes (6. November 1792), der Brücke von Arcole (15.–17. November 1796) oder Zürich (25./26. September 1799), etwa 16 000 bei Marengo (14. Juni 1800). Die Übergabe von Städten ging regelmäßig mit Plünderungen und Vergewaltigungen einher. Akte des Widerstandes konnten wie die Ermordung französischer Soldaten zu Ostern 1797 im venezianischen Verona drastische Repressalien nach sich ziehen: mehr als 50 Hinrichtungen und Deportationen, eine Kriegskontribution und das Ende der eigenständigen Republik Venedig.

Die Aussicht auf erweiterte Meinungs- und Pressefreiheit, größere Möglichkeiten wirklicher oder scheinbarer politischer Partizipation, Abschaffung von Feudallasten, Abbau von Standesprivilegien bei gleichzeitigem Schutz von Privateigentum, sofern es nicht geplündert oder in Form von Steuern eingezogen wurde, machte eine politische Ordnung nach französischem Muster attraktiv. Dasselbe galt für die Beschneidung kirchlicher Privilegien, während dagegen der Atheismus der radikalen Republik kaum Zustimmung fand.

Zudem stellten die Monarchen, die gegen die französische Republik Krieg führten, bald fest, dass sie mit Hilfe ihres Gegners eigene Ziele verwirklichen konnten. An der Spitze der außenpolitischen Wunschliste der Habsburger stand beispielsweise Ende des 18. Jahrhunderts ein Tausch der habsburgischen Niederlande gegen das Kurfürstentum Bayern. Eine der wirtschaftlich am weitesten entwickelten Regionen Europas aufzugeben, um ein vergleichsweise armes Land zu erhalten, klingt auf den ersten Blick nach einem schlechten Geschäft, aber strategische Vorteile wogen den ökonomischen Verlust auf. Nach dem Tausch hätte das Habsburgerreich mit jeder inländischen Behörde kommunizieren und Truppen in fast jeden Landesteil verlegen können, ohne das Gebiet anderer Herrscher passieren zu müssen – sogar in jeden Landesteil, wenn es gelang, auch Vorderösterreich abzugeben. Zudem hätte Großbritannien künftig selbst verhindern müssen, dass Frankreich die niederländische Kanalküste eroberte – im Moment konnte es sich darauf verlassen, dass die Habsburger ihr Territorium gegen Frankreich verteidigten. Leopold II. und Franz II. erhielten im Gegensatz zu Friedrich Wilhelm II. von Preußen daher keine britischen Subsidien. Aus ähnlichen Gründen interessierte sich Preußen mehr für das polnische Teilungsgeschäft als für seine westlichen Gebiete. Russland, theoretisch kompromisslosester Gegner der Revolution, sah sich bis 1799 gar nicht bemüßigt, auf dem west- oder südeuropäischen Kriegsschauplatz aktiv zu werden. Nach dem Ende des Terrors war für die Sache der französischen Monarchie ohnehin kaum noch etwas zu machen. Ludwig «XVII.», der älteste Sohn Ludwigs XVI., starb 1795 in der Obhut eines Jakobiners. Alle erbberechtigten Angehörigen der französischen Königsfamilie waren damit tot oder im Exil. Dementsprechend begannen alle kontinentalen Kabinette nun, Friedensmöglichkeiten auszuloten und das «monarchische Prinzip» hinter realpolitische Interessen zurückzustellen.

Preußen erkannte 1795 im Frieden zu Basel Frankreichs Kontrolle des linken Rheinufers und beider Niederlande an; im Gegenzug versprach Frankreich, Preußen für seine Verluste mit Territorien auf dem rechten Rheinufer zu entschädigen und Norddeutschland einschließlich des vom König von Großbritannien regierten Kurfürstentums Hannover als neutrale Zone zu behandeln. Spanien schied wenige Monate später aus der Koalition aus und tauschte den bislang spanischen Teil der Insel Hispaniola gegen seine von Frankreich eroberten Grenzgebiete.

Auf französischer Seite unterzeichnete diese Friedensschlüsse das «Direktorium», das den «Konvent» abgelöst hatte. Die sieben Direktoren, die ihre Ämter einer indirekten Wahl verdankten, an der nur Vermögende partizipieren durften, nahmen den Terror weitgehend zurück, verfolgten aber weiterhin überzeugte Monarchisten. Sie unternahmen mehrere Versuche, anstelle der Anfang 1796 durch Zerschlagung der Druckplatten auf dem Richtplatz offiziell entwerteten *assignats* neue Papierwährungen zu etablieren. Doch auch das Direktorium scheiterte an dieser Aufgabe. 1797 musste es erneut den Staatsbankrott und die verbreitete Korruption bei der Abrechnung der Kriegskosten eingestehen, indem es die Zinszahlungen für staatliche Schuldverschreibungen um ein Drittel kürzte.

Allein der Kriegserfolg schützte das Direktorium vor dem finanziellen Zusammenbruch. Insgesamt nahm es 1796 im Inland 95 Millionen *livres* ein, in den besetzten Gebieten (zumindest rechnerisch) 122 Millionen, davon allein 104 in den Niederlanden. Die Regierung Frankreichs geriet dadurch in eine doppelte Abhängigkeit von den Kommandanten seiner Armeen: durch die Finanznot und die immer längeren Kommunikationswege zwischen Paris und den Kriegsschauplätzen, welche die Kontrolle erschwerten. Nachrichten bewegten sich trotz erster optischer Telegrafen meist mit Pferdegeschwindigkeit. Die Nachricht vom Ausgang der Schlacht beim Nil 1799 erreichte Paris sogar nur mit einem Tempo von durchschnittlich zwei Kilometern pro Stunde.

Ein Kommandant tat sich bei der Nutzung seiner Autonomie besonders hervor. Dieser Mann hatte sich offenbar im Mai 1796 nur mit Schwert und Fahne bewaffnet auf der Brücke von Lodi einem österreichischen Heer entgegengeworfen und damit den Krieg vorentschieden; er wiederholte diese Heldentat im November 1796 bei der Brücke von Arcole. Seit 1797 verfügte der Befehlshaber über den *Courrier de l'armée d'Italie*, der regelmäßig Lobeshymnen abdruckte. So wurde kaum bekannt, dass Napoleon Bonaparte, der hinter anderen Offizieren auf die Brücke(n) ritt, den Gegnern bei Arcole als Überbringer eines Friedensangebots erschien und nach

Aufklärung der Verwechslung nur deswegen nicht getroffen wurde, weil er rechtzeitig in den Fluss fiel. Die heftige Kontroverse unter den Befehlshabern vor Ort über «Feigheit oder Vernunft» der Soldaten, die sich weigerten, den aussichtslosen Angriff mitzumachen, fehlte in öffentlichen Darstellungen. Vor allem aber ging in den Berichten die Tatsache unter, «dass der versuchte Übergang scheiterte».[15]

Sieht man von seinem souveränen Umgang mit den Medien ab, war Napoleon Bonaparte ein in mancher Hinsicht typischer Offizier der Revolution. Wie viele hundert seiner Standesgenossen blieb der adelige Artillerieoffizier nach der Revolution bei der Truppe; seine politische Heimat fand er bei den Jakobinern. 1793 zeichnete er sich bei der Belagerung der britisch besetzten Hafenstadt Toulon aus, um sich sodann nach Korsika zu begeben. Dort scheiterten seine politischen Pläne so gründlich, dass die ganze Familie (Mutter, vier Brüder, drei Schwestern) aufs Festland fliehen musste. Anders als viele aristokratische Offiziere entging er im Terror der Hinrichtung als Verräter, sodass er in der Zeit des Direktoriums wieder darangehen konnte, aus den Trümmern seiner bisherigen Karriere die Basis eines neuen Aufstiegs zu formen. Durch sein rücksichtsloses Vorgehen gegen den monarchistischen Aufstand am 13. Vendemiaire IV (5. Oktober 1795) gelang es ihm, die Gunst des Direktors Barras zu gewinnen. Im März 1796 ernannten die Direktoren den erst 26-Jährigen zum Oberkommandierenden der französischen Armee auf dem Nebenkriegsschauplatz Italien. Kurz vor seinem Aufbruch an die Front heiratete Bonaparte am 9. März 1796 Marie-Rose de Beauharnais, die er Josephine nannte. Die aus der Karibik stammende Witwe des Terroropfers Alexandre war eine ehemalige Geliebte Barras' und eine zentrale Figur der lebenslustigen Gesellschaft des Direktoriums, die ihrem Gatten nur ungern in die Nähe des Schlachtfelds folgte.

In Italien reihte Napoleon Sieg an Sieg – und band seine Truppen an sich, indem er ihren Sold seit Mai 1796 zur Hälfte in harter Edelmetallwährung auszahlte. Aus Kontributionen der besetzten Gebiete finanzierte er auch eine Art Hofstaat im Schloss Mombello, wo er begann, auf eigene Faust internationale Politik zu betreiben. Als Napoleon nach der Eroberung fast ganz Norditaliens im April 1797 seine Armee bis auf rund 120 Kilometer an Wien heranführte und ein interessantes Verhandlungsangebot unterbreitete, fand sich Österreich zum Waffenstillstand bereit.

Der Frieden von Campo Formio (17. Oktober 1797), in dem Österreich die französische Expansion anerkannte, war eine Variante des bayerisch-niederländischen Tauschs. Als Entschädigung für seine Verluste in den Niederlanden, Italien und Südwestdeutschland erhielt Österreich an seine Kernlande angrenzende Gebiete: das Erzstift Salzburg, das bayerische Innviertel und fast das ganze Gebiet der ehemaligen Republik Venedig; Frankreich behielt den bislang venezianischen Teil Albaniens und die Ionischen Inseln, damit es kontrollieren konnte, wie Österreich seinen erweiterten Zugang zum Mittelmeer nutzte. Anfang 1798 dehnte Frankreich seine Kontrolle auf den verbleibenden Teil des Kirchenstaats aus – die Romagna, Bologna und Ferrara waren bereits 1797 an die Cisalpine Republik übergegangen. Im Sommer 1798 kamen die Schweiz und Piemont hinzu, im Januar 1799 schließlich das Festlandsgebiet des Königreichs Neapel. Teilweise wurden diese Gebiete in die französische Republik eingegliedert (habsburgische Niederlande, linkes Rheinufer, Piemont, Genf, Mulhouse), teilweise wurden daraus politisch abhängige «Tochterrepubliken» mit einer Verfassung nach französischem Muster: die Ligurische Republik, ehemals Genua; die Cisalpine Republik, das übrige französische Norditalien; die Batavische Republik, die ehemaligen Generalstaaten der Niederlande; die Helvetische Republik, die ehemalige Schweiz. Nur 1798/99 existierte die Römische Republik, der ehemalige Kirchenstaat; und nur 1799 bestand die parthenopäische Republik, das ehemalige Königreich Neapel.

Eine Möglichkeit, die komplexen Vorgänge zu systematisieren, ist, zwischen verschiedenen «Koalitionskriegen» zu unterscheiden, was allerdings nicht ganz befriedigt. Die «erste Koalition» gegen Frankreich wird gemeinhin zwischen 1793 und 1797 datiert. Kaum etabliert, begann sie sich jedoch durch das Ausscheiden Preußens

Die französische Expansion in Europa

und Spaniens 1795 aufzulösen. Nach dem Frieden von Campo Formio führten neben Großbritannien auch Sizilien und Sardinien den Krieg gegen Frankreich weiter; die politische Ordnung der Niederlande und Italiens blieb im Fluss; und wo Preußen für seine verlorenen Gebiete entschädigt werden sollte, blieb unklar. Insofern bedeutete die «zweite Koalition», sprich die Entscheidung Österreichs, 1799 wieder in den Krieg einzutreten, und die Russlands, sich diesmal zu beteiligen, nur in manchen Teilen Europas den Übergang von Frieden oder prekärer Stabilität zum Krieg; in anderen war keine Zäsur zu spüren.

Obgleich Russland im Januar 1799 Truppen nach Italien, ins Mittelmeer, in die Niederlande und die Schweiz schickte, erwies sich die zweite Koalition als ebenso militärisch erfolglos und diplomatisch instabil wie die erste. Das russische Heer unterlag bei Zürich, das österreichische bei Marengo. Für den russischen Zaren Paul I. waren diese Niederlagen Anlass, die politischen Fronten zu wechseln und zu versuchen, mit dem Experiment einer «Liga der bewaffneten Neutralität» der Ostseestaaten (Dänemark, Schweden und Preußen) die britische Kontrolle des Ostseehandels zu beenden. Großbritannien reagierte im April 1801 auf die preußische Besetzung Hannovers mit der Zerstörung der dänischen Flotte und der Liga, die durch die Ermordung des Zaren am 24. März 1801 ohnehin ihre politische Führungsfigur verloren hatte.

Für Österreich hatte zu diesem Zeitpunkt der Frieden von Lunéville (9. Februar 1801) bereits im Wesentlichen den von Campo Formio bestätigt. Spanien machte weitaus größere Konzessionen. Im Jay-Vertrag von 1794 hatten Großbritannien und die USA die letzten Streitfragen aus der Zeit des Unabhängigkeitskrieges beigelegt. Die Furcht vor einer Ausweitung des angloamerikanischen Einflusses in Nordamerika führte Spanien und Frankreich näher zusammen, sodass die Monarchie und die Republik 1796 ein Bündnis schlossen. 1800 gab Spanien sogar insgeheim das 1762 von Frankreich erworbene «Louisiana», den Anspruch auf die Herrschaft über die riesigen, nur spärlich besiedelten Gebiete zwischen Mississippi und Rocky Mountains, zurück; der Transfer wurde allerdings erst 1802 öffentlich. Frankreich revanchierte sich, indem es das Herrschaftsgebiet des Herzogs von Parma, des Schwiegersohns des spanischen Königs, unter anderem um das bislang habsburgische Großherzogtum Toskana erweiterte – die Kombination hieß fortan Königreich Etrurien. Der Großherzog der Toskana wurde mit einem 1803 eingelösten Anspruch auf Salzburg entschädigt. Kompromissbereit erwies sich Frankreich nur gegenüber dem Kirchenstaat, der in den Grenzen von 1797 restituiert wurde. Das neapolitanische Festland wurde (mit französischen Garnisonen) zurückgegeben, die Ionischen Inseln an Russland übertragen, Russlands Anspruch auf Malta ebenso anerkannt wie die Herrschaft des Osmanischen Reiches über das östliche Mittelmeer.

Großbritannien hatte somit bis 1801 nur auf zwei europäischen Kriegsschauplätzen jeden Angriff abwehren können: im Ostseeraum und in Irland. Ende des 18. Jahrhunderts war Irland ein Großbritannien in Personalunion verbundenes, untergeordnetes Königreich. Es wurde von einem Vizekönig kontrolliert, den die britische Regierung einsetzte, verfügte aber über ein eigenes Parlament. Die überwältigende Mehrheit der irischen Bevölkerung war katholisch, die Mehrheit der Grundbesitzer und der Bildungsbürger sowie alle Amtsträger protestantisch. 1793 hatte die Regierung Pitt das Wahlrecht für das irische Parlament von der Konfessionszugehörigkeit gelöst, sodass Katholiken fortan wählen durften, aber nicht gewählt werden konnten. Der Krieg, der die Preise für Lebensmittel in die Höhe trieb, verschärfte die Spannungen zwischen den Konfessionen noch. Sie erreichten einen vorläufigen Höhepunkt, als der Vizekönig 1795 eine Abstimmung über die Gleichberechtigung der Katholiken im Dubliner Parlament ankündigte und sofort abberufen wurde; das Gesetz fand daraufhin keine Mehrheit. Von Großbritannien enttäuscht, suchte das zentrale politische Netzwerk der Katholiken (*United Irishmen*) Unterstützung bei Frankreich, das zweimal Expeditionsheere von mehreren Tausend Mann aussandte, die in Irland aber nichts erreichten. Die irischen Protestanten gründeten daraufhin mit dem *Orange Order* einen Gegengeheimbund. Ab 1796 begann die irische Regierung vor allem im nordöstlichen Teil der Insel, nach Waffen zu suchen, Massenverhaftungen vorzunehmen und Häuser vermeintlicher Rebellen niederzubrennen. Sie löste so einen Aufstand und einen Bürgerkrieg aus, dem bis 1798 etwa 30 000 Menschen zum Opfer fielen. Aus der Sicht Pitts ließ sich die irische Frage nur noch lösen, indem man Katholiken zwar politische Rechte zugestand, zugleich aber ihren politischen Einfluss verringerte, indem man die Parlamente Irlands und Großbritanniens zu einer Versammlung mit einer strukturellen protestantischen Mehrheit vereinte. Während die Union Großbritanniens und Irlands 1801 vollzogen wurde, scheiterte die Katholikenemanzipation am Veto des Monarchen. Diese politische Niederlage bewog Pitt zum Rücktritt – was auch Folgen für den Konflikt mit Frankreich hatte. Das auf seine Regierung folgende Kabinett Henry Addingtons schloss am 27. März 1802 in Amiens einen Frieden mit Frankreich, in dem das Vereinigte Königreich die Veränderungen in Kontinentaleuropa ebenso anerkannte wie den Bestand des französischen Kolonialreichs in den Grenzen von 1792. Es behielt lediglich die ehemals spanische Insel Trinidad und die ehemals niederländische Insel Ceylon.

1802 schien Frankreich die Revolutionskriege somit siegreich beendet zu haben. Die Mitglieder der ehemaligen antifranzösischen Koalition auf dem Kontinent, die noch über ein eigenes Staatsgebiet verfügten, waren entweder, wie Spanien oder Neapel, mit Frankreich alliiert; hatten, wie Preußen, Russland, das Habsburgerreich oder Großbritannien, «ewige» Friedensverträge unterzeichnet oder verließen sich, wie die Könige von Sardinien oder Sizilien, auf ihren Inseln im Mittelmeer auf den Schutz der britischen Flotte.

Allerdings war Frankreichs Position schlechter, als sie aus rein europäischer Perspektive erschien. Der Sturz des Direktoriums durch Napoleon am 18. Brumaire VIII (9. November 1799) zeigte, wie instabil die innenpolitische Lage blieb. Napoleons «Konsulat», das das Direktorium ablöste, setzte vor allem auf Zentralisierung; die drei Konsuln (darunter Napoleon als Erster Konsul) erhielten große Macht. In jedem *département* wurden sie von Präfekten vertreten, welche die meisten Kompetenzen der bislang gewählten Organe der Regional- und Lokalverwaltungen übernahmen. Eine Reihe von Gremien – ein ernannter *Sénat*, eine Notablenversammlung mit 500 Mitgliedern (*Tribunat*), ein gewähltes *Corps législativ* und ein ernannter Staatsrat (*Conseil d'état*) – sollten die Konsuln beraten. Das einzige Recht der Legislative bestand darin, Gesetze zurückzuweisen, die der Erste Konsul vorschlug, während die anderen Gremien die Exekutive vor allem dazu ermahnen konnten, bestimmte Dinge zu tun oder zu lassen. Zwar durften sich alle ehrbaren erwachsenen Männer weiterhin an «Wahlen» politischer Gremien beteiligen. Die Funktion der «Wahl» beschränkte sich aber fortan darauf, Personen, die durch ihr Vermögen für ein Mandat der entsprechenden Hierarchiestufe qualifiziert waren, zu nominieren; die eigentliche Auswahl der Mandatsträger übernahm der Senat. Bei dem Plebiszit, das die Verfassungsänderung legitimierte, war die relative Zustimmung überwältigend, die Zahl der in Wirklichkeit abgegebenen Stimmen aber kaum höher als bei den Wahlen zum Konvent 1792.

Die Konsulatsverfassung suchte zentrale Errungenschaften der Revolution zu bewahren, aber ihre Exzesse zurückzunehmen. Das Direktorium hatte Papst Pius VI., einen erklärten Gegner der Revolution, 1798 gefangen genommen und nach Valence verschleppt, wo er ein Jahr später starb. Die Wiederherstellung des Kirchenstaats war die Basis für den Abschluss eines Konkordats mit Pius VII., in dem der Papst 1801 die Konfiskation des Kirchenbesitzes und die neuen, an den *département*-Grenzen ausgerichteten Bistümer anerkannte sowie alle Geistlichen verpflichtete, wie bisher für den Monarchen künftig für den Ersten Konsul zu beten. Der Erste Konsul gab die Zivilverfassung des Klerus auf, versprach, Bischöfe und Geistliche aus öffentlichen Mitteln zu besolden, und gewährte dem Papst den symbolischen Triumph, dass die neuen Diözesen erst durch den «freiwilligen» Rücktritt der bisherigen Bischöfe ins Leben traten. Somit erkannte der Papst den Vorrang des Staates vor der Kirche an – den Napoleon auch gegenüber der jüdischen Minderheit durchzusetzen gedachte. 1808 beschränkte er im «infamen

Dekret» die Rechte der Mitglieder jüdischer Gemeinschaften im östlichen Frankreich, welche die talmudischen Gesetze als das einzig gültige Familienrecht betrachteten. Sie mussten fortan gesonderte, nur ein Jahr gültige Handelslizenzen beantragen und persönlich Militärdienst leisten.

Vor dem Hintergrund des militärischen Triumphs Frankreichs in Europa und der beginnenden innenpolitischen Konsolidierung mochten die Bedingungen des Friedens von Amiens angemessen wirken. Eine solche Analyse berücksichtigt freilich nicht die Lage in den überseeischen Territorien, die sich mittelfristig als kriegsentscheidend erweisen sollten. Spätestens seit Edmund Burke setzten Kritiker der Revolution der Forderung, «frei zu sein», die Frage «Frei von was, genau?»[16] entgegen. In der Karibik ließ sich das leicht beantworten. Dort herrschten kleine Oberschichten aus weißen Beamten, Plantagenbesitzern, Notaren und Kaufleuten über kleine weiße Mittel- und Unterschichten aus Seeleuten, Handwerkern und Arbeitern, wenige Freie afrikanischer oder afrikanisch-europäischer Herkunft und eine große Sklavenbevölkerung, die bei Weitem die meisten Einwohner stellte. Sklavenbesitzer rechneten ständig mit Aufständen gegen die Arbeitsbedingungen, unter denen Sklaven Edelmetalle und pflanzliche Rohstoffe (Zuckerrohr, Tabak, Kaffee) produzierten, mit denen Plantagenbesitzer und Kaufleute hohe Gewinne erzielen konnten. Die Arbeitsbedingungen waren so schlecht, dass sich die Sklavenbevölkerung anders als in den USA nicht selbst reproduzierte. Um jeden Widerstand im Keim zu ersticken, wurden selbst kleinere Vergehen mit Schlägen, Amputation von Gliedmaßen oder lang gestreckten Formen der Hinrichtung geahndet, die in Europa völlig undenkbar schienen. Berichte über die Zustände auf Sklavenschiffen und Plantagen entfachten im ausgehenden 18. Jahrhundert eine europäische Kontroverse über die Sklaverei, die bei nonkonformistischen Religionsgemeinschaften Englands und Schottlands auf enorme Resonanz stieß. Rund ein Fünftel der Bevölkerung Manchesters unterschrieb 1787 eine Petition gegen den Sklavenhandel; im selben Jahr entwarf der Steinguthersteller Josiah Wedgwood ein massenhaft verkauftes Medaillon, das einen angeketteten Sklaven mit der Umschrift «Am I not a man and a brother?» zeigte.

Für die Beibehaltung der Sklaverei sprachen ihre Profitabilität sowie die Abhängigkeit vieler europäischer Konsumenten von ihren Produkten – da es um die Herstellung von Suchtmitteln wie Tabak, Kaffee, Zucker oder Schnaps ging, trifft das Wort Abhängigkeit gleich in mehrfacher Hinsicht den Kern der Sache. Die im spanischen und portugiesischen Südamerika geschürften Edelmetalle, die über den Umweg des Sklaven- und Kolonialwarenhandels in die Kontore britischer, niederländischer, französischer und US-amerikanischer Kaufleute flossen, ermöglichten erst das europäische Engagement im Ostasienhandel. Zölle und indirekte Steuern auf Kolonialwaren machten einen erheblichen Teil der Staatseinnahmen in Westeuropa aus – in Großbritannien oder Frankreich zwischen einem Viertel und einem Drittel.

Der Krieg gegen Großbritannien führte in Frankreich zum Einbruch des Überseehandels. An der Maas sank die Zahl der ein- und ausfahrenden Hochseeschiffe im Vergleich zu den Jahren vor 1789 bis 1799 auf etwa ein Drittel, während die britische Handelsflotte um rund 20 Prozent wuchs – die Folge war eine schwere ökonomische Krise in allen Hafenstädten, im Schiffsbau und in der Holzverarbeitung im französischen Einflussbereich. Niederländische Besitzungen in Übersee hielten nach 1795 meist dem nach Großbritannien geflohenen Generalstatthalter die Treue, nicht der Batavischen Republik.

Aus britischer Sicht fanden die Revolutionskriege vor allem in Übersee statt. In die Niederlande schickte England im ersten Koalitionskrieg etwa 4000 Mann, in die Karibik 1795 über 30 000. In Indien führten die Brüder Richard und Arthur Wellesley erfolgreich Krieg gegen den mit Frankreich sympathisierenden Sultan von Mysore. Als sie 1803 Delhi eroberte, trat die East India Company das Erbe des im Niedergang befindlichen Mogulreiches an; Frankreich war fortan auf dem Subkontinent nur noch mit drei kleinen Stützpunkten vertreten. Kern des französischen Kolonialreichs war die Karibik, wo Frankreich drei Sklavenkolonien (St. Domingue, also

Josiah Wedgwoods Antisklavereimedaille

den westlichen Teil der Insel Hispaniola, Guadeloupe und Martinique) besaß. Dort entwickelte die Aussicht auf Freiheit für alle Menschen eine viel explosivere Kraft als in Frankreich oder Indien. In St. Domingue nahm die Sklavenbevölkerung an, der König habe sie befreit, die Nationalversammlung verhindere aber die Umsetzung des Befehls. Guadeloupe wurde im September 1791 monarchistisch, als dort berichtet wurde, dem König sei die Flucht vor der Revolution geglückt.

Das revolutionäre Freiheitspostulat warf auf den Karibikinseln zwei Fragen auf: ob politische Partizipationsrechte von der Hautfarbe abhingen und ob Sklaverei und Menschenrechte vereinbar waren. Nationalversammlung und «Legislative» votierten für die Beibehaltung der Sklaverei, aber gegen politische Diskriminierung aus rassischen Gründen. Erst Abgesandte des Konvents verkündeten 1794 unter Überschreitung ihrer Vollmachten das Ende der Sklaverei. Die Haltung des Direktoriums blieb unklar; das Konsulat entschied 1802, die Sklaverei zu restituieren.

Im Sommer 1791 brach in St. Domingue der einzige erfolgreiche Aufstand gegen die Sklaverei aus. Die Rebellen verbündeten sich zeitweise mit der königlich-spanischen Regierung Santo Domingos; unter der Führung des freien Schwarzen Toussaint Louverture erkämpften sie eine demokratische Verfassung mit mehrheitlich schwarzer Wählerschaft. Als Louverture 1802 in französische Gefangenschaft geriet (wo er 1803 starb), war der Kampf um Autonomie bereits entschieden; Napoleons Versuch, durch eine Expedition unter der Führung seines Schwagers Leclerc wieder die Herrschaft über die Insel zu erlangen, endete 1804 mit der Unabhängigkeit «Haitis». Auf Guadeloupe dagegen führte die Sklavenbefreiung 1794 die Sklaven mehrheitlich auf die Seite der Republik, ohne jedoch soziale Hierarchien und wirtschaftliche Abhängigkeiten grundlegend zu verändern; 1802 war es leicht möglich, die Sklaverei dort wiederherzustellen.

Der Verlust des Zugangs zu den für die Staatsfinanzen zentralen außereuropäischen Märkten aufgrund der französischen Niederlagen in der Karibik war der allgemeine Kontext, in dem die französische Expedition nach Ägypten stattfand. Nach seinen Siegen in Europa brach Napoleon Bonaparte am 18. Mai 1798 mit etwa 50 000 Mann, darunter zahlreiche Wissenschaftler, nach Ägypten auf. Es ist gewiss, dass Napoleon mit einem glorreichen Sieg rechnete, aber was die Expedition militärisch und ökonomisch genau erreichen sollte, bleibt unklar. Ein Versuch, Großbritanniens indische Besitzungen von Ägypten aus anzugreifen, wäre von vornherein zum Scheitern verurteilt gewesen, denn am Roten Meer standen keine Schiffe zur Verfügung, um Truppen nach Indien zu bringen. Vermutlich wollte Napoleon eher Frankreichs Einfluss im wichtigen Handelsknotenpunkt des östlichen Mittelmeerraums stärken als den direkten Schlag gegen britische Besitzungen führen, den er dem Direktorium versprochen hatte.

Allerdings unterblieb die diplomatische Vorbereitung des französischen Vorstoßes, sodass sich der Sultan mit dem bisherigen Erzfeind Russland verbündete, um den Angriff zurückzuschlagen. Zar Paul I., der 1797 in einer rechtlich dubiosen Aktion zum Großmeister des Malteserordens ernannt worden war, fürchtete einen Angriff auf Malta. Zudem schien ein französisch kontrolliertes Ägypten Russlands Aussichten, von den Häfen der 1792 eroberten Schwarzmeerküste aus am lukrativen Mittelmeerhandel zu partizipieren, zu beschränken.

Die von Napoleon in Italien perfektionierte Praxis, Kosten aus lokalen Einnahmen zu bestreiten, konnte in Ägypten kaum aufgehen. Tropenkrankheiten dezimierten das Heer. Der Konflikt zwischen der säkularistischen Expeditionsarmee und Ägyptens islamischer Kultur war weitaus schärfer als in katholischen Teilen Europas: Als die Bevölkerung Kairos am 21. Oktober rebellierte, reagierten die Franzosen mit Repressalien, die eine Kooperation mit der Bevölkerung für die Zukunft ausschlossen. Militärisch gelang zwar der Sieg über das Mamelukenheer, der aber die Vernichtung der Expeditionsflotte durch die Briten am 1. August 1798 bei Abukir kaum aufwog – der Rückzug war nun abgeschnitten, Nachschub nicht in Sicht. Napoleons Entscheidung, mit den ihm verbleibenden 15 000 Mann einem aus Syrien entsandten osmanischen Heer entgegenzuziehen, brachte keinen Sieg; sein Vormarsch kam bei der befestigten Stadt Akko zum Stehen. Angesichts der steigenden Zahl der Pesttoten blieb nur der Rückzug nach Kairo, der immerhin mit einem Achtungserfolg gegen osmanische Truppen bei Abukir verbunden werden konnte. Die militärische Niederlage wurde durch das mediale Desaster verschärft. Da die Armee kaum über Nahrungsmittel und Wasser verfügte, hatte Napoleon Befehl gegeben, Tausende Kriegsgefangene hinzurichten. In Jaffa hatte er marschunfähige französische Soldaten in Lazaretten vergiften lassen; da die Dosis nicht in allen Fällen ausreichte, trafen die Briten auf verbitterte Überlebende, die Bausteine für das Bild eines blutdurstigen «korsischen Monsters» lieferten.

Napoleon selbst entzog sich der Niederlage am 23. August 1799 durch die heimliche Flucht; der politischen Kritik entging er nach seiner Ankunft in Frankreich am 10. Oktober 1799 zunächst mit der Behauptung, Ägypten werde von seinem Nachfolger Jean Baptiste Kléber als wohlgeordnete französische Kolonie regiert, sodann durch den Staatsstreich des 18. Brumaire und die Publikation der wissenschaftlichen Expeditionsergebnisse. Frankreichs Besetzung Ägyptens endete 1801 mit der Rückgabe an das Osmanische Reich.

Die Kombination französischer Siege in Europa und französischer Niederlagen in Übersee konnte man als größere Chance eines «möglicherweise dauerhafteren» «nachhaltigen Mächtegleichgewichts»[17] ansehen als die europäischen Friedensschlüsse von 1763, da sie eine Balance zwischen Großbritannien, Russland und Frankreich ergaben: Frankreich dominierte in West- und Südeuropa, Großbritannien in der außereuropäischen Welt, Russland im östlichen und südöstlichen Europa. Die Frage war, ob diese Balance ideologisch, ökonomisch und machtpolitisch stabil sein konnte.

4. Die Suche nach postrevolutionärer Stabilität

Europäische Konvergenzen

Die ideologische Konkurrenz zwischen dem postrevolutionären Frankreich und seinen Gegnern nahm nach den Friedensschlüssen von Lunéville und Amiens ab. Der russische Zar Paul I. stand mit der Einschätzung keineswegs allein, die Erhebung Napoleons zum Ersten Konsul sei der erste Schritt zurück zu einer monarchischen Ordnung. Dass eine Dynastie Bonaparte nicht durch Abstammung legitimiert war, unterschied sie allenfalls graduell vom kreativen Umgang mit den Regeln der Erbfolge in anderen Staaten. In Russland war die Ermordung des Vorgängers ein Mittel, politische Kurswechsel zu erzwingen. Katharina die Große war so 1762 auf den Thron gelangt; dasselbe sollte 1801 für Pauls Sohn Alexander I. gelten. Großbritanniens Monarch Georg III. war periodisch geistig umnachtet, während der Thronfolger, Georg, Prinz von Wales, gänzlich unfähig war, mit Geld umzugehen. Das britische Parlament ernannte 1811 zwar den Prinzen von Wales zum Regenten, beschränkte aber die monarchische Prärogative. Ebenfalls 1811 erzwang der britische Vertreter am sizilianischen Hof, William Bentinck, die Abdankung des Königspaars Ferdinand und Maria Carolina zugunsten ihres Sohnes Franz; 1812 musste die Mutter des neuen Regenten das Land verlassen.

Napoleons konservative Wende – Konkordat, Amnestie für Emigranten, Personenkult, Abkehr von staatsbürgerlicher Gleichheit durch die «Legion d'honneur» (1802) und durch neue Erhebungen in den Adelsstand seit 1804, Rückkehr zum gregorianischen Kalender 1806, Beschneidung der Kompetenzen gewählter Versammlungen, Einrichtung der Präfekturverwaltung, Rückkehr zu indirekten Steuern – brachte Konsulat und Imperium mit prinzipientreueren Anhängern der Revolution ebenso wie mit Anhängern der legitimen Monarchie in Konflikt. Mit beiden Oppositionen ging Napoleon um wie andere Monarchen mit «ihren» Jakobinern: Entlassung aus dem Amt, Verhaftung und Verbannung, verschärfte politische Zensur, Verfolgung oppositioneller Schriften, öffentlichkeitswirksame Hinrichtungen. Madame de Staël, die 1795 nach Frankreich zurückgekehrt war und seither zwischen ihrem Elternhaus in Coppet bei Genf, Paris und einem französischen Landsitz pendelte, sah sich 1803 aus Paris verbannt, da sie die neue politische Ordnung kritisiert hatte. Obgleich extremer monarchischer Sympathien nur bedingt verdächtig, fand Madame de Staël an den Höfen Wiens und Berlins freundliche Aufnahme. 1810 ließ Napoleon dagegen ihr Buch *De l'Allemagne* konfiszieren, das im Rahmen eines Panoramas des deutschen intellektuellen Lebens die Freiheit deutscher Fürstentümer mit der Unterdrückung in Frankreich kontrastierte. Demgegenüber fanden Schriften, welche die Rolle der katholischen Religion als Erfüllung sinnlicher Bedürfnisse oder Garantie gesellschaftlicher Ordnung und Stabilität priesen, etwa François-René Vicomte de Chateaubriands *Genie du christianisme* (1802), nun auch in Frankreich den Beifall der Obrigkeit – der Autor wurde mit einem Posten in der napoleonischen Gesandtschaft am Heiligen Stuhl belohnt.

Dass Frankreich politisch konservativer wurde, erleichterte es anderen Staaten, französische Neuerungen zu übernehmen. Eine *Gendarmerie* als militarisierte Polizeitruppe zur Kontrolle ländlicher Regionen und zur Abwehr von Banditen fand sich bald fast überall auf dem europäischen Kontinent. Die Verstaatlichung katholischen Kirchenbesitzes wurde zum Allheilmittel für Haushaltsdefizite. Die rationale Neuordnung von Verwaltungsbezirken, die Beschränkung der Autorität des Adels, die Aufhebung von Gewerbebeschränkungen, die Beseitigung von Binnenzollschranken waren weitere Aspekte das Versuchs, das zu übernehmen, was als Ursache französischer Leistungsfähigkeit galt.

Gewählte Versammlungen, die bei der Bewilligung von Steuern mitwirkten, waren ebenfalls Teil dieser Zukunftsvision. Eine parlamentarische Versammlung war im Konzept der «preußischen Reformen», die nach der Niederlage von 1806 in Angriff genommen wurden, ebenso vorgesehen wie in den Rheinbundstaaten oder im Programm der spanischen Opposition gegen Napoleon, und sie war eine der britischen Bedingungen für die Unterstützung des neapolitanischen Regimes auf Sizilien. Parlamentarische Versammlungen mit begrenztem Einfluss entstanden in allen französischen Tochterrepubliken bzw. Tochtermonarchien. Auch in wenigen Rheinbundstaaten (Westfalen, 1807; Bayern, 1808; Frankfurt, 1810; Berg, 1812) sowie in Schweden (1809), Sizilien (1812) und Spanien (1812) wurden Verfassungen erlassen.

Ein weiteres Projekt, das dic Erben der Französischen Revolution und die Erben des aufgeklärten Absolutismus teilten, waren Gesetzbücher wie der im gesamten *Empire* gültige *Code civil* (1803/04) und *Code pénal* (1810). In Staaten, die von Napoleons Verwandten regiert wurden, verlangte Napoleon ihre Einführung innerhalb weniger Monate, was allerdings nur selten gelang. In den mit Frankreich verbündeten deutschen Staaten wurde intensiv um die Übernahme des *Code civil* gerungen. Diese erfolgte aber nur in Baden, wo das napoleonische Gesetzbuch bis zu seiner Ablösung durch das Bürgerliche Gesetzbuch 1901 gültiges Recht blieb. Die Einführung des *Code civil* erwies sich als so schwierig, weil er die ständische Gesellschaft in völlige Unordnung zu stürzen drohte, indem er die bisher gültigen, von Ort zu Ort unterschiedlichen Rechte durch *ein* von allem bestehenden Recht verschiedenes Regelwerk ersetzte, das Standeszugehörigkeiten und die Komplexität der Eigentums- und Besitzverhältnisse ignorierte.

Der *Code civil* ergänzte die Regelungen darüber, wer im politischen Sinne Bürger der französischen Republik war, durch eine Bestimmung des sehr viel breiteren Personenkreises, der über die «Qualität des Franzosen» verfügte und alle bürgerlichen Rechte beanspruchen konnte. Diese revolutionäre Gleichheitsvorstellung erreichte allerdings den familiären Binnenraum nicht. Dort wurde die patriarchalische Autorität des Familienoberhaupts eher gefestigt. So wurde auf ausdrücklichen Wunsch Napoleons die «Qualität des Franzosen» in erster Linie vom Vater ererbt. Forderungen nach einer rechtlichen Besserstellung von Frauen erteilte der *Code civil* eine klare Absage; er ließ in Artikel 376 und 377 sogar die *lettres de cachet* in privatisierter Form wieder aufleben, da fortan jeder Familienvater die Inhaftierung seiner Kinder in öffentlichen Gefängnissen anordnen konnte. Der *Code pénal* suchte auf ähnliche Weise einen Mittelweg zwischen revolutionären Errungenschaften und der Stabilisierung sozialer Verhältnisse. Er hielt an öffentlichen Gerichtsverfahren unter Beteiligung von Geschworenen fest, erleichterte jedoch die Verfolgung von Oppositionellen durch vage Definitionen politischer Delikte und die Kriminalisierung sozialer Randgruppen als Bettler oder Vagabunden.

Durch transparente, logisch aufgebaute Rechtskodifikationen Eigentumsverhältnisse klar zu regeln, Delikte und Strafen landeseinheitlich festzulegen und die Auswirkung der Standeszugehörigkeit einzudämmen, wenn nicht sogar völlige Gleichheit vor dem Gesetz zu erreichen – das wollten Rechtsreformer in vielen Teilen Europas erreichen. Vieles im *Code civil* unterschied sich kaum vom 1811 veröffentlichten Allgemeinen Bürgerlichen Gesetzbuch für den österreichischen Teil der Habsburgermonarchie, das seit dem ausgehenden 18. Jahrhundert vorbereitet worden war. Überhaupt verschwanden fast überall in Europa Regeln, die nur adeligen Käufern erlaubten, «Rittergüter» oder sonstiges «Adelsland» zu erwerben. Russland führte in den Gebieten, die es nach 1800 erwarb, die Leibeigenschaft nicht ein. Preußen erweiterte nach 1806 den Umfang städtischer Selbstverwaltung, erlaubte seinen Bauern, ihren Wohnort zu wechseln und sich von Feudallasten freizukaufen, machte sich an die Abschaffung von Zünften und versuchte, die Begeisterung für die Armee zu verstärken, indem es die Kluft zwischen Offizieren und gemeinen Soldaten etwas verringerte. Großbritannien hob 1812/13 die meisten Handelsmonopole auf, 1814 den ohnehin kaum noch respektierten landesweiten Zunftzwang.

Im Bereich gesellschaftlicher Hierarchien ließen sich ebenfalls Konvergenzen erkennen. Keine Phase der Französischen Revolution war in dem Sinne «bürgerlich», dass sie allein von Kaufleuten oder Inhabern städtischer Bürgerrechte geprägt worden wäre – meist fanden sich in den Spitzenpositionen auch nach 1794 Personen, die bereits vor 1789 zu Adel und Klerus gehört hatten. Es wurde allenfalls etwas leichter, bisherige Standesgrenzen zu überwinden. Zwar trug nicht jeder Soldat der napoleonischen Armee den Marschallstab im Tornister, aber das Monopol des Hochadels auf militärische und politische Spitzenpositionen war gebrochen. Der spätere Polizeiminister Fouché etwa war Sohn eines Seemanns. Dennoch hatten alle 13 Männer, die dem Direktorium angehörten, als Juristen, Offiziere, Diplomaten oder Kleriker zu den privilegierten Ständen des Ancien Régime gehört; jeder der fünf Männer, die als Konsuln amtierten, war vor 1789 Teil des Amts- oder Erbadels gewesen.

Nach 1800 verschmolzen alter Adel und neue Aufsteiger zu einer Gruppe von «Notablen», die politisch zwar tief gespalten war, aber ökonomische Interessen teilte. Die gesellschaftliche Pyramide wurde auf ein neues Fundament gestellt, ohne ihre Form zu verändern. Waren gesellschaftliche Ungleichheiten bislang vor allem durch ständische Herkunft begründet worden, mit der sich Besitz und der Anspruch auf Kompetenz verbanden, so verwies man fortan vor allem auf individuelles Vermögen im doppelten Wortsinn von Besitz und Fähigkeiten. In Norditalien verschwanden Hinweise auf den Adelsstatus dauerhaft aus Bevölkerungsregistern. Die Nachteile, welche eine «niedere» Geburt mit sich bringen mochte, auszugleichen, besaß aber keine Priorität. Hatte die Revolution die höheren Lehranstalten für alle Männer geöffnet, die Lust und Zeit zu lernen hatten, so verfestigte sich unter Napoleon ein System von Spezialschulen (*lycées* und *grandes écoles*), die ihre Zöglinge nach Leistung auswählten, um sie auf den Dienst an der Spitze der Armee oder Bürokratie vorzubereiten. Talent war aber nur schwer systematisch von Herkunft zu trennen, da finanzielle Mittel Prüfungsvorbereitungen erleichterten. Das neue System förderte somit kaum das brillante Kind einer ledigen Wäscherin, verhinderte aber, dass ein völlig unbegabter Herzogssohn dem klugen Kaufmannskind den Rang ablief.

Als Preußen 1810 daranging, in Berlin eine neue Universität einzurichten, waren die Effekte ähnlich. Zwar wirkte die neue Universität durch publikumswirksame Vorlesungen auf die breitere Öffentlichkeit, aber Studierende wurden mittels des leistungs- und einkommensorientierten Abiturs ausgewählt; zudem setzte das Studium langen Einkommensverzicht voraus. Die ostentative zweckfreie Bildungs- und Wissenschaftsorientierung des von Wilhelm von Humboldt formulierten Universitätsmodells verband sich gleichfalls mit dem pragmatischen Ziel, die Studenten möglichst gut für die Aufgaben der Verwaltung, Justiz, Medizin und Kirche vorzubereiten.

In den mit Frankreich konkurrierenden Staaten gerieten gesellschaftliche Bruchlinien ebenso in Fluss wie im Ursprungsland der Revolution. Fast überall wurde es leichter, wirtschaftlichen Erfolg sofort oder über mehrere Generationen in sozialen Status oder Adelstitel zu konvertieren. Kriege boten in allen Ländern die Gelegenheit, enorme Gewinne zu erwirtschaften und eine ökonomische Grundlage rasanten sozialen Aufstiegs zu legen. Napoleons Marschälle häuften ebenso riesige Vermögen an wie der englische Oberkommandierende Wellesley oder der bayerische General Karl

Philipp Wrede, der nach Kriegsende das Schloss des Landkomturs des säkularisierten Deutschen Ordens in Ellingen übernahm. Auf niedrigerem finanziellen Niveau galt das für alle, die mit der Lieferung von Kriegsgerät und Proviant zu tun hatten, sofern ihre Rechnungen bezahlt wurden. Der schottische Sattlergeselle Peter Laurie, der nach einer revolutionsbegeisterten Jugend im Edinburgh der 1790er Jahre zum Londoner Armeelieferanten wurde, konnte sich bereits 1826 mit einem enormen Vermögen aus dem Geschäft zurückziehen und über eine lokalpolitische Karriere den Aufstieg zum Baronet, unterster Rang des erblichen Adels, vorbereiten.

Ob solche Karrieren innerhalb oder außerhalb des französischen Machtbereichs verliefen, war oft Zufall. Viele Familien entschieden, nicht alles auf eine politische Karte von zweifelhaftem Wert zu setzen. Auf dem französischen linken Rheinufer schickten Väter manchmal einen Teil ihrer Söhne auf ein *lycée*, den anderen auf eine rechtsrheinische Schule. So konnten städtische Ämter im Rheinland oft über politische Zäsuren hinweg in der Hand derselben Familien bleiben, da sich nie alle gleichzeitig kompromittiert hatten. Während Francesco Melzi d'Eril Premierminister von Napoleons Italienischer Republik und dann seines Königreichs Italien wurde, kämpfte ein Verwandter, José Palafox y Melzi, in Spanien gegen die französische Expansion. 1812 fanden sich Württemberger Offiziere im russischen und im französischen Heer. Fürst Adam Czartoryski, bis 1805 einer der wichtigsten politischen Berater Zar Alexanders I., war 1795 an den Zarenhof geschickt worden, da seine Eltern, die der polnischen Reformbewegung nahestanden, ein Zeichen politischer Kompromissbereitschaft setzen wollten.

Diese Beispiele zeigen, dass nicht nur soziale, sondern auch regionale Außenseiter in den deutschen Territorien, Russland, Italien oder Spanien in den engsten Beraterkreis der Fürsten aufgenommen wurden. Der 1810 zum österreichischen Außenminister ernannte Klemens Wenzel Graf von Metternich stammte aus dem Rheinland, der preußische Staatskanzler Karl August von Hardenberg aus Hannover, der langjährige neapolitanische Premierminister Sir John Acton aus England. Die personelle Integration großer Teile des antirevolutionären Europa schloss nur Großbritannien aus, da dort die Vergabe von Staatsämtern an Ausländer verboten war.

Frankreich berief ebenfalls kaum ausländische Talente auf Spitzenpositionen. Das lag an der Entscheidung, Französisch zur alleinigen Verwaltungs- und Gymnasialsprache zu machen. Italienisch-, deutsch-, slowenisch- oder kroatischsprachige Neufranzosen waren in gewählten oder ernannten parlamentarischen Versammlungen Außenseiter. Da die Personalpolitik des Konsulats und des Empire auf nur der Zentrale verpflichtete, nicht an ihrem Heimatort tätige Verwaltungsbeamte setzte und es kaum möglich war, sprachlich gehemmte Neufranzosen in Altfrankreich einzusetzen, stammte der überwiegende Teil der Präfekten aus dem Gebiet, das bereits vor 1792 zu Frankreich gehört hatte. Allenfalls für Notablen aus Italien, den Niederlanden und der frankophonen Schweiz eröffnete die Zugehörigkeit zum Empire Karrierechancen; dagegen stammte nur einer der 304 zwischen 1800 und 1814 ernannten Präfekten aus einem der acht «deutschen» *départements*.[18]

Das Empire – und seine strukturellen Probleme

1802 verlängerte Napoleon das bislang auf 10 Jahre angelegte Konsulat durch Plebiszit auf Lebenszeit. Das löste weder das Problem, wer auf ihn folgen würde, noch das der Beziehung zwischen Frankreichs neuem Quasi-Monarch und den «echten» Monarchen. Das deutliche Signal, dass Napoleon keine Bourbonen-Monarchie wiederherstellen würde, gab monarchistischen Verschwörungen, die bereits 1800 ein Attentat auf den Ersten Konsul gewagt hatten, neuen Schwung. 1803 wurde ein weiteres Komplott enttarnt. In der falschen Annahme, der Bourbone, der sich am nächsten der französischen Grenze aufhielt, sollte bei seinem Sturz eine zentrale Rolle spielen, ließ Napoleon im März 1804 den in jeder Hinsicht harmlosen Herzog von Enghien aus Baden entführen und nach kurzem Prozess zum Entsetzen weiter Teile der aristokratischen europäischen Öffentlichkeit erschießen.

Es ist möglich, dass Napoleon hoffte, seine Erhebung zum Kaiser würde Umsturzversuchen selbst dann den Boden entziehen, wenn er noch keinen Erben vorweisen konnte, da es in jedem Fall eine klare Erbfolge gab. Die feierliche Krönung zum «Kaiser der Franzosen» am 11. Frimaire XIII (2. Dezember 1804) bot zugleich Gelegenheit, die Verbundenheit zwischen Papsttum und französischem Kaiserhaus hervorzuheben, obgleich sich Napoleon die Krone in Gegenwart des Papstes selbst aufsetzte. Das Kaisertum mit der republikanischen Tradition zu verbinden war trotz des Arguments, auch in der römischen Republik habe es Imperatoren gegeben, schwieriger.

Ob das napoleonische Empire an antike oder mittelalterliche Vorbilder eines paneuropäischen Reichs anknüpfen sollte, ist umstritten und bleibt letztlich unklar. Die Krönung in Anwesenheit des Papstes erinnerte an die Begründung der karolingischen Dynastie durch Karl den Großen. Napoleon und sein langjähriger Außenminister Talleyrand überlegten gelegentlich, ob Napoleon Franz II. als römischen Kaiser ablösen sollte. Bei genauerem Hinsehen dominierten jedoch – auch bei der Krönung Napoleons zum König von Italien Anfang 1805 mit der eisernen Krone der Lombardei, die bereits Karl der Große getragen hatte, oder bei seinem Besuch des Karlsgrabs in Aachen 1804 – eklektische Anknüpfungen an unterschiedliche Traditionen, ähnlich wie die Verbindung von Napoleons Alpenüberquerung 1799 mit denen Hannibals und Karls des Großen auf Jacques-Louis Davids 1800 entstandenem Bild.

Neben den in Architektur, Mobiliar, Mode, Orden, Ehrenzeichen und Regimentsinsignien allgegenwärtigen Verweisen auf die römische Antike war jeder Vergangenheitsbezug recht, der der neuen Dynastie historische Tiefe verlieh.

Die Versorgung von Napoleons Familie und Freundeskreis mit Königreichen und Fürstentümern war eine andere Facette dieser pragmatischen Strategie der Herrschaftssicherung. Darin kam die Verpflichtung eines Clan-Chefs zum Ausdruck, seine Verwandten zu versorgen, auf die er sich dann besonders verlassen konnte. Ohne Rückgriff auf Geschwister und Stiefkinder hätte Napoleon zudem keine Möglichkeit gehabt, seine neue Dynastie sofort in die etablierte «monarchische Internationale» zu integrieren.

Davids Inszenierung von Napoleons Alpenüberquerung

Brüder, Schwestern und Schwäger Napoleons erhielten Königreiche und Fürstentümer. Sein älterer Bruder Joseph Bonaparte wurde 1806 König von Neapel, 1808 König von Spanien. Louis Bonaparte, Ehemann von Napoleons Stieftochter Hortense de Beauharnais, herrschte von 1806 bis 1810 über Holland, Jérôme Bonaparte von 1807 bis 1813 über Westfalen. Félix Bacciochi, der Mann von Napoleons Schwester Elisa, wurde 1805 Fürst von

Piombino und Lucca, Caroline Bonapartes Gatte Joachim Murat zunächst 1806 Großherzog von Berg, 1808 als Nachfolger Josephs König von Neapel. Nur Pauline ging als Fürstin von Guastalla fast leer aus, während Lucien seit 1803 nicht mehr mit Herrschaftsaufgaben betraut wurde. Der Ausschluss Luciens aus dem Prozess der Länderverteilung hing damit zusammen, dass er sich dem zweiten Strang von Napoleons Politik der Integration in das monarchische System widersetzte. Während sich Jérôme einigermaßen bereitwillig von der Amerikanerin Elizabeth Patterson trennte, um 1807 Katharina, Tochter des Königs von Württemberg, zu heiraten, ging Lucien eine zweite bürgerliche Ehe ein, was ganz dynastisch-konservativ zum Ausschluss aus der imperialen Erbfolge führte und Lucien veranlasste, 1810 eine Flucht nach Amerika zu wagen, die in englischer Gefangenschaft endete.

Um die Zahl der Ehen mit etablierten Fürstenhäusern zu erhöhen, griff Napoleon auch auf seine Stiefkinder zurück. Eugène de Beauharnais, der 1805 Vizekönig von Italien wurde, heiratete eine bayerische Prinzessin. Stéphanie de Beauharnais, eine von Napoleon adoptierte Nichte Joséphines, heiratete den Erbprinzen von Baden. Höhepunkt der Verflechtung der Bonapartes mit den alten Dynastien Europas war die zweite Ehe Napoleons: Nachdem der Versuch einer Verbindung mit dem Zarenhaus gescheitert war, heiratete er 1810 die habsburgische Kaisertochter Marie Louise.

Während die Bonapartes somit allgemein anerkannt wurden, verband sich für die exilierten Bourbonen finanzielle Unterstützung mit symbolischer Geringschätzung. Der Graf von Provence, der sich seit 1797 als Ludwig «XVIII.» bezeichnete, war zuletzt 1791 am Hof seines Schwiegervaters, des Königs von Sardinien, empfangen worden. Danach zog er ins Emigrantenquartier nach Koblenz. Nach dem Scheitern des Invasionsversuchs lebte er in Westfalen, Braunschweig, Russland, Preußen und wieder Russland in weit vom Zentrum des Geschehens entfernten Schlössern. Sein Bruder, der Graf von Artois, durfte in London eine auf britische Staatskosten finanzierte Intrige nach der anderen anstoßen. Als sich Ludwig «XVIII.» 1807 entschloss, über Schweden nach Großbritannien umzuziehen, zeigte ihm die britische Regierung jedoch die kalte Schulter. Sie verweigerte ihm zunächst die Einreise, dann die Anerkennung als König von Frankreich (sie behalf sich mit dem unverbindlichen Titel «allerchristlichster König»), schließlich die Erlaubnis, sich in London niederzulassen.

Nicht nur Monarchen im Exil hatten mit Statusproblemen zu kämpfen. Seit das Heilige Römische Reich 1795 unter den Vorbehalt baldiger Auflösung gestellt worden war, musste der römische Kaiser damit rechnen, über kurz oder lang nur noch König von Ungarn und von Böhmen zu sein. Ausgerechnet Napoleons eigenmächtige Rangerhöhung bot jedoch die Gelegenheit, eine österreichische Kaiserwürde für Franz «I.» zu etablieren – im Tausch gegen die Anerkennung Bonapartes als Kaiser der Franzosen durch den römischen Kaiser Franz II. Russland, Großbritannien und das Osmanische Reich weigerten sich dagegen zunächst, Napoleon als Kaiser anzureden.

Diesen vielfältigen kontinentalen, teilweise auch paneuropäischen Konvergenzen entsprach jedoch keine Annäherung bei der Finanzierung staatlicher Ausgaben, somit auch keine Angleichung der Wertbeständigkeit staatlicher Schuldverschreibungen. Trotz des kurzfristigen Stopps öffentlicher Zahlungen in Großbritannien 1797 stand weiterhin ein britisches System hoher Steuern, welche die pünktliche Rückzahlung von Staatsanleihen ermöglichten, einer kontinentalen Tradition offener oder verdeckter Staatsbankrotte gegenüber, welche Zinsen für Staatsanleihen in die Höhe trieben. Das Konsulat übernahm Verbindlichkeiten im Nominalwert von etwa 2,2 Milliarden Francs. In Großbritannien lieferten Zölle und Verbrauchsteuern etwa 80 Prozent der Steuereinnahmen; der Löwenanteil stammte aus dem Frankreich kaum noch zugänglichen Sklaven- und Kolonialwarenhandel. Da die Abschaffung indirekter Steuern in Frankreich zu den zentralen Errungenschaften der Revolution gehörte, konnte Napoleon nur auf Staatsmonopole, Stempelsteuern und einen Staats-Teilbankrott zurückgreifen: Altschulden, etwa die vielfach übertriebenen Forderungen der Armeelieferanten, wurden um etwa zwei Drittel abgewertet und in ewige

Rentenzahlungen zu jährlich 5 Prozent des verbleibenden Werts konvertiert. Solche *rentes* konnten zu einem Preis, der mit den politischen Aussichten des Regimes fiel oder stieg, weiterverkauft werden. Napoleons zweite finanzpolitische Maßnahme war die Einführung einer neuen Währung namens *Franc* im Germinal XI (März 1803), die auch als Münze ausgegeben wurde. Zwar gab die neu gegründete Bank von Frankreich weiterhin mehr Papiergeld aus, als sie in Edelmetall wechseln konnte, sodass politische Krisen weiterhin zu Kursverlusten in der Größenordnung von 15 Prozent führten. In *Francs* denominiertes Papiergeld war dennoch seit 1789 die erste einigermaßen wertbeständige Währung. Ihr Schicksal zeigte freilich, dass Napoleons Regime fragil blieb. Noch 1813 machten *Francs* nach Wert weniger als die Hälfte des im Umlauf befindlichen Metallgelds aus. Die neuen Münzen setzten sich dort besonders schwer durch, wo das revolutionäre und das napoleonische Regime unpopulär waren, also im Westen und Süden Frankreichs.

Obgleich es darauf verzichtete, die Staatsschulden abzubauen, gelang es Napoleons Frankreich nur in den wenigen Friedensjahren, ohne Defizite auszukommen. Der Anteil des Hofstaates hatte sich auf 7 Prozent eines höheren Budgets vergrößert – die relativ populäre Joséphine war mithin deutlich teurer als die einst wegen ihrer Verschwendungssucht verhasste Marie Antoinette.

Der Erwerb Louisianas 1800 schien daher wie ein Silberstreifen am düsteren finanziellen Horizont. Sollte die Rückeroberung St. Domingues gelingen, konnte der Golf von Mexiko zum französischen Meer werden und Frankreich England als führende Handelsnation ablösen. Die französisch- und englischsprachige Bevölkerung westlich der Appalachen schien bereit, sich in ein bonapartistisches Reich zu integrieren. Als jedoch England 1803 den Krieg wiederaufnahm und die Expedition nach St. Domingue 1804 scheiterte, verkaufte Frankreich Louisiana an die USA, um mit dem Erlös eine Invasion Englands zu finanzieren. Es gehört zu den Ironien der Revolutionskriege, dass die britische Regierung den USA erlaubte, den Kaufpreis auf dem Londoner Kapitalmarkt zu leihen, und zudem den Devisentransfer nach Frankreich nicht behinderte

– aus Londoner Sicht war es sinnvoller, den Westen Nordamerikas in amerikanischer Hand zu wissen.

Frankreich blieb somit fortan nur, was es in Europa mobilisieren konnte. Die Niederlande, die Nordseeküste, die Hansestädte und der Kirchenstaat, die Haushaltsüberschüsse produzierten, wurden bald ins Empire integriert. Dort brachten sie 1811 36 Millionen *Francs* ein, das bisherige Frankreich 71 Millionen. Ein weiteres Mittel gegen die finanzielle Misere war die Zollpolitik. Eine Zollschranke um den europäischen Kontinent (die seit 1806 bestehende «Kontinentalsperre») und eine um das Empire, dessen verarbeitendes Gewerbe gegen ausländische Konkurrenz geschützt werden sollte, teilten Europa entlang politischer Grenzen in kommerzielle Gewinner und Verlierer. Während die linksrheinische Textilindustrie im Empire von der Nachfrage nach Uniformen profitierte, blieb ihre Konkurrenz auf dem rechten Rheinufer vom französischen Markt weitgehend ausgeschlossen. Eng an Frankreich angelehnte Staaten auf dem Kontinent setzte das unter noch größeren Reformdruck, da sie das Geld für französische Garnisonen und eigenes Militär nicht durch Exporte nach Frankreich erwirtschaften konnten.

Während das Bündnis mit Frankreich finanzielle Sorgen verschärfte, waren Staaten, die sich mit Großbritannien verbündeten, mancher finanzieller Sorgen ledig. London zahlte zwischen 1801 und 1813 umgerechnet rund eine Milliarde *Francs* an seine Verbündeten, pro Kriegsjahr etwa zweieinhalbmal so viel wie zwischen 1792 und 1799, als sich Großbritannien nur zu knapp 400 Millionen *Francs* durchgerungen hatte. Finanziert wurde das durch höhere Steuern. Bis 1815 stieg die rechnerische Steuerlast pro Kopf in Großbritannien auf 100 *Francs*, während sie in Frankreich bei 20 *Francs* verharrte. War es Frankreich unmittelbar nach der Revolution gelungen, stärker zu mobilisieren als seine Gegner, so kehrte sich das nach 1800 in dramatischer Weise um. Warum?

Offenbar rief die Steuerlast keinen Widerstand hervor, der die Stabilität des britischen politischen Systems ernsthaft gefährdet hätte. Das britische Regierungssystem war trotz seiner repressiven Züge, etwa der großen Zahl von Todesurteilen, Hinrichtungen und

Deportationen wegen geringfügiger Eigentumsdelikte, vom überwältigenden Teil der Bevölkerung akzeptiert, das französische Gegenmodell erschien als nicht attraktiv. Die wirtschaftlichen Härten des Krieges – etwa die Verdreifachung des Getreidepreises im Jahr der «Liga der bewaffneten Neutralität» im Ostseeraum – wurden durch die relativ großzügigen Sozialausgaben des «alten» Armenrechts abgefedert. Die Kosten des Krieges galten als relativ gerecht verteilt. Verbrauchssteuern trafen vor allem Luxuswaren – die in manchen Regionen enorme Salzsteuer des vorrevolutionären Frankreich hatte in Großbritannien keine Parallele. Kein Stand war völlig von Steuern befreit, obgleich Landbesitz steuerlich privilegiert war. Die von 1799 bis 1802 und von 1803 bis 1816 erhobene Einkommenssteuer von 0,8 bis 10 Prozent griff erst bei höheren Einkünften und belegte, dass auch die Eliten ihren Beitrag zu den Kriegskosten leisteten. Schließlich hatte die «Blutsteuer» der napoleonischen Wehrpflicht in Großbritannien kein Pendant.

Frankreich musste daher im Rüstungswettlauf unterliegen, wenn es ihm nicht gelang, Großbritanniens Wirtschaft zu treffen oder erheblich höhere Abgaben zu erheben. Frankreichs Taktik, den finanziellen Aufwendungen Großbritanniens immer größere Armeen gegenüberzustellen – in den Schlachten der Jahre 1805/06 kämpften im Durchschnitt 162 000, in denen der Jahre 1812/13 sogar 310 000 Männer, im Vergleich zu den «nur» 86 000, die sich etwa 1792 bei Valmy gegenüberstanden –, hatte für sich genommen nur wenig Aussicht auf Erfolg.[19]

Napoleons Neuordnung Europas

Dennoch schien Frankreich zunächst unbesiegbar. Die Friedensschlüsse von 1801 und 1802 erlaubten Napoleon, das seit 1795 immer wieder vertagte Problem der politischen Neuordnung Mitteleuropas zu lösen. Die Annexion des linken Rheinufers durch Frankreich war mit einem Versprechen von Kompensationen auf dem rechten Rheinufer verbunden gewesen. Deren Gestalt wurde unter französischer und russischer Vermittlung im Reichsdeputationshauptschluss von 1803 definiert. Dieser «säkularisierte» die geistlichen Herrschaften (Fürstbistümer und reichsunmittelbare Stifte und Abteien) des Reichs außer Mainz, das als Fürstentum Aschaffenburg fortbestand. Kleine reichsunmittelbare Territorien (freie Städte, Reichsritterschaften und Fürstentümer) wurden «mediatisiert». So entstand eine Kompensationsmasse, die unter den verbleibenden Territorien verteilt wurde. Dabei spielten die durch die Annexion erlittenen Verluste eine geringere Rolle als strategische Erwägungen und die politische Nähe zu Frankreich und Russland. So erhielt Preußen, größter Gewinner des Verfahrens, rund sechsmal so viel Fläche und viermal so viel Bevölkerung, wie es verloren hatte. Die Neuordnung betraf vor allem Länder in der Nähe des Rheins. Während die politische Landkarte Südwestdeutschlands übersichtlicher wurde, überlebten in Thüringen, Mittel- und Norddeutschland viele kleine Territorien das Ende des Reiches als Rechtsordnung. Die massiv erweiterten Staaten, darunter Bayern, Baden und Württemberg, standen in den folgenden Jahren vor dem Problem, neue Gebiete zu integrieren und gleichzeitig Napoleons Forderung nach Geld und Soldaten zu befriedigen. Das schuf einen strukturellen Zwang zu drastischen Verwaltungsreformen und weiterer Säkularisation, den sogenannten Rheinbundreformen.

1803 endete die Friedenszeit, weil sich Großbritannien und Frankreich weigerten, ihre Verpflichtungen aus dem Vertrag von Amiens zu erfüllen. Großbritannien behielt Malta, Frankreich seine Garnisonen in Neapel. Napoleon irritierte die anderen Großmächte zudem 1802 durch die Besetzung der Schweiz, der er 1803 eine langfristig erfolgreiche kantonszentrierte Verfassung gab.

Seitdem Großbritannien den Krieg wiederaufgenommen hatte und Frankreichs Pläne eines französisch-spanischen Reichs in Amerika gescheitert waren, suchte Napoleon nach Wegen, den Gegner zu einem neuen Frieden zu zwingen. 1804 zog er eine Armee an der Kanalküste zusammen, um das zunächst auf sich gestellte Großbritannien direkt anzugreifen. Gegenüber Österreich und Russland hatten sich die Briten als schlechter Partner erwiesen, die vor allem außereuropäische Interessen verfolgten und Malta nicht an Russland zurückgeben wollten. Russland war auch ohne Krieg in der Lage, seine Einflussgebiete zu erweitern, indem es sich zur Schutzmacht der Regionen erklärte, die Autonomie von Konstantinopel erstritten hatten: so 1802 für Moldawien und die Walachei und 1804 für Serbien.

Die geplante Invasion Englands fand allerdings nie statt. Die mit Napoleons Krönung zum König von Italien verbundene Annexion weiterer Gebiete – die ligurische Republik, Parma und Piacenza wurden 1805 Teil des Königreichs Italien, Lucca ein Fürstentum für Napoleons Schwester Elisa – werteten Wien und St. Petersburg als Zeichen, Napoleon werde sich bald ganz Italien einverleiben. Österreich, Russland, Schweden und Neapel fanden sich daher zu einem neuen Feldzug bereit. Der Zeitpunkt war freilich schlecht gewählt, da die am Kanal intensiv trainierte französische Armee sofort nach Osten aufbrechen konnte. Einen österreichischen Angriff auf Norditalien parierte Napoleon mit dem Einmarsch in Süddeutschland, wo er einen großen Teil der österreichischen Armee einkesselte. Wien fiel am 13. November 1805, und die Ankunft der von Zar Alexander I. persönlich kommandierten russischen Truppen in Böhmen brachte der Koalition nur die vernichtende Niederlage bei Austerlitz am 2. Dezember 1805 ein. Da Großbritannien am 21. Oktober 1805 bei Trafalgar über eine französisch-spanische Flotte triumphiert hatte und 1806 erneut die Kapkolonie besetzte, änderte sich nichts daran, dass Frankreich zu Lande, Großbritannien zur See unschlagbar blieb.

Napoleon zog aus dem Krieg den Schluss, dass er Österreich weiter verkleinern und Großbritanniens Einfluss auf dem Kontinent beenden müsse. Preußen erhielt im Tausch gegen Neuchâtel sowie Kleve, das an Berg fiel, das Stammland des Königs von Großbritannien und Irland, das Kurfürstentum Hannover. Bayern wurde um die vormals preußischen Herrschaften Ansbach und Bayreuth, die Stadt Augsburg, einen Teil des Hochstifts Passau sowie das österreichische Innviertel, Lindau, Vorarlberg und Tirol vergrößert, während Vorderösterreich zwischen Baden und Württemberg aufgeteilt wurde. Österreich verlor Venetien an das Königreich Italien;

als Kompensation erhielt es lediglich Salzburg, dessen Herrscher mit dem neuen Großherzogtum Würzburg abgefunden wurde, und Berchtesgaden. Das Königreich Neapel fiel an Napoleons Bruder Joseph. Österreich musste zudem der Rangerhöhung seiner Gegner zustimmen: Bayern und Württemberg wurden Königreiche, Berg, Hessen-Darmstadt und Baden später Großherzogtümer. Die endgültige Auflösung des Reiches wurde durch den Austritt von 16 deutschen Staaten, die sich unter dem ehemaligen Fürstbischof von Mainz Karl Theodor Anton Maria von Dalberg als «Fürstprimas» zu der außenpolitisch völlig vom «Protektor» Napoleon abhängigen Föderation des «Rheinbunds» zusammenschlossen, unvermeidlich: Im August 1806 dankte Franz II. als römischer Kaiser ab. Der Rheinbund wuchs rasch an; 1807 umfasste er alle deutschen Staaten außer Preußen und Österreich.

Ausgerechnet nach dem erneuten militärischen Triumph Napoleons beschloss Preußen im Oktober 1806, im Verbund mit Sachsen und Russland sein Glück im Kampf gegen Frankreich zu versuchen. Aus Berliner Sicht ging es darum, den französischen Angriff auf die preußische Neutralität zu rächen, denn Napoleon war 1805 ohne Genehmigung durch Ansbach und Bayreuth marschiert. Zudem befürchtete Preußen, Hannover wieder zu verlieren, sollte sich Frankreich mit Großbritannien verständigen. Rasch erwies sich, dass Monarch und Minister die Leistungsfähigkeit des preußischen Heeres überschätzt hatten. Bei Jena und Auerstedt verlor Preußen seine Kernlande und seinen sächsischen Verbündeten; Friedrich Wilhelm III. musste nach Königsberg fliehen. Zwar erfocht Napoleon bei Eylau nur ein Patt, bei Friedland folgte aber ein weiterer Sieg über Restpreußen und Russland.

Diese Kampagne brachte französische Truppen an die russische Grenze und bot Napoleon in Tilsit Gelegenheit zu persönlichen Verhandlungen mit dem Zaren. Der auf Kosten der symbolischen Demütigung des preußischen Königs und seiner Frau Luise von Napoleon heftig umgarnte Alexander I. versprach, England von den russischen Märkten fernzuhalten – den Ausschluss englischer Waren aus dem französischen Machtbereich durch die «Kontinentalsperre» hatte Napoleon bereits in Berlin verkündet. Im Gegenzug erhielt der Zar freie Hand für die Eroberung des schwedischen Finnland und das Versprechen, einen Plan zur Aufteilung des Osmanischen Reichs zwischen Frankreich und Russland zu entwickeln.

Auch der Kurfürst von Sachsen profitierte von der Niederlage, indem er König seines Landes und Herrscher des aus preußischem Gebiet herausgelösten Herzogtums Warschau wurde. Mit der Gründung dieses polnischsprachigen Pufferstaates belohnte Napoleon die Loyalität der seit den 1790er Jahren für Frankreich kämpfenden polnischen Soldaten und appellierte an die Tradition polnischer Unabhängigkeit, verzichtete jedoch mit Rücksicht auf Russland darauf, den Staat Polen zu nennen. Preußens westliche Provinzen, Hannover und das im Krieg neutrale, 1803 zum Kurfürstentum erhobene Hessen-Kassel wurden unter Napoleons Bruder Jérôme zum Königreich Westfalen; zudem annektierte Frankreich das 1803 Preußen zugesprochene, ehemals zum Kurfürstentum Mainz gehörige Erfurt.

Nach der erneuten vernichtenden Niederlage seiner kontinentalen Verbündeten sah sich Großbritannien einmal mehr diplomatisch isoliert und kaum in der Lage, Truppen gegen Napoleon in Bewegung zu setzen. Da sich alle anderen Mächte mit Napoleon arrangiert hatten, bestand im Sommer 1807 aus der Sicht Londons nur noch die Möglichkeit, Dänemark dazu zu bringen, mit seinem kleinen Heer ein Himmelfahrtskommando gegen Frankreich zu versuchen. Als das Land sich weigerte, bombardierten britische Kriegsschiffe im Herbst 1807 Kopenhagen und die dänische Flotte – was Russland, das sich als Schutzmacht kleiner Staaten sah, ein weiteres Argument für das französische Bündnis lieferte.

Grenzen der napoleonischen Dominanz (I): Die Iberische Halbinsel

Nach diesem moralischen Desaster ermöglichte jedoch eine Fehlentscheidung Napoleons Großbritannien die politische Rückkehr auf den europäischen Kontinent. Es mag sein, dass Napoleon seine Dynastie für gefährdet hielt, solange irgendwo Bourbonen regierten – wie in Spanien und Sizilien. Es mag sein, dass er die ökonomische Bedeutung kleinerer Küstenstaaten wie Portugal für die Kontinentalsperre überschätzte; Portugal erhielt nur rund 4 Prozent der britischen Exporte. Es mag sein, dass er glaubte, er brauche neue Erfolge. In jedem Fall entschied sich Napoleon just zu dem Zeitpunkt, als sein Gegner alle Handlungsoptionen verspielt zu haben schien, die Iberische Halbinsel seiner unmittelbaren Kontrolle zu unterwerfen. Der erste Schritt dazu war ein Angriff auf Portugal.

Als Großbritannien Dänemark angriff, verhandelte Napoleon bereits mit der spanischen Krone über eine Aufteilung des kleinen, traditionell eng an England angelehnten Landes. Mit dem nördlichen Drittel sollte der gerade in Italien abgesetzte König von Etrurien entschädigt werden, das mittlere Drittel mit Lissabon sollte direkt an Spanien gehen, während das südliche Drittel Teil Frankreichs werden sollte; das Kolonialreich würde unter Frankreich und Spanien aufgeteilt werden. Angesichts dieser Bedrohung flohen die portugiesischen Monarchen – Königin Maria I. und Prinzregent Johann – mitsamt Staatsschatz und sozialer Elite unter dem Schutz einer britischen Flotte nach Rio de Janeiro.

Innerhalb Spaniens verschärfte der Feldzug gegen Portugal eine seit Längerem schwelende innenpolitische Krise. Die Herrschaft des aufgeklärt-absolutistischen Ministers Godoy war inzwischen bei fast allen Ständen unbeliebt. Da das Königspaar, Karl IV. und María Luisa, Godoy bedingungslos zu unterstützen schien, konzentrierten sich diffuse Reformhoffnungen auf Thronfolger Ferdinand. Dessen Anhänger begrüßten die durch Spanien marschierenden Franzosen begeistert, allerdings nur, weil Napoleon seit dem Konkordat als Retter der katholischen Kirche galt. 1808 kam es zum offenen Aufstand gegen Karl IV., der zugunsten Ferdinands VII. abdankte; Godoy überlebte nur dank der Intervention französischer Truppen. Anstatt aber Ferdinand VII. wie die Rheinbundmonarchen zu behandeln und auf seinem Thron zu belassen, lud Napoleon Vater und Sohn nach Bayonne ein, angeblich, um im Familienzwist zu «vermitteln» – tatsächlich zwang er Karl und Ferdinand, zugunsten seines Bruders Joseph abzudanken. Murat, der bislang den Feldzug gegen Portugal angeführt hatte, erhielt das Königreich Neapel. «José I.» gelang es nicht, das durch die Brüskierung des nicht nur legitimen, sondern auch populären Monarchen mit einem Schlag unpopulär gewordene napoleonische Regime in Spanien zu stabilisieren. Denn ob die Abdankung Ferdinands überhaupt rechtmäßig war, blieb umstritten, zumal der König, der fortan den Beinahmen «der Ersehnte» erhielt, in Frankreich festgehalten wurde.

Auch der französische Einmarsch nach Portugal erwies sich im Rückblick als Fehler. Als sich in Portugal 1808 Widerstand gegen die Besatzung regte, entschloss sich Großbritannien sofort zu einer Intervention, bei der Arthur Wellesley, der 1806 aus Indien nach Europa zurückgekehrt war, eine entscheidende Rolle spielte. Angesichts der spanischen Unruhen hatte die französische Besatzung Portugals keine Alternative zum Rückzug. Spätere Angriffe wies Wellesley unter anderem ab, indem er den französischen Truppen die Möglichkeit nahm, sich aus dem Land, durch das sie marschierten, zu verpflegen. Da der Zustand der napoleonischen Herrschaft über Spanien fortan keinen großen Angriff ermöglichte, kontrollierte Großbritannien Portugal und seine Häfen. Zum Dank für seine Erfolge auf der Iberischen Halbinsel erhob die britische Regierung Wellesley 1809 als Viscount Wellington in den Hochadel (der Herzogstitel folgte im Mai 1814).

Wellington nutzte den portugiesischen Brückenkopf zu von Mal zu Mal erfolgreicheren Expeditionen nach Spanien, die Josephs Regierung weiter in Bedrängnis brachten. War Napoleon in der spanischen Öffentlichkeit zunächst in einer angesichts seiner bisherigen Beziehungen zu Papst und Kirchenstaat kaum plausiblen Weise zum Beschützer der katholischen Religion stilisiert worden, so galt er nach der erneuten Annexion des Kirchenstaates 1809 und der dadurch ausgelösten Exkommunikation durch Pius VII. (der daraufhin zunächst in Savona, dann in Fontainebleau inhaftiert wurde) als schärfster Gegner der katholischen Kirche – was das Bündnis der spanischen Opposition mit den nicht eben prokatholischen Briten erleichterte. Die spanische Taktik des dezentral geführten «kleinen Kriegs» (*guerilla*) schloss jede Entscheidungsschlacht aus. An vielen Orten bildeten sich repräsentative Versammlungen (*cortes*), die sich meist auf Ferdinand VII. beriefen und in Sevilla eine zentrale *Junta* zur Koordination des Widerstands einrichteten. Diese wurde von Großbritannien als Regierung Spaniens anerkannt. Als Sevilla 1810 an Joseph fiel, wich die *Junta* nach Cádiz aus, wo zentrale *Cortes* mit Abgeordneten aus allen Teilen des spanischen Weltreichs zusammentraten. 1812 verabschiedeten die *Cortes* eine konstitutionell-monarchische Verfassung, welche fortan progressiven Kräften in Europa als vorbildhaft galt – vor allem weil sie statt der ansonsten üblichen getrennten aristokratischen und populären Vertretungen nur eine Kammer vorsah, die Gewaltenteilung zwischen Legislative, Exekutive und Judikative festschrieb, individuelle Rechte und die Gleichheit vor dem Gesetz anerkannte sowie die Handlungen des Monarchen an die Zustimmung seiner Minister band. Teilen der spanischen Öffentlichkeit war sie jedoch, obgleich sie die katholische Konfession zur «Religion der spanischen Nation» (Artikel 12) erklärte und andere Religionen verbot, zu liberal, anderen immer noch zu monarchistisch.

Für Napoleon war die Expedition nach Spanien und Portugal ein Desaster. Vor allem Spanien band mehr Verbände, als er vorgesehen hatte, und war bei Weitem nicht die erhoffte Goldgrube. Zudem schürte das Ausmaß des spanischen Widerstands vor allem in Wien Spekulationen darüber, ob nicht auch die Bevölkerung anderer Länder reif für einen Aufstand gegen die napoleonische Ordnung war. In der Hoffnung auf eine populäre Erhebung griff 1809 Österreich erneut Frankreich an. Die Erwartung, die Bevölkerung des Rheinbunds und der deutschen Modellstaaten werde sich wie in Spanien erheben, erfüllte sich freilich nicht. Vereinzelte Aufstände richteten sich gegen konkrete Maßnahmen der Obrigkeit, nicht gegen eine als fremdartig empfundene Herrschaft. Für die Bauern Tirols, Ort des intensivsten Widerstands, war weniger wichtig, ob sie sich wie 1789 gegen die Zumutungen einer österreichischen oder wie 1809/10 gegen die einer bayerischen Obrigkeit zur Wehr setzten. Anlass für ihren von Andreas Hofer geführten Aufstand war, dass Bayern eine Wehrpflicht einführen wollte, von der Österreich die Tiroler ausdrücklich befreit hatte. Preußen blieb der erneuten Konfrontation zwischen Österreich und Frankreich fern, während Russland zu seinen 1808 auf dem Fürstentag zu Erfurt bestätigten Verpflichtungen gegenüber Frankreich stand. Zwar versetzte der Sieg Österreichs bei Aspern dem Ruf napoleonischer Unbesiegbarkeit eine weitere Schramme, aber Österreich unterlag anschließend bei Wagram und wurde noch kleiner: Das Land verlor Salzburg, Berchtesgaden und das Innviertel an Bayern, Südtirol an das Königreich Italien und Teile Schwabens an Württemberg. Triest fiel ebenso wie der bisher italienische Teil der «Illyrischen Provinz» direkt ans Empire. Teile Böhmens gingen an Sachsen, Galizien an das Herzogtum Warschau und Russland. Auch der Wechsel an der Spitze der österreichischen Außenpolitik hin zu dem kompromissbereiteren, vor allem mit den weiblichen Mitgliedern der Familie Bonaparte aufs intimste vertrauten Metternich ließ sich zunächst als weiterer Erfolg Napoleons deuten.

Konsolidierungsversuche

Der französische Triumph schien komplett, als Schweden umschwenkte. Die Niederlage im Krieg um Finnland hatte zum Bruch der Eliten mit König Gustav IV. Adolf geführt, der 1809 zugunsten seines Sohnes Gustav abdankte. Statt Gustav «V.» proklamierten die Reichsstände aber dessen Onkel, den kinderlosen Karl XIII., zum König. Damit verschafften sie sich die Möglichkeit, einen Adoptivsohn, Regenten und Thronfolger zu wählen. Die erste Wahl fiel auf Karl August von Augustenburg, der aber nach einem Jahr als Kronprinz starb. (Bei seiner Trauerprozession wurde der wiederum auf Seiten der legitimen Monarchie, also Gustavs V., stehende Axel von Fersen unter den Augen der Ordnungskräfte von der Menge ermordet.) Die nächste Wahl fiel auf den in Schweden populären, in Frankreich selbst eher marginalisierten Marschall Bernadotte (einen Schwager Joseph Bonapartes), der einmal rücksichtsvoll mit schwedischen Kriegsgefangenen umgegangen war. Mit Napoleons Segen reiste Bernadotte im Oktober 1810 als regierender Kronprinz nach Stockholm, verbannte den britischen Handel aus Schweden und erwartete, das bislang dänische Norwegen als Kompensation für Finnland zu erhalten.

In der Praxis wurde die Kontinentalsperre, die nun alle Küsten Kontinentaleuropas außer Portugal erfasste, besonders in den Niederlanden durch Schmuggel unterlaufen. Das führte 1810 zum Bruch zwischen Napoleon und seinem Bruder Louis, zur Annexion des Königreichs der Niederlande und der gesamten Nordseeküste bis einschließlich Hamburg durch Frankreich – was auch das mit dem Zarenhaus verwandte Herzogtum Oldenburg betraf. Paradoxerweise erlaubte Napoleon seit 1810 wieder einen begrenzten Handel zwischen Großbritannien und Frankreich, nicht aber zwischen Großbritannien und dem übrigen europäischen Kontinent.

Die Kontinentalsperre verteuerte Kolonialwaren und britische Produkte auf dem Kontinent. Das Ausmaß der Teuerung wird daran deutlich, dass die USA einen signifikanten Teil des europäischen Binnenhandels übernahmen, obgleich die Waren (zumindest theoretisch) in einem amerikanischen Hafen umgeladen werden mussten. Diesen Verlust von Märkten wollte Großbritannien nicht hinnehmen. Obgleich es den Ankauf Louisianas nicht unterbunden hatte, versuchte es nun, die Expansion des US-Siedlungsgebiets nach Westen durch Vereinbarungen mit Indianerstämmen zu beschränken und die Abwanderung britischer Seeleute und Waren auf amerikanische Schiffe zu unterbinden. Die britische Marine war angewiesen, amerikanische Handelsschiffe nach Schmuggelware und Deserteuren zu durchsuchen. Die USA antworteten 1812 mit einer Kriegserklärung, sodass das politisch erneut isolierte Großbritannien an einer weiteren Front aktiv werden musste.

Grenzen der napoleonischen Dominanz (II): Russland

Die Isolation sollte jedoch nicht mehr lange dauern. Zwischen 1809 und 1811 kühlten die Beziehungen zwischen dem Zarenreich und dem französischen Empire rasant ab. Eine strategische Partnerschaft zwischen Frankreich und Russland zur Aufteilung des Orients führte nur zu utopischen Plänen für eine Expedition nach Indien über Persien; Konstantinopel oder den Balkan preiszugeben war Napoleon nicht bereit. Es verwundert kaum, dass Zar Alexander systematisch einen militärischen Konflikt vorbereitete. Er scharte Gegner Napoleons um sich, von dessen einstigem korsischen Jugendverbündeten Pozzo di Borgo über den 1808 durch Napoleons Intervention aus Preußen verjagten Freiherrn vom und zum Stein oder den antirevolutionären sardischen Geheimagenten und jetzigen Botschafter am Zarenhof Joseph de Maistre bis hin zu Mitgliedern des russischen Hochadels, die das Bündnis mit Frankreich abgelehnt hatten. Er knüpfte durch Geschenke Verbindungen mit Napoleons Umfeld und rüstete sein Land vor allem durch die Förderung der Pferdezucht systematisch auf.

1811 steuerten der Zar und Napoleon offen auf eine Konfrontation zu. Napoleon drohte mit der Restitution eines polnischen Staates; die Armee des Herzogtums Warschau hatte er bereits mit polnischen Insignien ausgestattet. Alexander forderte den Kaiser auf, sein Militär hinter die Rheingrenze zurückzuziehen (was Frankreich gezwungen hätte, selbst für dessen Unterhalt aufzukommen). Napoleon reagierte, indem er eine internationale Armee aus Franzosen, Deutschen, Italienern, Niederländern, Österreichern, Polen, Portugiesen und Spaniern im östlichen Preußen und im Herzogtum Warschau zusammenzog und zeigte, dass er in der Lage wäre, Russland ebenso zu schlagen wie Österreich oder Preußen. Nur Schweden verbündete sich mit Russland, da Napoleon Anfang 1812 das schwedische Pommern besetzt hatte.

Im Rückblick ist klar, dass Russland nicht wie andere kontinentaleuropäische Großmächte besiegt werden konnte. 1811 hatte der Herzog von Wellington in Portugal demonstriert, wie man eine französische Armee aufhielt: indem man die Lebensmittelvorräte entlang ihrer Marschroute vernichtete. Alexander und seine Generäle hatten das aufmerksam beobachtet; Napoleon dagegen hatte nicht realisiert, dass er fortan mit Gegnern konfrontiert war, die bereit waren, den Sieg auf Kosten der Bevölkerung der Durchmarschgebiete, die so Haus, Hof, Vorräte und Saatgut verlor, zu erzwingen.

Außerdem hatte Napoleon die Gebiete, in denen er seine Armee aufmarschieren ließ, während seines Aufenthaltes 1807 offenbar nicht richtig wahrgenommen. Nominell 600 000 Mann überforderten die Ressourcen des östlichen Preußen und des Herzogtums Warschau selbst in guten Jahren, und 1811 waren die Ernten bescheiden. Als die *Grande Armée* (deren Angehörige vielfach ernsthaft damit rechneten, gemeinsam mit den Russen ins warme Indien zu ziehen) dort eintraf, wurden Lebensmittel so knapp, dass selbst die erbarmungsloseste Plünderung weder Nahrung für die Soldaten noch Futter für die Pferde zutage fördern konnte. Hungernde Soldaten begingen reihenweise Selbstmord oder desertierten; am Rande jeder größeren Straße lagen Kadaver von Pferden, die das unreife Futter nicht vertragen hatten. Jedes tote Pferd bedeutete eine geringere Transportkapazität für schwere Waffen, Munition und Nachschub sowie eine weniger schlagkräftige Kavallerie.

Da Napoleon den Feldzug als groß angelegte Demonstration der Stärke betrachtete und am Ende eine neue Allianz mit Alexander erwartete, verbot sich die Taktik, die in den 1790er Jahren in Italien so erfolgreich gewesen war: die Bevölkerung durch Versprechungen (etwa Abschaffung der Leibeigenschaft) auf die Seite der Angreifer zu ziehen. Da russische Bauern sogar Leichen französischer Soldaten in den Häusern ihrer Gutsherren deponierten, damit die Franzosen diese Herren als Exempel erschossen, wäre ein solches Angebot vielleicht auf Resonanz gestoßen. Die russische Führung versuchte deshalb bereits im Vorfeld, eine Kooperation zwischen

Invasoren und heimischen Unterschichten zu verhindern, indem sie gegen eine angeblich muslimische Invasionsarmee religiöse Ressentiments mobilisierte. Trotzdem geschah die Bewaffnung russischer Bauern nur mit erheblichen Bedenken – nach Kriegsende wurden Leibeigene, die sich militärisch ausgezeichnet hatten, erst entwaffnet und dann erschossen.

Napoleon hoffte offenbar, schon der Aufmarsch seiner Armee werde Verhandlungen erzwingen, und wartete lange auf ein Angebot. Nach seinem Aufbruch aus Paris am 9. Mai 1812 blieb er zunächst bis zum 29. Mai in Dresden. Erst am 24. Juni begann die *Grande Armée* mit der Überquerung des Njemen – so der Tagesbefehl – den «zweiten polnischen Krieg». Wie groß sie zu diesem Zeitpunkt tatsächlich (noch) war, ist kaum feststellbar. Die offizielle Angabe 600 000 Mann (die von zahlreichen weiblichen und männlichen Zivilisten begleitet wurden) war vor allem der Tatsache geschuldet, dass kein Offizier schlechte Nachrichten überbringen wollte. Russische Spione gingen im Einklang mit den niedrigsten neuen Schätzungen von etwa 240 000 Mann aus, die Wahrheit lag wohl zwischen 300 000 und 400 000.[20] Zunächst errang die Invasionsarmee, die durch Kämpfe, Unwetter, Seuchen und Nahrungsmangel immer mehr Soldaten verlor, Sieg um Sieg. Stadt um Stadt wurde kampflos übergeben, während sich die abziehenden Truppen damit begnügten, Lebensmittel- und Munitionsvorräte in Brand zu setzen. Am 14. September 1812 überließen die russischen Behörden Napoleon sogar Moskau – der Hof befand sich ja in St. Petersburg. In Moskau gerieten die Feuer aber völlig außer Kontrolle. Als Napoleon am 18. September zum zweiten Mal in die alte russische Hauptstadt einzog, war ein großer Teil der Stadt zerstört, Bevölkerung und Besatzung verzweifelt auf der Suche nach etwas Essbarem. Im Oktober entschied Napoleon, mit seiner auf unter 100 000 Mann geschrumpften Armee nach Polen zurückzukehren. Den geschwächten, ständigen Angriffen ausgesetzten Soldaten und ihren zivilen Begleiterinnen und Begleitern befahl er, sich auf dem Weg zurückzuziehen, auf dem sie nach Moskau gelangt waren, damit die Lazarette geräumt werden konnten. Die Armee überquerte also die Schlachtfelder des Hinmarschs, auf denen Abertausende Leichen toter Kameraden unter freiem Himmel verwesten; sie rastete in niedergebrannten, menschenleeren Städten ohne Vorräte. Die Verwundeten, die sie dort einsammelte, starben meist unter der wenig rücksichtsvollen Behandlung durch ihre Betreuer, deren Rückzug sie verlangsamten und deren karge Vorräte sie mit aufbrauchten – allerdings wären ihre Überlebenschancen kaum höher gewesen, wenn sie sich der Gnade der russischen Armee anvertraut hätten. Warme Kleidung war – auch aufgrund der widersprüchlichen Signale im Vorfeld des Feldzugs – kaum vorhanden; nach Einbruch der Kälte erfroren Soldaten nachts an erkalteten Feuerstellen oder verbrannten in Hütten, deren Öfen sie überheizt hatten. Tausende Pferde verendeten oder wurden geschlachtet, sodass immer weniger Waffen und Material mitgeführt werden konnte. Am 5. Dezember 1812 verließ Napoleon den Rest seiner einstmals großen Armee, der er befahl, die recht gut verproviantierte Stadt Vilnius um jeden Preis zu halten. Der Kaiser machte sich auf, um Paris zu erreichen, bevor das volle Ausmaß der Katastrophe bekannt wurde – das letzte Bulletin des Russlandfeldzugs vom 3. Dezember 1812 berichtete überwiegend vom Verlust vieler Pferde und verschleierte somit, dass auch nur wenige zehntausend Mann überlebt hatten. Es schloss mit dem berüchtigt gewordenen Satz «La santé de Sa Majesté n'a jamais été meilleure» («Die Gesundheit Seiner Majestät war noch nie besser»).

Grenzen der napoleonischen Dominanz (III): Die deutschen Staaten

Diese Betonung von Napoleons Gesundheit war nicht nur Zeichen von Zynismus. Ende Oktober 1812 hatten sich einige Offiziere das Gerücht zunutze gemacht, Napoleon sei in Russland gefallen, um einen Putsch zu versuchen. Obgleich sie hingerichtet wurden, bevor Napoleon überhaupt von der Geschichte erfuhr, war deutlich geworden, dass die imperiale Erbfolgeregelung nicht funktionierte. Niemand hatte auf die falsche Todesnachricht korrekt reagiert und den 1811 geborenen Sohn Napoleons, der von seinem Großvater

Franz I. den Titel eines «Königs von Rom» erhalten hatte, zum Kaiser der Franzosen proklamiert.

Da Murat, dem es nun vor allem darum ging, Neapel für sich zu sichern, Vilnius aufgab, nahm die russische Armee Polen ein. Die Truppen, die Napoleon aus Spanien, das er an Ferdinand VII. zurückgab, abzog, konnten die Verluste in Russland nur teilweise kompensieren. Napoleon brauchte daher eine neue Armee, die nicht nur die russischen Truppen zurückwerfen, sondern auch die bisherigen Verbündeten Frankreichs davon abhalten musste, sich – dem Beispiel Schwedens folgend – Russland anzuschließen. Gewehre, Pferde und Uniformen wurden in Frankreich knapp. Die Preise für Stellvertreter erreichten schwindelerregende Höhen, während Wehrpflichtige immer öfter durch Flucht oder Selbstverstümmelung einem Kriegsdienst entgehen wollten, der sich von einem Todesurteil kaum mehr unterschied.

Es war somit wenig überraschend, dass jeder selbständige Hof den Nutzen der französischen Allianz überdachte. Der erste Monarch, der konkrete Schritte unternahm, war der König von Preußen, der erst am meisten von der napoleonischen Expansion profitiert, dann aber am meisten unter ihr gelitten hatte. Unter dem Druck seiner Offiziere, die zum Teil eigenmächtig begannen, mit dem Zaren zusammenzuarbeiten, schloss sich Friedrich Wilhelm III. nach der Zusage, die russisch-schwedisch-britische Allianz werde Preußen auf dem Stand von 1806 wiederherstellen, der Koalition an. Alexander und Friedrich Wilhelm III. forderten am 25. März 1813 in Kalisch gemeinsam die deutschen Fürsten und jeden Deutschen dazu auf, sich ihrem Kampf gegen Napoleons «Weltherrschaft» anzuschließen. Zugleich drohten sie den Fürsten, die sich verweigerten, mit «der verdienten Vernichtung durch die Kraft der öffentlichen Meinung», also durch Volksaufstände.

Der Appell von König und Zar an das angeblich durch lange Jahre französischer Fremdherrschaft sensibilisierte deutsche Nationalgefühl galt lange als überaus erfolgreich – obgleich die Steuerlast in den «befreiten» Gebieten anstieg, um den Krieg zu bezahlen. Eine Welle nationaler Begeisterung habe vor allem Studenten motiviert, sich freiwillig zu melden. Neuere Forschungen verweisen diese Interpretation in das Reich der borussischen Legende, die sich bemühte, eine lange Vorgeschichte der Reichsgründung von 1871 zu konstruieren. Die literarische Überhöhung der Befreiungskriege war das Werk «von jüngeren, protestantischen Männern aus dem Stadt- und Bildungsbürgertum» in Preußen, Nord- und Mitteldeutschland, während in Süddeutschland die Loyalität gegenüber dem napoleonischen System hielt, bis die Fürsten das Signal zum Kampf gegen Napoleon gaben. Dass Preußen in großen Zahlen zu den Fahnen eilten, hatte weniger mit der von Studenten (die deutlich unter einem Prozent eines Jahrgangs stellten) gelesenen Propagandaliteratur zu tun als mit der «desolate[n] wirtschaftliche[n] Situation des preußischen Staates», welche den unter normalen Umständen als soziale Deklassierung betrachteten Eintritt in die Armee zum letzten Ausweg machte.[21]

Obgleich die praktische Wirkung der Proklamation von Kalisch begrenzt blieb, musste die Idee, «Völker» über die Köpfe ihrer Herrscher hinweg zu militärischem Widerstand aufzurufen, im Habsburgerreich unangenehme Erinnerungen an die Krisenjahre 1789 und 1790 wachrufen. Politisch trachtete der österreichische Außenminister Metternich danach, das monarchische Prinzip gegen Bewegungen «von unten» zu stärken und die französische Hegemonie durch ein stabiles Gleichgewicht zwischen den Großmächten abzulösen, das einen dauerhaften Frieden sicherte. Im Frühjahr 1813 hieß das vor allem, eine russische Hegemonie zu verhindern. Deshalb garantierte Österreich Besitzstand und Souveränität der Fürsten, die sich der neuen Koalition anschlossen – darunter Murat als König von Neapel. Neben Napoleons direkten Verwandten war der einzige deutsche Monarch, der dieses Angebot nicht annahm, der König von Sachsen – dort schlug Napoleon am 2. Mai 1813 bei Lützen und am 20./21. Mai bei Bautzen russisch-preußisch-schwedische Truppen.

Nach diesen Siegen war die militärische Lage weniger eindeutig. Die Versuche Metternichs, einen am 4. Juni 1813 vereinbarten Waffenstillstand zu nutzen, um Napoleons Frankreich in das künftige europäische Gleichgewicht zu integrieren, waren somit nicht völlig aussichtslos. Napoleon glaubte aber, seine Herrschaft werde eine Verkleinerung Frankreichs auf seine «natürlichen» Grenzen oder seine Grenzen von 1792 nicht überstehen. Als die Waffenruhe am 13. August 1813 endete, zeigte sich, dass die Pause vor allem der Koalition genützt hatte. Die numerische Überlegenheit der inzwischen um Bayern verstärkten Alliierten setzte sich trotz eines Sieges Napoleons bei Dresden am 26./27. August 1813 in der «Völkerschlacht» bei Leipzig vom 16. bis 19. Oktober 1813 durch, die der Koalition den Weg bis Frankfurt am Main freigab.

Der Bericht des britischen Botschafters, George Hamilton-Gordon, vierter Earl von Aberdeen, über «drei oder vier Meilen weit» verstreute Körper von Pferden und Soldaten, «viele von ihnen nicht tot», «Verwundeten, die nicht kriechen konnten und inmitten von Haufen verwesender Körper nach Wasser riefen», während sie von der «barbarischen Bauernschaft» ausgeplündert wurden, beschreibt die Zustände nach jeder großen Schlacht der Kriegsjahre. «Sieg», so Aberdeens Fazit, «ist eine erhebende Sache, aber man sollte fern davon sein.»[22] In Leipzig waren rund 114 000 Soldaten getötet oder verwundet worden.

Grenzen der napoleonischen Dominanz (IV): Frankreich

In Frankfurt mussten die Alliierten entscheiden, ob sie das napoleonische Regime stürzen wollten. Alexander, der zunehmend von einer religiösen Mission überzeugt war, legte Wert darauf, die Zerstörung Moskaus durch die Einnahme von Paris zu rächen. Großbritannien war ebenfalls einer Ablösung des napoleonischen Regimes zugeneigt. Weniger klar war, wer an Napoleons Stelle treten sollte: Eine habsburgische Regentschaft durch Marie-Luise für Napoleons Sohn, eine aus dem britischen Exil zurückkehrende Bourbonenmonarchie oder gar Bernadotte als von Russland auf den Thron gehobener französischer König, was den schwedischen Thron für den Sohn Gustavs IV. frei gemacht hätte, wurden mehr oder weniger ernsthaft erwogen. Unklar war ferner, wo ein Angriff auf Frankreich erfolgen sollte. Das gegenseitige Misstrauen wurde bald so groß, dass Monarchen und Minister der beteiligten Staaten mit der Front mitzogen, um nicht übervorteilt zu werden – Anfang 1814 kam auch der britische Außenminister Robert Stewart, Viscount Castlereagh (samt Bulldogge «Venom») hinzu.

Bernadotte hatte bereits vor der «Völkerschlacht» einen Angriff auf Dänemark vorbereitet, um sich Norwegen zu sichern. Russland, Preußen, Bayern und Hessen-Darmstadt kontrollierten bereits Gebiete, die sie interessierten: Polen, Sachsen und die napoleonischen Modellstaaten – es fehlten eigentlich nur noch die Länder auf dem linken Rheinufer, die einmal Teil des Reichs gewesen waren. Oberitalien, Österreichs strategisches Interessengebiet, war jedoch noch nicht erobert. Ergebnis der Frankfurter Verhandlungen war daher ein doppelter Angriff. Preußische und russische Truppen überquerten bei Kaub den Rhein und stießen in die Niederlande vor, während Österreich das ausdrückliche Versprechen des Zaren brach und die Schweizer Neutralität verletzte, um sich Norditalien zu sichern, bevor es Frankreich von Süden angriff.

Der von Pessimisten befürchtete und von Napoleon erwartete französische Volksaufstand gegen den Einmarsch blieb aus. Napoleon wagte nicht, sich von Paris zu entfernen; an der Front war er aber unersetzlich, da seine Offiziere nicht mehr gewohnt waren, selbständige Entscheidungen zu treffen, sondern auf Befehle aus Paris warteten. Zudem glaubten die Marschälle der Propaganda, die ihnen bald Nachschub versprach. Daher waren sie immer wieder bereit, Land gegen Zeit zu tauschen, und reduzierten so Zug um Zug den Teil Frankreichs, den Napoleon kontrollierte, dessen Möglichkeiten, Steuern einzuziehen oder Soldaten auszuheben, sich so von Tag zu Tag verringerten.

Die politischen Eliten Frankreichs erkannten die Aussichtslosigkeit der Lage vor Napoleon. Am 31. März 1814 zogen die Alliierten in Paris ein, am 2. April verkündete der Senat Napoleons Absetzung. Am 13. April 1814 dankte er in Fontainebleau bedingungslos ab. Die Alliierten gestanden ihm neben dem Recht, weiterhin den Kaisertitel zu führen, die Herrschaft über die Insel Elba und ein Einkommen von 2 Millionen Francs im Jahr zu. «Kaiserin»

Marie-Louise wurde mit den Fürstentümern Parma, Piacenza und Guastalla entschädigt, die in ihrer Familie verbleiben sollten.

Die politische Neuordnung Frankreichs und Europas

Bei Ankunft der Alliierten war es Napoleons einstigem Außenminister Talleyrand gelungen, den Zar in sein Palais einzuladen. Das sicherte ihm erheblichen Einfluss auf die Entscheidungen über die Verfassung Frankreichs und empfahl ihn als künftigen Außenminister. Die Alliierten hatten sich zwar auf die Rückkehr der Bourbonen geeinigt, aber lediglich mangels besserer Alternativen. Der Zar etwa machte seine Distanz überdeutlich, indem er am Tag des Einzugs Ludwigs «XVIII.» in Paris demonstrativ bei Napoleons Ex-Frau Joséphine dinierte. Zudem verlangte selbst der Zar, durch eine parlamentarische Verfassung sicherzustellen, dass Frankreichs Regierung und Eliten an einem Strang zogen. Eine Abrechnung zwischen alten und neuen Eliten sollte es außer der Verbannung der Königsmörder von 1793 nicht geben; selbst einige Königsmörder wurden, wie Napoleons ehemaliger Polizeiminister Fouché, von den Bourbonen in Gnaden aufgenommen.

Ludwig XVIII. sah sich freilich als Erben Ludwigs XVI. und Ludwigs XVII., mithin als Teil einer ungebrochenen monarchischen Tradition. Er war allenfalls bereit, im Stil mittelalterlicher Freibriefe eine *Charte* zu erlassen, die ein Parlament mit zwei Kammern vorsah. Der am 30. Mai 1814 zwischen der neuen alten französischen Monarchie und den Alliierten abgeschlossene Friedensvertrag schien die Position Ludwigs XVIII. teilweise zu bestätigen. Er beschränkte Frankreich auf seine Grenzen vom 1. Januar 1792 mit Ausnahme der Seychellen, Tobago und Santa-Lucia, die an England übergingen. Großbritannien sicherte dafür französischen Händlern alle Privilegien zu, die es Angehörigen anderer Nationen gewährte. Die Monarchen verzichteten auf sämtliche finanziellen Forderungen, garantierten aber private Rechtsansprüche. Zur Neuordnung Europas enthielt der Vertrag nur allgemeine Aussagen: Deutschland werde durch ein «föderatives Band» zusammengefasst, die Schweiz müsse unabhängig und neutral bleiben, und die Teile Italiens, die nicht an Österreich fielen, sollten von souveränen Fürsten regiert werden. Was das konkret bedeutete, sollte binnen zweier Monate in Wien auf einem Kongress ausgehandelt werden.

Nach dem Abschluss der Verhandlungen in Paris erwiesen der russische Zar, der preußische König und der österreichische Außenminister der Macht, die den Sieg letztlich bezahlt hatte, ihre Reverenz, indem sie eine Tournee durch Großbritannien unternahmen. Dort feierten sie rauschende Freudenfeste mit einer Bevölkerung, die sich gegenüber eigenen und fremden Obrigkeiten selbstbewusst zeigte – gelegentlich sogar als «mad, bad, and dangerous»[23]. So überraschte es die Besucher zweifellos ebenso, dass die Kutsche des unpopulären Prinzregenten mit Schlamm und Steinen beworfen wurde, wie, dass die Kaufleute der City of London der Schwester des Zaren mit einem Tumult drohten, als sie wegen ihrer Abneigung gegen Musik das Absingen der Nationalhymne beim Festbankett zu verhindern suchte.

Die Serie der Feiern und Dankesgottesdienste setzte sich in Wien fort, als der wegen Alexanders Wunsch, zunächst nach Russland zurückzukehren, auf Ende September 1814 vertagte «Wiener» Friedenskongress begann. Dort standen die politische Neuordnung Europas und die Ausgestaltung eines Regelwerks der Diplomatie nach dem Zusammenbruch der Gepflogenheiten des Ancien Régime zur Debatte. Die Bestimmung der Präzedenzfolge von Diplomaten an ausländischen Höfen musste ebenso festgelegt werden wie der Zugang zu Flüssen und Häfen oder die Zukunft des Sklavenhandels. Im Bereich der diplomatischen Praxis blieben die 1814/15 in Wien erzielten Kompromisse dauerhaft gültig. Die Präzedenzfolge akkreditierter Diplomaten wird fast überall nach den Wiener Regeln (Vorrang für den Vertreter des Papstes, ansonsten Seniorität nach der Dauer der Akkreditierung) bestimmt – davor war das Alter der Dynastie entscheidend gewesen.

Wie bei jedem großen Friedenskongress konkurrierten auch in Wien Prinzipien und Machtinteressen. Das zentrale Schlagwort war «Legitimität». Diese Formulierung nützte allen «alten» Monarchen, vor allem den restaurierten Bourbonen, die – anders als Preußen, Neapel-Sizilien, Russland, Spanien, Österreich oder das Papsttum – nie mit der Französischen Revolution paktiert hatten. Die Formulierung machte die Vertreter Frankreichs zu moralischen Siegern, und in der Tat gelang es Talleyrand, die zunächst nicht vorgesehene Beteiligung Frankreichs an allen Verhandlungen zu erzwingen.

«Legitimität» klang besonders in Verbindung mit «Restauration» nach dem Versuch, die Verhältnisse vor 1789 wiederherzustellen. Die Praxis war völlig anders. Ein extremes Beispiel war der Länderschacher in Nordeuropa. Es war Schwedens Bedingung für den Beitritt zur antinapoleonischen Allianz gewesen, durch Norwegen für den durch Napoleon sanktionierten Verlust Finnlands entschädigt zu werden. Im Gegenzug sollte Dänemark Schwedisch-Pommern und eine Million Taler erhalten. Während Norwegen an Schweden grenzte, wäre Schwedisch-Pommern aus dänischer Sicht eine weit entfernte Exklave gewesen. Preußen bot daher Dänemark an, Schwedisch-Pommern gegen das an Dänemark grenzende Herzogtum Lauenburg zu tauschen. Nachdem so eine akzeptable Tauschsequenz gefunden war, weigerte sich Schweden, seine Verpflichtungen gegenüber Dänemark zu erfüllen, bis Großbritannien seine Kompensation für die 1813 schwedisch gewordene ehemals französische Insel Guadeloupe von der Übergabe von Geld und Gebiet abhängig machte.

Überhaupt hatten die politischen Grenzen nach 1814 mit denen vor 1792 wenig gemein. Es gab keine Wiederbelebung des Heiligen Römischen Reiches deutscher Nation, keine Wiederherstellung der Generalstaaten, der Republiken Venedig oder Genua, der Reichsgrafschaften und Reichsritterschaften, der freien Reichsstädte, der ursprünglichen Grenzen Polens oder des Osmanischen Reiches. Stattdessen konstruierten die Vertreter Großbritanniens, Frankreichs, Russlands, Österreichs und Preußens unter Mitwirkung der meisten anderen Staaten eine politische Landkarte, die verhindern sollte, dass es einer Macht erneut gelang, die Herrschaft über Europa anzustreben.

Murat sollte trotz der «legitimen» Ansprüche Ferdinands I. «sein» Königreich Neapel behalten. Der restaurierte Kirchenstaat erhielt seine Besitzungen in Frankreich nicht zurück. Österreich wurde für seine Verluste in anderen Teilen Europas (Belgien, Vorderösterreich) in Italien kompensiert: durch die Lombardei, das Veneto und Dalmatien sowie den Übergang von Modena und Parma, Piacenza und Guastalla an habsburgische Fürsten. An Frankreich angrenzende Staaten sollten gestärkt werden. So erhielt das Königreich Sardinien neben seinem angestammten Besitz die Republik Genua, Savoyen und Nizza. Die Schweiz bekam Genf und das weiterhin im Besitz des preußischen Monarchen befindliche Neuchâtel. Das neue Königreich der Niederlande unter einem aus dem britischen Exil zurückgekehrten Enkel des Generalstatthalters, der 1795 geflohen war, konnte sich neben den Generalstaaten die ehemaligen habsburgischen Niederlande und das zum Großherzogtum erhobene Luxemburg einverleiben.

Traditionellen Alliierten Frankreichs sollte die Lust an einem solchen Bündnis genommen werden, indem man sie zu den ersten Opfern machte, sollte Frankreich beschließen, erneut seine östlichen Nachbarn anzugreifen. Bayern wurde durch den Erwerb der Pfalz, Preußen durch die Herrschaft über die Rheinlande und Westfalen zu einem Nachbarn Frankreichs; beide Regionen waren nicht mit den jeweiligen Kernlanden verbunden. Preußen wurde nun vor allem durch das leicht vergrößerte und zum Königreich erhobene, weiterhin in Personalunion mit Großbritannien verbundene Hannover geteilt.

Die erweiterte deutsche Frage erwies sich als besonders konfliktträchtig. Russland rechnete fest damit, die Kontrolle über das ganze russische und preußische polnische Teilungsgebiet zu erhalten, etwa durch die Restauration einer polnischen Monarchie in Personalunion mit dem Zarenhaus. Da der Zar Preußen die Fläche und/oder Bevölkerung versprochen hatte, die es vor der Niederlage gegen Napoleon besessen hatte, musste Ersatz gefunden werden; der Zar dachte an das Königreich Sachsen, dessen Monarch seinen Thron verlieren sollte. Diesem Plan widersprachen die Vertreter Frankreichs, Österreichs und Großbritanniens heftig. In Großbritannien protestierte die gedruckte und im Parlament artikulierte Meinung vehement gegen die Übergabe des tapferen Polens an die russische Despotie, für Talleyrand widersprach der Sturz des sächsischen Königs dem Prinzip der Legitimität, Metternich sah Österreichs Vormachtstellung in Mitteleuropa durch eine Stärkung Preußens und Russlands bedroht. Die drei Staaten drohten Russland mit Krieg, wenn es an seiner Maximalforderung festhalte. Schließlich kam ein Kompromiss zustande: Russland erhielt ein reduziertes Polen («Kongress-Polen»), dessen König der Zar war, das aber getrennt von Russland verwaltet werden sollte. Preußen wurde durch einen Teil Sachsens (die künftige preußische Provinz Sachsen) sowie erweiterte Gebiete im Westen Deutschlands entschädigt. Der sächsische König blieb Monarch eines kleineren Landes.

Diese Einigung warf Folgeprobleme auf (etwa ob Bayern die Festung Mainz behalten sollte, wenn Preußen die Sicherung des Rheinlands gegen Frankreich übernahm), die sich mit der allgemeinen Frage verknüpften, was an die Stelle des Rheinbunds treten sollte. Viele deutsche Nachbarstaaten Frankreichs waren wie Baden oder Hessen-Darmstadt kleine Gebilde mit notwendigerweise schwachen Armeen. Daher schien das in Paris versprochene «föderative Band» notwendig, um sicherzustellen, dass sich die deutschen Staaten gegen westliche und östliche Nachbarn schützen konnten. Unklar war aber, wie es aussehen sollte. Im Verlauf des Wiener Kongresses wurden zahlreiche Vorschläge formuliert, die von einer Wiederherstellung des Reiches (mit der der ehemalige Reichsritter vom Stein sympathisierte) über eine eher starke föderale Ordnung (Inhalt der meisten preußischen Entwürfe) bis hin zum letztlich vereinbarten und vor allem von den mittleren Staaten wie Bayern und Württemberg favorisierten Modell eines schwachen «Deutschen Bundes» souveräner Staaten reichten, dessen zentraler Zweck der Schutz gegen Aggression von außen und Umsturz von innen war. Eine Versammlung von weisungsgebundenen Bevollmächtigten der rund 40 verbleibenden souveränen deutschen Staaten mit

Sitz in Frankfurt am Main unter Vorsitz Österreichs sollte diese Ziele erreichen.

Erst spät wurde durch eine Fülle von Ermessensentscheidungen geklärt, welche deutschen Staaten in welchen Grenzen fortbestehen würden. So wurde Frankfurt erneut freie Stadt, während Augsburg und Nürnberg bei Bayern blieben; Hessen-Homburg wurde (1817) als souveräner Staat wiederbelebt, Isenburg-Büdingen, das Mitglied des Rheinbunds gewesen war, mediatisiert. Die Grenzen der neuen Staaten wurden erst im sogenannten Frankfurter Territorialrezess 1823 festgeschrieben.

Die «Deutsche Bundesakte» wurde am 8. Juni 1815 in aller Eile unterzeichnet und teilweise als Artikel 53–64 in die Schlussakte des Wiener Kongresses eingefügt, die am 9. Juni 1815 unterschrieben wurde. Eile war aus mehreren Gründen geboten: Die europäischen Monarchien sahen sich erneut durch Napoleon bedroht, und es war immer wahrscheinlicher geworden, dass ihre Allianz so weit zerfallen würde, dass es einem erneuerten Empire wieder gelingen würde, sie zu spalten. Am Streit über die Zukunft Polens war die Fragilität der Allianz gegen Napoleon deutlich geworden. Die politische Konstellation hatte sich gegenüber dem Mai 1814 zudem insofern verändert, als Großbritannien im Dezember 1814 seinen atlantischen Krieg beendet hatte. Dass ein Grund für den Friedensschluss war, einer potentiellen amerikanisch-französischen Allianz von vornherein die Grundlage zu entziehen, macht deutlich, wie tief das Misstrauen im «alliierten» Lager bereits reichte. Militärisch hatte sich in Nordamerika keine Seite durchgesetzt. Die USA waren bei dem Versuch gescheitert, Großbritanniens Besitzungen im Norden des Kontinents einzunehmen, während Großbritannien feststellte, dass selbst die Zerstörung der Regierungsgebäude in Washington der Stabilität der USA nichts anhaben konnte. Insofern entsprach es der militärischen Lage, dass sich die Kontrahenten am Heiligabend 1814 in Ghent darauf einigten, alles bei den Zuständen vor 1812 zu belassen. Da die Nachricht vom Frieden lange brauchte, um den Atlantik zu überqueren, fand die letzte große Schlacht des Konflikts am 8. Januar 1815 bei New Orleans statt. Danach waren

Europa nach 1823

die britische Marine und die britische Armee wieder in der Lage, überall tätig zu werden, sollte die Allianz, die im Herbst 1814 zwischen den fünf europäischen Großmächten geschlossen worden war, zerfallen.

Napoleons Rückkehr für hundert Tage

Das geschah, bald nachdem der Kongress in Wien durch die Nachricht aufgerüttelt wurde, Napoleon sei aus Elba verschwunden. Ludwig XVIII. hatte es von Anfang an unterlassen, Napoleon die vereinbarte Pension auszuzahlen, was dieser als Versuch interpretierte, ihn seiner letzten Militärmacht und damit jedes Schutzes zu berauben. Er hatte zudem Zweifel am Erfolg der restaurierten Monarchie. Anstatt sich in Neapel in den Schutz von Murats Armee zu begeben oder seine Ansprüche aus der Sicherheit der Fürstentümer Marie-Louises in Wien vorzutragen, segelte er nach Frankreich ins Territorium der Bourbonen, wo er am 1. März 1815 landete. Versuche, ihn aufzuhalten, scheiterten, da die Soldaten – allen voran Marschall Ney – sich entweder Napoleon anschlossen oder weigerten, auf den Kaiser zu schießen.

Die Bourbonen hatten sich in den wenigen Monaten der ersten Restauration nicht nur bei linken und liberalen Kräften unpopulär gemacht, die eine Rückkehr zu einer absoluten Monarchie, die sich auf das Gottesgnadentum berief, von vornherein ablehnten; selbst Legitimisten zweifelten an Ludwig XVIII. Ihnen schien ungewiss, ob Ludwig XVI. und sein Sohn tatsächlich tot waren – vielleicht war ja ein anderer Mann anstelle des Königs geköpft worden, ein anderer Knabe anstatt des Thronfolgers umgekommen? Zumindest bestand kein Mangel an Prätendenten, die sich für den einen oder den anderen ausgaben und eine gewisse Unterstützung mobilisieren konnten. Ludwig XVIII. nahm die Zweifel an seinem Status so ernst, dass er vor der ursprünglich für 1814 geplanten Krönung, die letztlich nie stattfand, ein von einem findigen Unternehmer als Ruhestätte des letzten Königs ausgestaltetes Massengrab ausheben ließ, damit zwei Schädel aufgrund ihres «Lächelns»[24] als die sterblichen Überreste Marie Antoinettes und Ludwigs XVI. identifiziert werden konnten. Als klar wurde, dass Napoleon nicht aufzuhalten war, gab Ludwig XVIII. die Sache fast für verloren – Talleyrand und Fouché konnten ihn nur mit Mühe dazu überreden, in Ghent abzuwarten, anstatt gleich nach England zurückzukehren.

Während Napoleon die Lage in Frankreich richtig eingeschätzt hatte und sich bemühte, durch den Appell an jakobinische Traditionen seine politische Basis zu erweitern, war seine Analyse der europäischen Situation weniger präzise. Er war davon ausgegangen, die Monarchen hätten sich bereits getrennt; tatsächlich befanden sie sich noch in Wien und waren daher in der Lage, Napoleon sofort zu ächten, Truppen in Bewegung zu setzen und den Entwurf einer europäischen Friedensordnung abzuschließen. Die Unterzeichnung der Wiener Kongressakte machte es weniger wahrscheinlich, dass es Napoleon gelingen würde, einzelne Staaten aus der Allianz herauszulösen. Beispielsweise war die englische Öffentlichkeit, die durch heftigen Druck ein Gesetz erzwungen hatte, das 1807 der britischen Marine erlaubte, Sklavenhändler wie Piraten zu verfolgen, selbst durch das Versprechen, Frankreich werde nun den Sklavenhandel abschaffen, nicht dazu zu bewegen, Napoleon weniger feindselig zu betrachten. Dazu trug gewiss bei, dass der Wiener Kongress bereits am 8. Februar 1815 alle Staaten Europas dazu verpflichtet hatte, den Sklavenhandel bald abzuschaffen. Am Ende war aber nicht das diplomatische, sondern das militärische Scheitern Napoleons ausschlaggebend. Es gelang ihm nicht, die gegen ihn ausgesandten britischen und preußischen Verbände getrennt zu besiegen. Die Niederlage bei Waterloo am 18. Juni 1815 beendete die zweite «bonapartistische» Herrschaft der «Hundert Tage».

Konturen der Nachkriegsordnung

Die Tatsache, dass Frankreich bereits ein Jahr nach seiner Niederlage in der Lage gewesen war, den Alliierten erneut die Stirn zu bieten, veranlasste diese, die Bedingungen des ersten Friedens von Paris erheblich zu verschärfen. Bei der zweiten Besetzung wurde Frankreich auf seine Grenzen von 1790 verkleinert (das bedeutete den Verlust einiger Grenzfestungen wie Saarbrücken), musste für eine alliierte Besatzung von 150 000 Mann aufkommen und seine Steuereinnahmen nicht für Aufrüstung, sondern für eine Entschädigung von 700 Millionen Francs an die Kriegsgegner verwenden, die innerhalb von fünf Jahren zu zahlen war – 100 Millionen davon gingen an jede der Großmächte.

Anhänger Napoleons wurden nun hart bestraft. Amtsträger, die Sympathien für ihn erkennen ließen, verloren im Zuge einer politischen Säuberung ihre Posten, die vor allem im Süden Frankreichs Züge eines weißen Terrors mit Hunderten Toten annahm. Ney wurde hingerichtet. Murat, der sich zunächst nach Frankreich begeben hatte und nach Waterloo versuchte, in Italien das zu wiederholen, was Napoleon in Frankreich geglückt war, nämlich als einzelner Mann einen Staat zu erobern, teilte im Herbst 1815 dasselbe Schicksal. Somit stand der inzwischen in Wien beschlossenen Restauration des Königs von Neapel nichts mehr im Wege – das Königreich hieß fortan «beider Sizilien».

Trotz der Schwächung Frankreichs blieb aber unklar, wie eine Renaissance des Bonapartismus ausgeschlossen werden konnte. Zar Alexander plädierte dafür, auch Napoleon hinzurichten. Die britische Regierung, in deren Schutz sich der Kaiser der Franzosen begeben hatte, konnte sich weder zu einem Prozess noch zu einer außergesetzlichen Hinrichtung durchringen. Sie verbannte ihn auf die Insel St. Helena vor der Küste Afrikas. Die übrigen Angehörigen der Familien Bonaparte und Beauharnais machten wenig Anstalten, sich in die internationale Schusslinie zu bringen, obgleich der Anspruch auf die französische Kaiserkrone aus bonapartistischer Sicht zunächst auf Napoleon «II.», der als Herzog von Reichsstadt am Wiener Hof lebte, nach dessen Tod 1832 zunächst an Joseph, dann an Louis überging – der ebenfalls nichts unternahm, um einen Anspruch geltend zu machen. Seine Söhne sollten das freilich anders sehen.

Joseph begab sich zunächst in die USA, wo er sich einen gegen Attentate gesicherten Landsitz einrichtete. Ende der 1830er Jahre siedelte er nach England und Italien über, wo er 1844 starb. Louis, der sich während der Herrschaft der «Hundert Tage» seinem Bruder nicht angeschlossen hatte, zog sich als «Graf von St. Leu» ins Exil in die Schweiz, im Vatikan und in Italien zurück, wo er sich mit der wissenschaftlichen Aufarbeitung seiner Herrschaft in den Niederlanden befasste. Er unternahm später eine Reise nach Holland, wo er freundlich begrüßt wurde, und starb 1846 in Livorno. Der lange vor 1814 in Ungnade gefallene Lucien hatte sich überraschenderweise am Experiment der «Hundert Tage» 1815 beteiligt, ließ sich dann aber ebenfalls im Kirchenstaat nieder, wo ihm der Papst den Titel eines «Prinz Bonaparte» verlieh. Er starb 1840. Auch Jérôme wählte zunächst Italien als Exilland. Er war der einzige der Brüder Napoleons, der nach 1851 ins zweite Kaiserreich zurückkehren konnte, da er erst 1860 starb. Napoleons Schwestern Caroline, Elisa und Pauline wählten habsburgische Besitzungen als Exilort. Am erfolgreichsten war die Familie Beauharnais. Eugène de Beauharnais lebte bis zu seinem Tod 1825 als Herzog von Leuchtenberg in Bayern, überschüttet mit Zeichen der Anerkennung des Zaren und anderer europäischer Monarchen. Der Familie Eugènes gelang der bruchlose Übergang in die postnapoleonische monarchische Internationale; seine Töchter und Söhne heirateten in die Königsfamilien von Schweden, Portugal, Russland und Brasilien ein.

Das Schicksal der Familien Bonaparte und Beauharnais illustriert treffend das politische und intellektuelle Klima nach 1815. Bemerkenswert ist, dass sich alle ein komfortables Exil leisten konnten – so kaufte etwa Louis' Frau Hortense Beauharnais 1817 das Schweizer Schloss Arenenberg, das sie großzügig umbauen ließ. Der Respekt vor privatem Eigentum erstreckte sich auch auf das private Vermögen exilierter Monarchen: Napoleon tastete während der «Hundert Tage» die Einlagen Ludwigs XVIII. bei Pariser Banken ebenso wenig an, wie Ludwig 1815 Napoleons Konten plünderte.

Luciens und Louis' Annäherung an den Papst verweist auf die wachsende Bedeutung religiöser Bezüge – auch Zar Alexander dokumentierte im Laufe der Jahre 1813 bis 1815 immer deutlicher den Einfluss religiöser Erweckungserlebnisse auf sein persönliches Handeln und die Inszenierung seiner Monarchie, als er immer weniger Feste und immer mehr feierliche Gottesdienste, Segnungen und Fußwaschungen ausrichten ließ. An seinem Tisch wurde 1815 immer ein Platz für Jesus Christus eingedeckt. Höhepunkt dieser Entwicklung war sein Angebot einer «Heiligen Allianz» der christlichen Souveräne Europas zur Förderung von Glaube und Spiritualität und zur Stabilisierung der legitimen Ordnung der Welt auf der Grundlage des Prinzips monarchischer Brüderlichkeit. Friedrich Wilhelm III. und Franz I. fanden sich im September 1815 bereit, diese Allianz zu unterzeichnen; Castlereagh und der Herzog von Wellington hatten dagegen Schwierigkeiten, bei der Vorstellung dieses Projekts voll «sublimem Mystizismus und Unsinns»[25] ernst zu bleiben. Großbritannien verweigerte die Unterschrift; stattdessen schickte der Prinzregent Alexander einen zustimmenden Privatbrief.

Monarchische Brüderlichkeit entsprach der Erfahrung der Jahre 1813 bis 1815, als ein kleiner Kreis von Fürsten mit ihren engsten Beratern die Grenzen Europas neu geordnet hatte, um Frieden und Sicherheit zu erreichen – durch Veränderungen, nicht durch das Festhalten an Tradition. In diese Vorstellung fügte sich Eugène de Beauharnais hervorragend ein. Zwar war sein Titel als Vizekönig von Italien in keiner Weise legitim, aber er war ein mutiger und effektiver Kommandeur, der seine Niederlage ritterlich eingestand, nicht um Länder oder Gnaden bettelte und einmal getroffene Verabredungen eisern respektierte – also ein würdiger Ahnherr eines Fürstenhauses.

So betrachtet, lassen sich jedoch bereits in der Wiener Ordnung – jenseits der Details der Grenzziehungen, unter denen sich vor allem die Teilung Polens und die Spaltung Preußens in zwei Landeshälften als problematisch erweisen sollten – Bruchstellen ausmachen. Es bestand ein impliziter Widerspruch zwischen der Betonung monarchischer Solidarität und Handlungsvollmacht auf der einen und der Notwendigkeit parlamentarischer Versammlungen auf der anderen Seite – auch den deutschen Staaten wurde in Artikel XIII der Bundesakte aufgegeben, «landständische Verfassungen» einzurichten. Was würde passieren, wenn die Ziele von Monarch und

Parlament nicht zur Deckung zu bringen waren? Zweitens bestand eine Spannung zwischen dem Vertrauen auf die christliche Religion als Ordnungsmacht und der individuellen, nicht verallgemeinerbaren Form der religiösen Erfahrung etwa Alexanders. Das Vertrauen auf «die Religion» setzte überkonfessionelle Gemeinsamkeiten voraus, deren Voraussetzungen dadurch geschaffen wurden, dass man religiöse Kernfragen aus dem öffentlichen und politischen Raum verdrängte. War die Freisetzung der Kraft individueller Erfahrung und Inspiration also tatsächlich mit dem Ziel der Stabilität zu vereinbaren?

II. Reform (1815–1840)

1. Zwischenbilanz

Mit der zweiten Besetzung von Paris ging ein Vierteljahrhundert zu Ende, in dem ununterbrochen Krieg oder Kriegsgefahr geherrscht hatte. Zwar waren nicht alle Staaten Europas durchgängig betroffen gewesen, und nicht jede Region erlebte die Kriege unmittelbar. In Schweden kam es ebenso wenig zu Kampfhandlungen wie in Großbritannien oder in weiten Teilen des Russischen Reiches. Dennoch blieb kein Teil Europas unberührt. Norwegen war kein Kriegsgebiet; trotzdem erlitt es als einziges Land Europas einen kriegsbedingten Bevölkerungsrückgang, weil Seeblockaden Getreidelieferungen verhinderten. Andernorts vermochten die Revolutionskriege die demographische Expansion allenfalls zu bremsen, obgleich allein der Russlandfeldzug von 1812 einer Million Soldaten und Zivilisten das Leben gekostet haben dürfte und die Summe aller Kriegsopfer wohl zwischen 3 und 6 Millionen lag. Die Bevölkerung Großbritanniens wuchs zwischen den Volkszählungen von 1801 und 1821 von 10,5 auf 14,1 Millionen, die Irlands zwischen 1791 und 1821 von 4,8 auf 6,8 Millionen. In Frankreich stieg die Zahl der Einwohner trotz der Hinrichtung von rund 20 000 Menschen im Terror und des Verlusts von rund 1,3 Millionen Soldaten zwischen 1790 und 1815 um rund 3,7 Millionen.

Auch die Wirtschaft expandierte in den Kriegsjahren weiter. Anders als 1918 oder 1945 ging es nach 1815 somit nicht darum, verwüstete Landschaften wiederaufzubauen oder intensive öffentliche Trauerarbeit zu leisten.

Wenn etwas aus dem Lot geraten war, dann die Beziehung zwischen Regierungen und Untertanen. Nach der Revolution von 1789 war in Frankreich und Teilen Europas eine Verfassungsform nach der anderen durchprobiert worden, je nach Standpunkt mit vielversprechenden oder verheerenden Folgen. Weitverbreitete Schriften hatten die Legitimität jeder Form monarchischer Herrschaft in Frage gestellt, ebenso weit gestreute Pamphlete eine Partizipation der Bevölkerung an politischer Entscheidungsfindung schroff zurückgewiesen.

Europas Monarchen blieben von der Erinnerung traumatisiert, wie brutal die Bevölkerung gegen Monarchen und Minister vorgegangen war. Wie Ludwig XVI. und viele seiner Diener oder in Schweden Axel von Fersen zu Tode gekommen waren, wie der spanische Mob mit Godoy umging, zeigte, dass eine aufgebrachte Volksmenge leicht zum wilden, unkontrollierbaren Pöbel werden konnte. Gegnern der Monarchie verdeutlichte dagegen die Französische Revolution, wie leicht es dem «Volk» fiel, eine Herrschaftsordnung zu beseitigen, wenn es sich dazu entschloss.

Ursachen und Anlässe der Revolution blieben umstritten. Die radikale politische Philosophie der Aufklärung, Atheismus und Agnostizismus, Armut oder Vermögensunterschiede, mangelnder Respekt vor der Aristokratie, pervertierte aristokratische Etikette, politische Fehler der Bourbonen, der Krieg waren naheliegende Bausteine für Erklärungen. Aus jeder Hypothese folgten unterschiedliche Maßnahmen, um eine Wiederholung der Revolution zu verhindern oder herbeizuführen. Immerhin waren sich fast alle Monarchen und Regierungen einig, dass man Kriege vermeiden müsse, um die Bevölkerung nicht durch allzu hohe Belastungen zu radikalisieren.

Allerdings wünschten sie auch, die Grenzen von 1815 sowie revolutionäre Institutionen, die der Steigerung staatlicher Leistungsfähigkeit dienten, zu bewahren. Das implizierte die Anpassung politischer Strukturen an die fortdauernde Veränderung von Teilen der Welt, die durch eine neue, quellenkritische Geschichtswissenschaft und eine historisch orientierte Geschichtsphilosophie, die ihr erstes intellektuelles Zentrum in Berlin fand, kommentiert wurde. Georg Wilhelm Friedrich Hegel erarbeitete eine Diagnose der Logiken, welche die historische Entwicklung bestimmten; 1824 erschien Leopold Rankes Erstlingswerk, die *Geschichten der romanischen und germanischen Völker*, dessen Anhang am Beispiel einer kritischen Analyse der Überlieferung des 15. Jahrhunderts eine methodische Revolution für die sich nun als Wissenschaft verstehende Geschichtsschreibung einläutete.

Traf die Diagnose beschleunigter Veränderung zu, war es gänzlich unmöglich, die alte Ordnung in allen Details zu bewahren. Bestenfalls konnte man Strukturen finden, die Wandel so kanalisierten, dass er den Kern der Herrschaftsordnung nicht berührte. Wenn «Reform» im bisher gebräuchlichen Wortsinn einer Rückkehr zum vergangenen Idealzustand («Re-Formieren») somit unmöglich wurde, so war «Reform» im neuen Sinne einer graduellen Anpassung an sich wandelnde Realitäten eine mögliche Alternative zur «Revolution». Reform war freilich nur dann notwendig, wenn es nicht möglich war, eine politische Verfassung oder eine territoriale Ordnung zumindest auf mittlere Sicht zu stabilisieren. In den Jahren um 1800 waren es vor allem politische Umschwünge und militärische Konfrontationen gewesen, die eine Stabilisierung verhindert hatten. In den langen Friedensjahrzehnten nach 1815 rückte ein anderes Element der Dynamisierung in den Mittelpunkt des Interesses, nämlich Veränderungen der Wirtschaft und der Gesellschaft, die tiefgreifende Verschiebungen des Einflusses unterschiedlicher sozialer Schichten und verschiedener Länder zur Folge hatten. Triebkräfte und Ausmaß dieser Entwicklung ließen sich aber noch schwerer benennen als die der Revolutionen und Restaurationen.

2. «Fortschritt und Armut»[1]

Das Ausmaß wirtschaftlicher Modernisierung, ihre Grenzen und Schattenseiten

Im Zentrum der Wirtschaftsgeschichte des ausgehenden 18. und frühen 19. Jahrhunderts steht ein Rätsel: warum es zunächst in England, dann in anderen Teilen Europas und Amerikas zu einem Produktivitätswachstum kam, das die Wirtschaftskonjunkturen in den Industrieländern von besseren oder schlechteren Ernten ablöste und in Teilen der Welt ein bisher nie da gewesenes Wohlstandsniveau hervorbrachte. Die Symptome des Übergangs vom vorindustriellen zum industriellen Zeitalter lassen sich leicht benennen: der Wechsel von manueller zu mechanischer Produktion, von erneuerbaren Energien zu fossilen Energieträgern und von einer zufallsbetonten zu einer systematischen natur- und ingenieurwissenschaftlichen Suche nach verbesserten Produktionstechniken.

Auch eine Beschreibung der Veränderungen ist relativ einfach. Im frühen 19. Jahrhundert gab das europäische demographische Muster, das durch ein spätes Heiratsalter und einen relativ hohen Anteil lediger Männer und Frauen das Wachstum der Bevölkerung begrenzt hatte, nach. Junge Männer und Frauen warteten nicht mehr, bis ein Hausstand frei wurde, bevor sie heirateten, sondern antizipierten die Schaffung neuer Stellen oder riskierten in den anonymeren größeren Städten außereheliche Beziehungen. Versuche, Bevölkerungswachstum durch Vorschriften zu bremsen – die meisten deutschen Staaten koppelten die Erlaubnis zur Eheschließung an den Nachweis eines gesicherten Einkommens –, waren wenig erfolgreich.

Die Lebenserwartung stieg langsam an, obgleich medizinische Lebensrisiken beträchtlich blieben. Die Kindersterblichkeit verharrte auf hohem Niveau. In größeren Städten konnte die Einwohnerzahl wegen der Wahrscheinlichkeit, an einer ansteckenden Krankheit zu sterben, nur durch Zuwanderung gehalten werden, sodass in der ersten Hälfte des 19. Jahrhunderts Stadtwachstum immer Ergebnis von «Landflucht» war.

Bereits um 1800 war London mit etwas über einer Million Einwohnern die mit Abstand größte Metropole des Kontinents gewesen; 1850 lebten dort rund 2,6 Millionen Menschen, etwa 13 Prozent der Bevölkerung Großbritanniens. London hatte sich in 50 Jahren «nur» etwas mehr als verdoppelt. Eine Industriestadt wie Bradford wuchs in derselben Zeit von 13 000 auf 104 000 Einwohner (1:8), eine Hafenstadt wie Liverpool von 82 000 auf 376 000 (1:5), ein Produktions- und Handelszentrum wie Manchester von 75 000 auf 303 000 (1:4). Um 1850 wohnte jeder zweite Brite in einer Stadt mit mehr als 10 000 Einwohnern, rund drei Viertel der britischen Erwerbstätigen verdienten ihren Unterhalt in gewerblicher Produktion, Handel, Verkehr und Dienstleistungen – nur noch jeder Vierte in der Landwirtschaft. Großbritannien war zum ersten «Industrieland» geworden.

Andere Regionen Europas veränderten sich langsamer. In den 1815 zu einem Staat zusammengefassten, 1830 wieder gespaltenen Niederlanden wuchs Amsterdam (die Angaben beziehen sich immer auf 1800 und 1850) von 200 000 Einwohnern auf 224 000 (1:1,1; 11 Prozent der Einwohner der nördlichen Niederlande), Brüssel von 66 000 auf 251 000 (1:4, etwa 6 Prozent der Bevölkerung Belgiens), Antwerpen von 62 000 auf 88 000 (1:1,4), Den Haag von 38 000 auf 72 000 (1:1,9), Rotterdam von 53 000 auf 90 000 (1:1,7). Die Urbanisierungsrate der Region (der Anteil der Bevölkerung in Städten mit mehr als 10 000 Einwohnern) war trotzdem um 1850 in den nördlichen Niederlanden mit 29 Prozent die höchste in Kontinentaleuropa, gefolgt von Frankreich (ca. 25 Prozent) und Belgien (ca. 21 Prozent). Paris wuchs bis 1850 auf etwa eine Million Einwohner (knapp 3 Prozent der Einwohner des Landes), während Lyon und Marseille bei etwas unter 200 000 verharrten. In Frankreich, Belgien und Dänemark arbeitete um 1850 aber noch jeder zweite erwerbstätige Mann in der Landwirtschaft.

Wien und Berlin zählten 1800 um 247 000 bzw. 172 000 Einwohner, 1850 446 000 (1:2) bzw. 426 000 (1:3); München expandierte von

40 000 auf 110 000 (1:3), Frankfurt am Main von 48 000 auf 65 000 (1:1,4). Eine erfolgreiche deutsche Gewerbestadt wie Leipzig wuchs von 30 000 auf 63 000 Einwohner (1:2), die Industriestadt Wuppertal von 16 000 auf 80 000 (1:5). Das Ausmaß der Urbanisierung im deutschsprachigen Mitteleuropa lag mit 10 bis 15 Prozent etwas unter den Werten für Norditalien mit der Metropole Mailand (1800: 135 000 Einwohner, 1850: 242 000–1:1,8).

Je weiter man sich von Großbritannien, den Niederlanden, Frankreich und Westdeutschland entfernte, desto seltener wurden Städte, desto mehr Menschen wohnten in Dörfern oder auf einzelnen Höfen, desto deutlicher stachen die Residenzstädte aus dem urbanen System hervor. In Spanien waren 70 Prozent der erwerbstätigen Männer direkt in der Landwirtschaft beschäftigt, in den 1850er Jahren lebten etwa 16 Prozent der Bevölkerung in Städten über 10 000 Einwohnern. Zwar wuchs Konstantinopel um 38 Prozent von 570 000 auf 785 000 Einwohner, die Städte auf dem Balkan blieben aber so klein, dass den meisten Statistikern Siedlungen mit 2 000 oder 6 000 Einwohnern schon als Städte galten. St. Petersburg überholte, von rund 220 000 Einwohnern um 1800 ausgehend, um 1850 mit etwa einer halben Million Einwohner Moskau (1800: 248 000 Einwohner, 1850: 373 000). Sieht man aber von der Erfolgsgeschichte Odessas ab, das von 6 000 auf 90 000 Einwohner, also um den Faktor 15, explodierte, so fanden sich in den russischen Regionen ebenfalls überwiegend kleine Städte.

In Italien ließ sich ein Kontrast zwischen expandierenden Gewerbe- und Handelsstädten wie Mailand, fast statischen Städten wie Rom (163 000 Einwohner 1800, 175 000 um 1850) oder Bologna (71 000 bzw. 73 000 Einwohner) und schrumpfenden Städten beobachten. Neapel, um 1800 mit 430 000 Einwohnern hinter London, Paris und Konstantinopel viertgrößte europäische Stadt, verlor etwa 17 000 Einwohner und fiel auf Rang 8 zurück; Venedig schrumpfte um rund 28 000 Einwohner auf 106 000. Auf der Iberischen Halbinsel war das Bild ähnlich. Während Madrid von 160 000 auf 281 000 und Lissabon von 180 000 auf 240 000 expandierten, sank die Bevölkerung Valencias von 100 000 auf 90 000. Die skandinavischen Residenzstädte waren ebenfalls Orte geringeren Wachstums um jeweils rund 20 000 Einwohner (Kopenhagen: von 101 000 auf 120 000, Stockholm: von 76 000 auf 93 000, Christiania, das spätere Oslo: von 10 000 auf 28 000).

Europa zerfiel also in eine Region rasant verstärkter Urbanisierung mit dichtem Städtenetzwerk in Großbritannien, (Nord-)Frankreich, den Niederlanden, Belgien, (West-)Deutschland und Norditalien; und in eine Region geringer Urbanisierung mit überwiegend agrarischer Wirtschaftsstruktur im Westen, Süden, Norden und Osten sowie in den Alpen. Diese Teilung Europas in wirtschaftlich «fortschrittliche» und «rückständige» Gebiete zeigte sich auch daran, wie man sich dort fortbewegte. Großbritannien verfügte bereits in den letzten Jahrzehnten des 18. Jahrhunderts über ein umfassendes Netz mautpflichtiger Schnellstraßen, das die etwa 300 km lange Reise zwischen London und York, die um 1750 etwa 84 Stunden in Anspruch genommen hatte, auf rund 30 Stunden verkürzte. 1829 gewann der Ingenieur George Stephenson aus Newcastle-upon-Tyne mit der «Rocket» einen mit 500 Pfund dotierten Wettbewerb zur Herstellung einer Langstreckenlokomotive. Das Preisgeld war von den Betreibern der im Bau befindlichen Bahnlinie zwischen Manchester und Liverpool für eine Maschine mit einer Durchschnittsgeschwindigkeit von 16 Stundenkilometern ausgeschrieben worden – die Rocket brachte es auf 24.

Zu diesem Zeitpunkt war das Prinzip des Verkehrs auf Schienen nicht neu; Züge auf Bergwerksbahnen waren allerdings überwiegend noch mit Pferden oder durch stationäre Dampfmaschinen und Seilzüge, seltener durch Lokomotiven bewegt worden. Die 1825 eröffnete erste «Eisenbahn» zwischen Stockton und Darlington nutzte noch alle drei Antriebsmittel. Auf der 1830 eingeweihten Strecke Liverpool-Manchester wurden dank Stephenson aber nur noch Lokomotiven eingesetzt. Zehn Jahre später waren London, Birmingham, Manchester, Liverpool, York und Newcastle an ein Schienennetz angeschlossen, das fast 3000 km umfasste. Die Reisezeit zwischen London und York betrug nun weniger als 8 Stunden. Bis 1850 wuchs das britische Eisenbahnnetz auf über 12 000 km an.

Schiffe wurden bereits vor Zügen durch Dampfmaschinen betrieben, aber das Dampfschiff setzte sich langsamer durch. In Europa wurden Dampfer auf kurzen Fährstrecken und Flüssen seit den 1820er Jahren eingesetzt. Seit dem Ende der 1830er Jahre fuhren Dampfer auch über den nördlichen Atlantik und in den Orient – was die Reisezeit zwischen Nordamerika und Europa von rund sechs auf etwa zwei Wochen verkürzte, wenn man in der Lage war, das teuerste Schiff zu nehmen. Allerdings kamen in Großbritannien 1850 auf knapp 25 000 registrierte Segelschiffe erst 1200 Dampfer (21:1). In Frankreich war das Verhältnis etwa 14 000 zu 126 (111:1), in Dänemark 2000 zu 16 (125:1), in den Niederlanden 1800 zu 12 (150:1) und in Spanien 4500 zu 23 (196:1).

Dennoch: Wenn der Preis keine Rolle spielte, war es fortan möglich, schneller zu reisen. Hatte der britische Außenminister Castlereagh 1813 noch drei Tage auf günstige Winde warten müssen, um auf den Kontinent überzusetzen, hätte er ab 1822 die Strecke zwischen Calais und Dover mit dem Dampfschiff in drei Stunden zurückgelegt. In Calais endete die schnelle Reise aber vorerst. In Frankreich verkehrten zwar seit 1830 Dampflokomotiven zwischen St. Étienne und Lyon, 1840 gab es 400 km Gleise, und der Abschluss der Strecke Paris-Rouen verband 1843 Paris mit Brüssel, Lüttich und Köln – das erste belgische Teilstück der Route war 1835 als erste kontinentale Eisenbahn überhaupt eröffnet worden. 1848 gab es rund 1900 km Gleise, Calais wurde aber erst 1849 zum ersten französischen Hafen mit Bahnanschluss.

Im Deutschen Bund verliefen die ersten Bahnlinien von Nürnberg nach Fürth (1835) und um Leipzig (1837). 1850 konnte man auf einem 7200 km langen Netz von Berlin nach Hamburg, Kiel, Hannover, Aachen (und weiter nach Belgien), Breslau, Posen, Stettin, Wien und Prag fahren und über Umwege Warschau erreichen. Frankfurt war per Bahn mit Mannheim und dem Oberrhein verbunden, allerdings noch nicht mit dem Rheinland, wo der Dampfer praktischer war, München nahezu durchgehend mit Nürnberg.

Die Teilstücke eines europäischen Fernbahnnetzes im Werden setzten sich aus ganz überwiegend in privater Regie errichteten

Strecken zwischen Wirtschaftszentren zusammen, die verbunden wurden, wenn kommerzieller Bedarf bestand. Am Ende der Gleise mussten Güter und Personen weiterhin in Kutschen oder auf Schiffen befördert werden. Richtung Süden endeten alle Verbindungen in der Schweiz oder dem österreichischen Hafen Triest. Der Bau einer Bahn durch die westlichen Alpen erschien vorerst nicht rentabel, zumal in Italien keine Anschlüsse bestanden hätten. Die erste italienische Bahn entstand zwischen Neapel und Portici; Ende der 1840er Jahre verkehrten Züge zudem zwischen Mailand und Venedig, Florenz und Livorno sowie Turin und Moncalieri. Auch in Dänemark und Irland gab es nur Stichbahnen, zwischen Kopenhagen und Roskilde, Dublin und Kingstown (Dún Laoghaire) sowie um Belfast. In Russland waren bis 1850 380 km Eisenbahn gebaut, etwa 60 weniger als in Spanien. In Schweden, Portugal, Griechenland und dem Osmanischen Reich existierte noch kein Bahnkilometer.

Acht Jahre nach Beginn des Eisenbahnbetriebs nutzten in Großbritannien 5,4 Millionen Menschen Züge, 1850 waren es fast 70 Millionen – statistisch fuhr jeder Brite mindestens dreimal im Jahr Zug. Belgien wies für 1836 (das zweite Jahr des Bahnbetriebs) fast 900 000 Eisenbahnpassagiere aus, für 1850 4,2 Millionen – etwas weniger als die Bevölkerung des Landes. In Frankreich gab es 1843 7,4 Millionen «Bahnkunden», 1850 knapp 19 Millionen; statistisch fuhr also gut jeder zweite Franzose jährlich einmal Bahn.

Die Beschleunigung des Reisens ermöglichte die Ausweitung von Saisonarbeit und vergrößerte den Einzugsbereich von Großbaustellen weit über die Grenzen einzelner Regionen. Individuen und Familien entschlossen sich freiwillig, unter ökonomischen Zwängen oder politischem Druck zu Umzügen über immer größere Strecken – bis hin zur interkontinentalen Aus- oder Arbeitswanderung. Mobilität nahm trotz eines Systems der Migrationskontrolle zu, das außerhalb von Großbritannien und Skandinavien für jede Reise jenseits der Umgebung des Wohnorts eine meist gebührenpflichtige behördliche Genehmigung («Pass», «Heimatschein», «Wanderbuch», «livret d'ouvrier», «Dienstbuch» usw.)

vorsah, die theoretisch jeden Tag bei der Polizei vorgelegt werden musste, welche die Weiterreise genehmigte oder verbot. Jeder Grenzübertritt erforderte ein gebührenpflichtiges Aus- und Einreisevisum, das nur in größeren Orten mit Konsulaten zu beschaffen war.

Trotz dieser bürokratischen Hindernisse ließen sich persönliche Besuche nun schneller realisieren, Briefe leichter und verlässlicher versenden, Zeitungen, Pamphlete, Bücher einem breiteren Publikum verkaufen. Nachrichten liefen fast ohne Zeitverlust über ein seit 1839 ebenso rasch wie das Eisenbahnnetz expandierendes Telegraphensystem. In dem Jahr, in dem der erste elektrische Telegraph vom Londoner Bahnhof Paddington aus in Betrieb genommen wurde, beförderte die britische Post 92 Millionen Briefe, die französische 142 Millionen.

Während Personenverkehr, Warenaustausch und schriftliche Kommunikation im Kernraum der europäischen Wirtschaftsexpansion rasch anstiegen, blieben die Teile des Kontinents, die von der bequemen Dampfer-, Eisenbahn- oder Schnellpostreise abgeschnitten waren, deutlich zurück. In Frankreich stieg auch in Landesteilen, die abseits einer Eisenbahnlinie lagen, die Reisegeschwindigkeit von den 3,4 Stundenkilometern der *diligence* um 1816 auf über 10 Stundenkilometer mit der Schnellpost Mitte des 19. Jahrhunderts an – wenn man sich das leisten konnte. In weiten Teilen Russlands, Spaniens, Portugals oder Italiens blieb es mangels ausgebauter Straßen, regulierter Flüsse oder Kanäle aber prinzipiell unmöglich, schneller zu sein als ein auf schlechten Wegen bewegtes Pferd.

In diesen von zentralen Handelswegen abgeschnittenen Teilen Europas war wenig davon zu spüren, dass immer mehr Waren in «Fabriken» produziert wurden, die von einer überschaubaren Zahl industrieller Zentren aus einen überregionalen Markt bedienten. «Fabriken», «factories», «fabriques» waren Worte, die seit etwa 1830 vor allem Produktionsstätten bezeichneten, in denen eine zentrale Energiequelle Spindeln, Webstühle oder Hämmer antrieb. Davor hatte «factory» ganz überwiegend einen Handelsposten

(«Faktorei») bezeichnet, seltener das Gebäude, in dem sich eine Manufaktur befand, «Fabrik» jeden Ort, an dem etwas hergestellt wurde. Zentren der Fabrikproduktion waren die britischen Midlands, Wales und Teile Schottlands, Belgien, Nordostfrankreich, das «Ruhrgebiet», das Bergische Land, Westfalen, Sachsen und Schlesien.

In einer großen Fabrik wie der Baumwollspinnerei Robert Owens im schottischen New Lanark arbeiteten in den 1820er Jahren etwa 2 000 Menschen. Textilfabriken verdrängten Heimarbeit. Mechanische Spindeln oder Webstühle konnten schneller laufen als handgetriebene Maschinen; zudem entfiel der Transport zwischen Händlern, Verlegern und Heimarbeitern, wenn die Produktion an einem Standort konzentriert wurde.

Fabriken erforderten neue Organisationen der Arbeitsstrukturen, der Arbeitsdisziplin, des Arbeitsrhythmus und der Entlohnung. Im Verbund mit der Notwendigkeit, einen Eisenbahnfahrplan auf eine standardisierte Zeitmessung beziehen zu können, lösten sie individuelle Arbeitsrhythmen durch die Logik eines Schichtbetriebs ab, der auf den Ablauf der Tages- und Jahreszeiten wenig Rücksicht nahm. Orte der Arbeit und Orte beengter Ruhe wurden klar getrennt, und steigende Arbeitszeiten machten eine intensivere Regeneration notwendig. Der in der Frühen Neuzeit typischerweise unterbrochene Schlaf wich der ununterbrochenen Ruhe, während diejenigen, die wach wurden, sich über pathologische Schlafstörungen sorgten.

Der Übergang zur Fabrikarbeit war für Unternehmer mit Risiken behaftet. Fabriken erleichterten Protest, da in einer Fabrik durch Angriffe auf Maschinen größere Werte vernichtet werden konnten als beim Zerschlagen der Fenster eines Verlegerhauses. Dennoch erwies sich der Einsatz von Wasser- oder Dampfkraft als so effizient, dass englische Baumwolltuche bald überwiegend maschinell gefertigt und international fast konkurrenzlos angeboten wurden. Britische Eisen- und Stahlerzeugnisse sowie Hochtechnologie für das Bahnwesen wie Lokomotiven, Gleis- und Signalanlagentechnik waren ebenfalls international führend.

Robert Owens Textilfabrik in New Lanark

Den ökonomischen Vorteilen der Industrialisierung standen Schattenseiten gegenüber. Das schnelle Wachstum von Fabrikstädten machte sie unangenehm. Der Bau neuer Wohnungen, Straßen, Abwasserkanäle oder Brunnen hielt mit dem Zuzug nicht Schritt. Arbeiterinnen und Arbeiter wohnten in überbelegten, düsteren Zimmern, die sich gegebenenfalls mehrere Familien teilten. Fabrikhallen waren überfüllt, überheizt oder unterkühlt, die oft länger als 12 Stunden dauernde Arbeit an ungesicherten mechanischen Geräten gefährlich, Entschädigung für Arbeitsunfälle selten. Selbst Fabrikanten, Bildungsbürger oder Händler, die sich große Häuser leisten und sich von Dienstboten umsorgen lassen konnten, litten unter der vom Ruß der Dampfmaschinen und Heizungen geschwängerten Luft und dem Gestank aus Tausenden von Sickergruben oder offenen Abwasserkanälen.

Textilstädte wie Manchester oder Bradford lebten von der Nachfrage nach Kleidungsstücken und Stoffen für den Haushalt. Metall verarbeitende Städte wie Sheffield oder Essen befriedigten Nachfrage nach Eisenwaren und Stahl, während Bergbaustädte wie Dortmund oder die Orte des Black Country für den Nachschub an Kohle und Erzen sorgten. Allerdings waren Bergwerke oder metallverarbeitende Betriebe deutlich kleiner als Tuchfabriken. Ein typisches englisches Bergwerk beschäftigte Ende der 1850er Jahre zwischen 100 und 200 Menschen, die größten 1500. Im Dortmund des Jahres 1849 gab es 294 Bergleute, dazu sechs Eisenarbeiter. Die Essener Krupp-Werke etwa hatten 1850 241 Beschäftigte.

Trotz des Vertrauens in die Selbstregulierungskräfte des Marktes schien es Kritikern des Fabriksystems notwendig, Abhilfe gegen die schlechten Arbeitsbedingungen zu schaffen. Diese Kritiker stammten aus der radikaldemokratischen Linken und der paternalistischen Rechten. Sie errangen einzelne Erfolge, allerdings nur für Gruppen, die als nur teilweise mündig und nicht als vollwertige Marktteilnehmer betrachtet wurden: Frauen und Kinder. 1819 wurde in Großbritannien die Arbeit von Kindern unter neun Jahren in Baumwollfabriken verboten und die Arbeitszeit von Kindern in Fabriken mit mehr als 20 Kindern reduziert, damit Fabrikschulen besucht werden konnten. 1834 wurde die Arbeit von Jugendlichen unter 18 Jahren auf 12 Stunden täglich beschränkt und eine Fabrikinspektion eingerichtet, die massenhaft Gesetzesverstöße aufdeckte, aber nur geringe Sanktionen verhängen konnte. 1842 verbot das britische Parlament Kindern unter sechs Jahren die Arbeit in Bergwerken und die Beschäftigung von Frauen unter Tage. 1847 schließlich reduzierte ein Gesetz die Arbeit von Frauen und Jugendlichen in Textilfabriken auf 10 Stunden am Tag.

Das geringere Tempo der Industrialisierung in Frankreich und ein noch größeres Vertrauen in individuelle Vertragsfreiheit verzögerten die Regulierung dort. Die ersten – mangels Durchsetzung symbolischen – Beschränkungen der Kinderarbeitszeit (8 Stunden täglich für Kinder unter 12, 12 Stunden für Kinder unter 16) wurden 1841 erlassen, eine Fabrikinspektion gab es aber erst nach 1868. Die paternalistische preußische Bürokratie dagegen verbot Kinderarbeit in Bergwerken schon 1839 und in Fabriken 1853. Bestimmungen zum Schutz erwachsener Frauen existierten weder in Frankreich noch in Preußen.

Die Indikatoren für das in den Fabrikstädten konzentrierte britische Wirtschaftswachstum mussten beeindrucken. Die Kohleförderung stieg von 15 Millionen Tonnen 1800 auf 31 Millionen Tonnen 1830 und rund 56 Millionen in den späten 1840er Jahren (1:4), die Eisenproduktion von 180 000 Tonnen 1800 auf 2,2 Millionen Tonnen 1850 (1:12), der Baumwollverbrauch von rund 3000 Tonnen 1780 auf 267 000 Tonnen 1850 (1:89). Frankreich verarbeitete um 1850 immerhin 69 000 Tonnen Baumwolle – nur ein Viertel des englischen Wertes, aber ein Vielfaches mehr als um 1800.

Aus der Perspektive dieser europäischen Geschichte ergeben sich drei Fragen: Welche strukturellen Gegebenheiten und politischen Weichenstellungen ermöglichten den als Industrialisierung bezeichneten Prozess in manchen Teilen Europas, nicht aber in anderen? Welche gesellschaftlichen Veränderungen gingen von ihm aus? Und was waren die Rückwirkungen auf politische Diskussionen und Handlungsmöglichkeiten?

Erklärungen der Industrialisierung

Lange Zeit schien es einfach, darauf zu antworten. Offenbar erlebte England im 18. und/oder 19. Jahrhundert eine «industrielle Revolution», die eine Alternative zur politischen Revolution in Frankreich darstellte. Griffen in Frankreich Bauern zum Dreschflegel, um Jagd auf reaktionäre Aristokraten zu machen, so gingen in England Bastler an die Werkbank, steigerten den Wohlstand der Bevölkerung und machten so eine politische Revolution überflüssig. Für die Unterschiede der Entwicklung ließen sich mehrere Gründe anführen: die pragmatische Ausrichtung der schottischen Aufklärung; der moderne englische Eigentumsbegriff im Gegensatz zur Fortdauer des «Feudalsystems»; die englischen Banken, Versicherungen und Börsen, welche im Überseehandel erwirtschaftetes Kapital für den Bau von Dampfmaschinen, Fabrikanlagen, Kanälen, Schnellstraßen und Bahnlinien mobilisierten. Dieser Hypothese zufolge zogen andere Länder Europas nach, indem sie technische Innovationen übernahmen und so eine schnellere Industrialisierung erlebten, die mit schärferen sozialen Spannungen einherging.

Die Folgen der Industrialisierung schienen ebenso leicht zu benennen. Sie habe den Aufstieg eines zukunftsorientierten «Bürgertums» beziehungsweise einer «Mittelklasse» aus Unternehmern bewirkt. Diese soziale Schicht habe bald das britische Unterhaus dominiert. In Frankreich und fast allen anderen Teilen Europas habe dagegen eine agrarisch orientierte Aristokratie versucht, die politische Kontrolle zu behalten, was zu Spannungen führte, die sich in Revolutionen entluden, in denen das Bürgertum mit Unterstützung der Straße die politische Macht zu erlangen suchte. War das Bürgertum wie in Frankreich oder Belgien stark, siegte es; war es wie in Italien, Spanien oder Deutschland schwach, verlor es; war es wie in Russland sehr klein, blieben Revolutionsversuche aus.

Diese Erklärung bezieht sich auf eine Vision der Industrialisierung, die sich nur partiell mit den neuesten historischen Befunden deckt. Inzwischen scheint fast sicher, dass es in England weder im 18. noch im frühen 19. Jahrhundert eine industrielle «Revolution» gegeben hat. Zwar erlebten die fortschrittlichsten Regionen Europas – Großbritannien, die Niederlande, das nördliche Frankreich – im 18. und 19. Jahrhundert eine Wachstumsphase, aber geringes, stetiges Wachstum über lange Zeit, nicht einen spektakulären Übergang von vorindustriellen zu industriellen Produktions- und Lebensweisen. Pro Kopf der Bevölkerung wuchs die britische Wirtschaft im langen 18. Jahrhundert deutlich weniger als ein Prozent pro Jahr; erst in den 1830er und 1840er Jahren dürfte das Wachstum zwei Prozent pro Jahr erreicht haben. Das war – verglichen mit der eher statischen Wirtschaftsentwicklung seit dem Mittelalter – zweifellos eine erhebliche Dynamisierung, aber kein revolutionärer Wachstumssprung wie in den 1880er Jahren oder gar im «Wirtschaftswunder» nach 1950. Erklärt werden muss also, warum es zu diesem langen Prozess stetigen Wachstums nur in bestimmten Teilen Europas kam. Derzeit existieren drei Erklärungsmodelle, die sich eher ergänzen als widersprechen, obgleich die genaue Verzahnung der Kausalitäten und die Verteilung der Gewichte umstritten bleiben.

Das «klassische» Modell verweist auf den kumulativen Effekt der technologischen Durchbrüche des 18. Jahrhunderts, die in enger Beziehung zur Produktion technischen Spielzeugs wie Uhren oder Ferngläser standen, wo Techniken entwickelt wurden, die später auf Geräte wie Dampfmaschinen, Lokomotiven oder Webstühle übertragen werden konnten. In der Landwirtschaft steigerten mechanische Hilfsmittel die Produktion und ermöglichten so einem größeren Teil der Bevölkerung, sich im verarbeitenden Gewerbe zu betätigen. Der Einsatz von Wasserkraft und fossiler Energie zum Betrieb von mechanischen Webstühlen und Dampfmaschinen in Textilindustrie und Transportgewerbe steigerte dort die Produktivität, sodass die Textilindustrie wegen der massenhaften Nachfrage nach modischer, leichter Baumwollkleidung zum ersten «Leitsektor» werden konnte. «Leitregionen» bedienten immer größere Märkte und führten zu einer Ära globaler Arbeitsteilung. Gegen Mitte des 19. Jahrhunderts kam in Europa getragener Baumwollstoff ganz überwiegend aus Großbritannien und Frankreich, wo in Amerika, Indien, Ägypten und Südeuropa angebaute Baumwolle verarbeitet wurde. Luxuswaren des 17. Jahrhunderts wie farbige Baumwolltuche aus Indien oder Porzellan aus China wurden nun für einen breiteren Markt hergestellt und in den leicht erreichbaren Teilen Europas von einer expandierenden Mittelschicht gekauft; andere Staaten übernahmen britische Produktionstechniken, um lokale Prozesse der Industrialisierung in Gang zu setzen.

Den britischen Vorsprung erklärt das Modell damit, dass dort die meisten Erfindungen gemacht wurden, wie etwa Edmund Cartwrights mechanischer Webstuhl von 1786 oder die Dampfmaschinen James Newcomens von 1712 und James Watts von 1769. Die britische Landwirtschaft war besonders produktiv und die britische Geographie besonders günstig – kaum eine Region war weit von einem schiffbaren Wasserweg entfernt, und Kohle- und Erzvorräte waren relativ leicht zugänglich. Das Land verfügte über ein eigentumszentriertes Rechtssystem, ein differenziertes Bank- und Börsenwesen sowie einen hochintegrierten Binnenmarkt. Der sozialen Elite war es anders als in Frankreich, Deutschland oder Russland möglich, sich in modernen Wirtschaftssektoren zu engagieren, während Industrielle hoffen konnten, durch den Erwerb großer Vermögen in die Elite aufzusteigen.

An dieser Erklärung bleibt vieles überzeugend, wenn auch die Unterschiede zwischen Großbritannien und Frankreich oder den Niederlanden gelegentlich überzeichnet werden. Das Kapital, das die britische industrielle Entwicklung ermöglichte, stammte nicht direkt aus den Überschüssen des international führenden britischen Fernhandels. Londoner Banken waren an der Finanzierung von Fabriken kaum beteiligt, und die Aktien von Eisenbahngesellschaften wurden primär in den Regionen gekauft, durch die eine Bahn verlaufen sollte, nicht an der überwiegend mit Staatsanleihen befassten Londoner Börse gehandelt. Gute Geschäftsideen wurden im familiären oder regionalen Umkreis oder durch eigenes Vermögen finanziert; die «neuen» Industriellen waren meist Mitglieder der Mittel- und Oberschichten.

Eigentum war in Großbritannien in der Tat relativ klar Individuen zugeordnet, durch drakonische Strafen gegen Diebstahl und durch unabhängige Gerichte gegen Übergriffe der Obrigkeit geschützt. Dennoch konnte die Durchsetzung von Eigentumsverhältnissen vor Gericht angesichts der Konkurrenz zweier paralleler Rechtssysteme («common law» und «equity») langwierig, teuer und ergebnislos sein. Adelige Familien hatten die Möglichkeit, Grundbesitz dauerhaft dem Immobilienmarkt zu entziehen, indem sie eine «strict settlement» genannte Konstruktion nutzten, die dem kontinentalen Fideikommiss ähnelte. Langfristige oder auf «ewig» abgeschlossene Pachtverträge («ewig» bedeutet immer noch 999 Jahre) waren auf Kontinuität und Stabilität, nicht auf Wandel und Wachstum angelegt. Englische Fabrikstädte waren mehrheitlich «neue» Städte, weil «alte» Stadtrechte in Orten wie Bristol bis 1835 Zunftmonopole festschrieben, Betriebsgrößen begrenzten und Gewerbetreibenden, deren Eltern keine Bürger der Stadt gewesen waren oder die keine Lehre in einer städtischen Zunft absolviert hatten, ein hohes Einzugsgeld abverlangten. Wer sich mit seinem Gepäck im Hafen von London einschiffen wollte, musste in der ersten Hälfte des 19. Jahrhunderts einen Stadtpolizisten mieten, der die Koffer durch die City begleitete und sicherstellte, dass es die Stadt wieder verließ – sonst fielen an der Stadtgrenze Abgaben an.

Technologische Innovation setzte sich zudem nur recht langsam durch. Die dampfgetriebene Textilfabrik, zentrales Beispiel für die Schattenseiten des industriellen Fortschritts, blieb lange die Ausnahme, da Dampfmaschinen teurer als Wasserkraft waren. Die maschinelle Produktion wertvoller Stoffe wie Seide blieb auch in Großbritannien bis zur Jahrhundertmitte undenkbar. Die meisten Menschen arbeiteten in Kleinbetrieben oder als Dienstboten. Die von Autoren wie James Kay (*The Moral and Physical Condition of the Working Classes Employed in the Cotton Manufacture in Manchester*, 1832), Friedrich Engels (*Die Lage der arbeitenden Klassen in England*, 1845) oder Benjamin Disraeli (*Sybil, or the Two Nations*, 1845) kritisierte Veränderung der Lebensverhältnisse durch die Industrialisierung war nur die rußumwehte Spitze eines Eisbergs gradueller Produktivitäts- und Produktionsveränderungen.

Bei diesem Befund setzt das zweite Erklärungsmodell ein. Angesichts des langsamen Durchbruchs industrieller Techniken und der geringen Zahl der von der Industrialisierung betroffenen Wirtschaftssektoren gehe es nicht darum, eine «industrielle Revolution» (*industrial revolution*) zu erklären, sondern eine «Fleißrevolution» (*industrious revolution*).[2] Im Verlauf des 18. Jahrhunderts habe ein immer größerer Teil der Bevölkerung Nordwesteuropas mehr Zeit dafür aufgewandt, Güter für einen Markt zu produzieren, um mit dem Erlös andere Güter zu erwerben. Treibende Kraft der Industrialisierung war somit die Reduktion von Freizeit oder Subsistenzproduktion zugunsten kommerziell verwertbarer Tätigkeiten oder Lohnarbeit. Dabei hätten sich verschiedene Angehörige eines Haushalts auf unterschiedliche Produkte spezialisiert (Männer z. B. auf Agrarprodukte und Frauen auf Textilien). Konkret gesprochen, habe man sich als Näherin betätigt, um eine Flasche Gin zu kaufen, anstatt selbst alkoholische Getränke herzustellen.

Für diese Entwicklung lassen sich eine Reihe von Indizien anführen, etwa der Rückgang der Zahl der Feiertage in protestantischen Ländern, die stärkere Marktorientierung der Tätigkeit von Frauen und Kindern, die Verlängerung der täglichen Lohnarbeitszeit, der wachsende Konsum von Lebensmittelfertigprodukten wie Schnaps oder Branntwein und von Konsumartikeln wie zerbrechlichem Porzellan, Glas oder Steingut – Wedgwoods Antisklavereimedaillen etwa. Eine treibende Kraft der Industrialisierung war also der Wandel von Konsumentscheidungen, der die Arbeitsteilung vorantrieb. Voraussetzung des Wandels war der Abbau von Luxusverboten und Standesschranken, der es auch Angehörigen der mittleren und unteren Schichten erlaubte, bunte Stoffe oder Accessoires wie Taschenuhren zur Schau zu stellen. Dazu kam die Popularisierung des Konsums, die teils durch Texte, teils durch die Anschauung des Lebensstils der oberen Schichten in urbanen Zentren erfolgte. In dieser Interpretation erscheint Fabrikarbeit übrigens als eine Form der Selbstdisziplinierung, da die größere Effizienz der Fabrikwirtschaft die individuelle Fähigkeit zum Gelderwerb gegenüber der Heimarbeit erhöhte.

Dieses Modell sieht den Vorsprung Großbritanniens und der Niederlande in der Größe der Hauptstädte und der Struktur des Pressewesens. Eine Tageszeitung wie die Londoner *Times* bestand um 1800 zur Hälfte aus Anzeigen, die Wünsche wecken konnten. Paris strahlte in ähnlicher Weise aus, aber in deutlich geringerer Intensität. Wiener Praktiken wie der Kaffeekonsum wurden im ländlichen Österreich praktisch nicht aufgegriffen – was den Konsum von Kolonialwaren betrifft, so wurde in der hier behandelten Epoche überhaupt nur das Rauchen zur europaweiten Praktik. In Russland, Spanien oder Italien, Ländern mit kleinen Städten, schwierigen Kommunikationsverhältnissen, geringer Alphabetisierungsrate und teilweise rigiden Standesgrenzen, bestanden die Voraussetzungen für eine «Fleißrevolution» nicht.

Der zentrale Vorteil dieses Ansatzes, der erstmals die große Menge individueller Arbeits- und Konsumentscheidungen in den Blick nimmt und die Nachfrage ins Zentrum rückt, ist zugleich sein empirisches Problem. Über das Konsumverhalten ärmerer Schichten der Bevölkerung ist selbst für das dichter dokumentierte 19. Jahrhundert praktisch nichts bekannt, vom 18. und 17. Jahrhundert ganz zu schweigen. Verfügbare Momentaufnahmen lassen sich nur schwer verallgemeinern, sodass kaum abzuschätzen ist, welcher Anteil der industriellen Revolution sich durch Veränderungen des Arbeits- und Konsumverhaltens erklären lassen könnte. Vor allem bietet der Ansatz kaum eine Antwort auf die Frage, warum die Folgen der *industrious revolution* Nordwesteuropas anders waren als die entsprechender Entwicklungen in der asiatischen Landwirtschaft, für die der Begriff ursprünglich geprägt wurde.

Ein dritter Erklärungsansatz geht direkt von der Frage aus, warum es in kleingewerblich organisierten, partiell marktorientierten, fleißbetonten Regionen Asiens nicht zum industriellen Durchbruch kam. Bis ins 19. Jahrhundert seien Unterschiede zwischen europäischen und außereuropäischen Gewerberegionen gering gewesen; im Verlauf des 19. Jahrhunderts kam es dagegen in weiten Teilen Asiens zu einer Desindustrialisierung, die parallel zum industriellen Aufschwung von Teilen Europas und von Teilen Nordamerikas erfolgte. Der globalen Arbeitsteilung zwischen Industrie- und Agrarregionen entspricht seither ein dramatisches Wohlstandsgefälle. Als besonders weiterführend erweist sich in dieser andauernden Diskussion wohl der Hinweis auf Kolonien. Europäische Heere waren im ausgehenden 18. Jahrhundert asiatischen strukturell nicht überlegen. Europa verfügte aber seit dem 15. Jahrhundert in Amerika über zusätzliche Ressourcen, die aus Afrika importierte Sklaven ausbeuteten, sodass die Profite nicht in der Region verblieben, sondern ganz überwiegend nach Europa abflossen (durch den britischen Zugriff auf spanische und portugiesische Kolonien überproportional nach Großbritannien). Die Existenz der Kolonien setzte Briten verstärkt für die Arbeit in der heimischen gewerblichen Produktion frei. Allein durch den Zuckerimport aus der Karibik und die Nutzung von Waldflächen im Baltikum und Nordamerika, aus denen das Holz für die Flotte stammte (Gebiete der Leibeigenschaft einerseits, der Sklaverei andererseits), gewann

Großbritannien nach groben Schätzungen mehr als 106 000 km^2 «Geisteräcker»,[3] die zudem zum Teil von «Geisterarbeitern» (den aus Afrika geraubten Sklaven) kultiviert wurden – diese Fläche ist etwas größer als Schottland und Wales.

Somit lässt sich die «Industrialisierung» Großbritanniens recht gut durch eine Kombination von technologischer Innovation in einem geographisch wie institutionell günstigen Umfeld, den Auswirkungen der «Fleißrevolution» und der Position Großbritanniens im europäisch-imperialen System erklären. Die jeweilige Bedeutung dieser Faktoren wird allerdings ganz unterschiedlich gewichtet. Die dem Sklavenhandel zugeschriebene Bedeutung für die britische Wirtschaftsentwicklung etwa reicht von einer völligen Marginalisierung bis hin zu Deutungen, die im transatlantischen Handel mit Afrikanerinnen und Afrikanern den eigentlichen Ursprung der europäischen Industrialisierung sehen.

Gewerbefreiheit und Freihandel als Modelle der Wirtschaftsreform?

Klar ist dagegen, dass sich die Situation in den europäischen Nachzüglern der Industrialisierung gänzlich anders darstellte als in den Pionierregionen, da dort durch den Import britischer Technologie aus dem Stand Fabriken gegründet werden konnten. Da Großbritannien Exportverbote für bestimmte Güter und allerdings kaum durchgesetzte Auswanderungsbeschränkungen für Fachleute verhangte, lag in Staaten wie Preußen die Förderung der Industriespionage nahe. Zudem stellte die britische Erfahrung Rezepte dafür bereit, welche Reformen Wachstum förderten. Die Beschränkung oder Abschaffung des Zunftwesens, die Bauernbefreiung oder die Freigabe des Landhandels wurden häufig kopiert, andere Elemente des britischen Modells dagegen nicht. In Großbritannien stand es Arbeitern seit 1824 frei, sich zu Gewerkschaften, Hilfsvereinen oder sonstigen Organisationen zusammenzuschließen. Auf dem Kontinent ging dagegen die Abschaffung des Zunftwesens entweder mit einem allgemeinen Koalitionsverbot wie in Frankreich oder einer weitgehenden Unterwerfung der Nachfolgeorganisationen (wie Innungen oder Krankenkassen) unter Staatsaufsicht wie in Preußen einher.

Eine staatliche Wirtschaftspolitik, die auf produktivitätssteigernde Reformen setzte, die Produktivitätshemmnisse abbauen sollten, stieß in weiten Teilen Europas auf heftigen Widerstand der Korporationen und Individuen, denen die Abschaffung oder Beschränkung ihrer Privilegien drohte. Die «Bauernbefreiung», d. h. das Recht von Pächtern, ihre regelmäßigen Abgaben- und Arbeitspflichten auf einen Schlag abzulösen, wurde daher in Preußen so geregelt, dass sie zum finanziellen Rettungsanker überschuldeter adeliger oder bürgerlicher Großgrundbesitzer wurde. Die Ansprüche der Pächter auf soziale Unterstützung wurden bei der Berechnung der Ablösesumme nicht berücksichtigt, während die Möglichkeit, Lasten durch die Übertragung von einem Drittel des Landes an den Grundherrn abzulösen, zahlreiche wirtschaftlich nicht tragfähige Kleinbetriebe schuf, deren Besitzer ihr Land später verkaufen mussten.

Während viele Regierungen die Freigabe von Binnenmärkten, Berufswahl und Produktionsformen anstrebten, erwiesen sich die britischen Versuche, Prinzipien einer internationalen Handelspolitik zu exportieren, als wenig erfolgreich. Dabei gab es allen Grund, England als erfolgreichste Handelsnation zu betrachten. 1804 betrug der Wert der britischen Exporte etwa 41 Millionen Pfund, 1844 knapp 60 Millionen. Bereits Mitte der 1830er Jahre gingen 36 Prozent der britischen «Industrie»-Exporte nach Europa, 35 Prozent nach Nordamerika und in die Karibik, 29 Prozent in den Rest der Welt.[4] Die globale Expansion des britischen Handels passte gut zur wachsenden Popularität des Freihandelsgedankens, der vor allem in Adam Smiths klassischer Schrift *An Inquiry into the Nature and Causes of the Wealth of Nations* von 1776 empirisch begründet worden war. Smith befürwortete eine globale Arbeitsteilung, die allen Marktteilnehmern nützen würde. In seine Schrift flossen religiös geprägte anthropologische Annahmen ein, die sein Vertrauen auf das Eingreifen einer «unsichtbaren Hand», die wirtschaftliche Ungleichgewichte verhindere, ebenso erklärten wie seinen Glauben an das ehrbare Verhalten der Marktteilnehmer. Zu diesen Argumenten kam nach dem Ende der Napoleonischen Kriege die Erwägung, Freihandel werde wirtschaftliche Verflechtungen herbeiführen, die Kriege in Zukunft unwahrscheinlich machten.

Das Vertrauen in die positiven Folgen des Freihandels prägte die britische Gesetzgebung. Der Abgabenanteil am Wiederverkaufspreis importierter Waren sank kontinuierlich. Seit 1823 durften Schiffe aus allen Ländern, die Großbritannien ähnliche Vergünstigungen gewährten, Waren zu denselben Bedingungen in britische Häfen transportieren wie britische Schiffe; das Quasimonopol für britische Schiffe war damit aufgehoben. Im selben Jahr wurden in Großbritannien zwischengelagerte Waren von Einfuhrzöllen befreit. Trotz einzelner Widerstände deckten sich diese Maßnahmen mit britischen Wirtschaftsinteressen – auf freien Märkten waren britische Fabrikprodukte praktisch konkurrenzlos. Daher unterstützte die britische Regierung den Abbau ausländischer Zollschranken nach Kräften. So bezahlte sie seit 1830 einen gewissen John Bowring dafür, in Frankreich für Freihandel zu werben. Bowring war ein Musterbeispiel für die Verbindungen zwischen politischem Liberalismus, kommerziellen Interessen und Freihandelsagitation. 1792 als Sohn eines der Religionsgemeinschaft der Unitarier angehörenden Tuchhändlers geboren, begeisterte er sich in den 1820er Jahren für progressive Philosophie und wurde enger Mitarbeiter des Utilitaristen Jeremy Bentham, der als Ziel jeder Politik definierte, sie müsse der größtmöglichen Zahl von Menschen das größtmögliche (materielle) Glück bescheren. Nebenbei engagierte er sich für alle anderen Anliegen, die Radikalen und Liberalen am Herzen lagen: Frieden, die griechische Unabhängigkeit und politische Reform. Diese Aktivitäten ließen sich kaum mit seiner Kaufmannstätigkeit vereinbaren; die öffentliche Anstellung rettete Bowring vor dem finanziellen Ruin. Bis 1835 ging er in Frankreich mit großem Einsatz seines erheblichen Talents und mit Hilfe britischer Regierungsgelder daran, Kaufleute, Arbeiter, Politiker und Journalisten von den Segnungen des Freihandels zu überzeugen und zum Widerstand gegen die restriktivere französische Politik anzustacheln – letztlich erfolglos, da seine Mission die These, Freihandel sei eine für jeden französischen Patrioten abzulehnende «‹englische› Doktrin», eher bestätigte.[5] Der Misserfolg schreckte weder Bowring noch seine Regierung, die ihn in den folgenden Jahren in die Schweiz, nach Italien, Deutschland und Ägypten schickte.

Auf den ersten Blick gab es viele Parallelen zwischen Bowring und dem nur drei Jahre älteren Reutlinger Gerbersohn Friedrich List. List, der 1817 Professor der Staatswissenschaft in Tübingen wurde, warb ebenfalls zunächst für wirtschaftliche Reformen und Freihandel. Er verlor 1820 wegen seiner Ansichten seine Professur, wurde aber zum Vertreter der Stadt Reutlingen im württembergischen Parlament gewählt. 1822 wurde er wegen kritischer Reden inhaftiert und in die USA ausgewiesen. Dort entdeckte List nicht nur die neue Eisenbahntechnik, sondern auch die Argumente für den Schutz neuer Industrien durch Zollschranken. Als er 1832 als US-Bürger und Konsul nach Leipzig zurückkehrte, versuchte er sich weitgehend erfolglos als Unternehmer und warb für eine Politik des Protektionismus nach amerikanischem Muster, damit die britische Konkurrenz nicht der Ausbildung einer deutschen Industrie im Weg stünde. Die Zollvereine, zu denen sich deutsche Staaten seit 1828 zusammenschlossen, verfolgten im Wesentlichen diese Politik der begrenzten Abschottung nach außen, weshalb Großbritannien sie nach Kräften zu verhindern suchte.

Man könnte jedoch argumentieren, dass diese restriktive Handelspolitik zwar die deutsche und französische Textilindustrie schützte, in anderer Hinsicht aber zu einem Wettbewerbsnachteil wurde. Ein Effekt des Freihandelsglaubens war es, Großbritannien zu einem Land zu machen, in dem sich protestantische oder jüdische ausländische Unternehmer gerne niederließen. Die führenden Banken Rothschild, Baring und Schröder, allesamt Gründungen deutscher Einwanderer, weisen ebenso darauf hin wie der Spitzname «Little Germany» für das gehobene Viertel Bradfords, in dem viele deutsche Fabrikanten wohnten. Die deutsche Präsenz in Manchester war weniger sichtbar, brachte aber den Barmer Unternehmersohn Friedrich Engels als Geschäftsführer der Textilfabrik Ermen & Engels ab 1842 in die Stadt, wo er die Arbeitsbedingungen genau beobachten und scharf kritisieren konnte. Zwar war es Ausländern zunächst nur schwer möglich, die britische Staatsangehörigkeit, die Voraussetzung für den legalen Immobilienkauf war, zu erwerben, es scheint aber trotzdem leicht gewesen zu sein, Fabriken oder Handelshäuser zu betreiben. Die Wahrnehmung, dass ein Strom erfolgreicher Klavierbauer, Minenbesitzer, Eisenhüttenbesitzer und Kaufleute von Deutschland nach England gekommen war, bewog das britische Parlament 1844 schließlich dazu, die Einbürgerung zu erleichtern.

Wie tiefgreifend der gesellschaftliche Wandel war, der von Industrialisierung, Internationalisierung und Kommerzialisierung ausging, ist umstritten. Klar ist, dass er auf der Iberischen Halbinsel, in Süditalien, in Skandinavien, im östlichen und südöstlichen Europa so schwach ausgeprägt war, dass davon kaum ein Reformdruck ausging – allerdings entstand dort teilweise die Wahrnehmung, man bleibe hinter den führenden Regionen Europas zurück, was nur durch energische Reformen verhindert werden könne.

Aufstieg einer «bürgerlichen» Mittelklasse?

Für die sich allmählich industrialisierenden Teile Europas wird oft angenommen, der Aufschwung der gewerblichen Produktion habe seit etwa 1800 zum Aufstieg einer «bürgerlichen» Mittelklasse aus Fabrikanten, Kaufleuten, Bankiers und Buchhaltern geführt, die in den 1830er und 1840er Jahren verstärkt ihre Interessen gegen die ländliche Aristokratie artikulierte. Zudem sei die Zahl der ebenfalls «bürgerlichen» Ärzte, Geistlichen, Anwälte, Gymnasiallehrer und Professoren deutlich angestiegen. Unbestreitbar ist, dass die Bedeutung des städtischen «Bürgertums» allein durch die Urbanisierung rasant zunahm. Allerdings bezeichnet der Begriff «Bürgertum» in verschiedenen Regionen unterschiedliche Dinge. In Frankreich und seit 1835 in Großbritannien waren damit nur mehr die Einwohner von Städten gemeint. In deutschen Staaten, Russland, Teilen Italiens, Skandinavien, Spanien oder Portugal war mit «Bürger» und seinen Entsprechungen dagegen die Zugehörigkeit zu einer Statusgruppe markiert, die handwerkliche oder kaufmännische Berufe ausüben durfte und gegebenenfalls über bestimmte politische Partizipationsrechte verfügte. Nicht jeder Stadtbewohner war in diesem Sinne Bürger.

Selbst in den Kernräumen der Industrialisierung waren nur wenige Bürger erfolgreiche Industrielle, und nur eine Handvoll Industrielle gelangte an die Spitze der Vermögenspyramide. Industrielle waren ebenso wenig die eigentlichen Profiteure der Industrialisierung, wie Bauern die primären Nutznießer des globalen Agrarmarktes des 17. und 18. Jahrhunderts gewesen waren. Kaufleute, Versicherer, Anwälte oder Bankiers machten weiterhin größere Gewinne als Fabrikanten. Im frühen 19. Jahrhundert hinterließen in Großbritannien – genau wie im 18. Jahrhundert – Grundbesitzer, Kaufleute und Profiteure eines Systems politischer Patronage, das bereits die Zeitgenossen als «alte Korruption» kritisierten, also Richter, Beamte, Anwälte, Minister, Armeelieferanten und Bauunternehmer, die größten Vermögen. Nur wenige Industrieunternehmer, die nicht auch Kaufleute oder Bankiers waren, stießen in diese Gruppe vor, darunter der Vater (Sir Robert Peel, First Baronet) des Premierministers Sir Robert Peel, Second Baronet, der in Lancashire eine Fabrik zur Herstellung farbiger Baumwolltuche betrieb und einen großen Teil der Gewinne in einen Landsitz und seine politische Karriere investierte.

Angehörige der «alten» Vermögenselite nutzten die neuen Investitions- und Einkommensmöglichkeiten ebenfalls. «Radical Jack», John George Lambton, erster Earl Durham, stammte aus einer «alten» Landbesitzerfamilie, die ihr enormes Einkommen vor allem den Kohlevorkommen unter ihrem Land verdankte. Algernon Percy, vierter Herzog von Northumberland, investierte erfolgreich in Bergwerke und weniger erfolgreich in «neue» Technologien wie Dampfpflüge. Andere britische Aristokraten entwickelten Handels- und Badestädte auf ihrem Grund, kauften Aktien von Banken oder Eisenbahnen.

Die soziale Elite einer Stadt wie London oder Paris bestand daher weiterhin aus der Aristokratie, führenden Bankiers, Anwälten und Kaufleuten. Das war in Wien, Neapel oder St. Petersburg ganz ähnlich. In London wie in Köln arbeitete die ganz überwiegende Mehrheit der Bevölkerung in handwerklichen Klein- und Kleinstbetrieben, fuhr auf eigene Rechnung Kutschen oder ruderte Boote, schleppte als Tagelöhner Lasten, bediente die besseren Kreise oder verkaufte kleine Warenmengen. Bis zum Ende des 19. Jahrhunderts waren die nach der Zahl der Beschäftigten größten Unternehmen in Städten wie London, Paris oder Wien die Theater; dahinter folgten meist Unternehmen der Lebensmittelverarbeitung wie Zuckersiedereien oder Brauereien. Zwar wuchs der Abstand zwischen dem Vermögen derjenigen, die (zünftige) Handwerker blieben, einerseits, Kaufleuten, Bankiers oder Industrieunternehmern andererseits; das war aber kein Phänomen, das im 19. Jahrhundert einsetzte, und die Entwicklung änderte vorerst nichts daran, dass die Verteilung von Besitz innerhalb der «mittleren» städtischen Schichten relativ egalitär blieb.

Die Kluft zwischen der zeitgenössischen Wahrnehmung des Durchbruchs einer industriellen Mittelklasse oder «Bourgeoisie» aus (Industrie-)Unternehmern und dem sozialhistorischen Kontinuitätsbefund hat die Frage aufgeworfen, inwieweit das Reden vom Aufstieg der «Mittelklassen» als politische Projektion gesehen werden muss, durch das Vertreter bestimmter Parteien ihren Anspruch auf Herrschaft durch den Verweis darauf, dass sie politisch moderate und sozial in besonderer Weise systemrelevante Gruppen vertraten, zu untermauern suchten. Dafür spricht, dass von der «Mittelklasse» vor allem in Epochen scharfer politischer, nicht sozialer Polarisierung geredet wurde. Die seit den 1830er Jahren übliche Differenzierung zwischen der «petite bourgeoisie» (den «Kleinbürgern») einerseits und der («grande») Bourgeoisie andererseits markierte beispielsweise nicht nur eine soziale Differenz, sondern enthielt eine politische Diagnose: Für Heinrich Heine etwa blieben Handwerker, Laden- und Tavernenbesitzer nicht nur ökonomisch, sondern auch politisch hinter dem eigentlichen Bürgertum zurück, wenn sie sich hinter Demagogen wie Napoleon I. und seine politischen Erben stellten, anstatt – wie die Arbeiterschaft – wirklich freiheitsliebende Politiker zu unterstützen.

Statistisch stand die «Mittelschicht» keineswegs in der Mitte der Gesellschaft – je nach Zählweise gehörten ihr die obersten vier bis 20 Prozent der Vermögenspyramide an. «Mitte» suggerierte vor allem, diese soziale Formation nehme politisch moderate Positionen ein, sodass sie im Gegensatz zur Arbeiterschaft gegen revolutionäre Verlockungen und im Gegensatz zur Aristokratie gegen Herrschsucht immun sei. Das begründete für diejenigen, die sich als Sprecher der «Mittelklassen» gerierten, ihren individuellen Anspruch auf eine zentrale Rolle im politischen System.

Verelendung des «Proletariats»?

Die Auswirkungen der Industrialisierung auf die materielle Lage der unteren Schichten sind einer ebenso revisionistischen Betrachtung unterzogen worden. Drastische Schilderungen des Lebens und Arbeitens in den ersten Fabrikstädten legten die Annahme nahe, der Wechsel von der Heimarbeit zur Fabrikarbeit sei einer massiven Deklassierung gleichgekommen. Eine Verschlechterung in den Lebensbedingungen der arbeitenden Bevölkerung passte zu der Vorhersage des Pfarrers und Statistikers Thomas Robert Malthus in seinem *Essay on the Principle of Population* von 1798, die Bevölkerung werde sich rascher vermehren als die Nahrungsmittel, weswegen er dafür plädierte, ärmere Menschen daran zu hindern, Kinder zu zeugen.

Zwar ist unbestritten, dass die von Malthus vorhergesagte demographische Krise nicht eintrat; dagegen ist unklar, ob sich die Lebensverhältnisse der unteren Schichten bereits im Zuge der frühen Industrialisierung verbesserten oder ob sie sich zunächst verschlechterten, um erst in den 1850er und 1860er Jahren eine in Europa seither zumindest in der Tendenz aufwärts verlaufende Kurve zu erreichen.

Es gibt Belege dafür, dass die wachsende Arbeiterschaft einen materiellen und sozialen Abstieg erlebte, der vielleicht um 1800, vielleicht aber auch erst in den 1840er Jahren einsetzte: indirekte Wohlstandsindikatoren wie der Pro-Kopf-Konsum von Zucker, Tee, Kaffee oder Fleisch, die Körpergröße oder die statistische Lebenserwartung. Wenn man die steigende Arbeitszeit in Fabriken nicht als von den Arbeitern zumindest tolerierte Produktivitätssteigerung interpretiert, könnte sie ebenfalls auf eine schwächere Stellung der Arbeitssuchenden auf dem Arbeitsmarkt hinweisen.

Der Versuch, die Entwicklung von Löhnen und Preisen zu rekonstruieren, ist aber für das frühe 19. Jahrhundert mit enormen Schwierigkeiten verbunden. Fragmentarische, regionale Daten, die viele Güter des täglichen Bedarfs (etwa gebrauchtes Geschirr, getragene Kleidung oder gebrauchte Bettwäsche) ausblenden, müssen auf der Grundlage diverser Hilfsannahmen in nationale Durchschnittswerte umgesetzt werden. Das kann bereits die Berechnung des monetären Einkommens eines männlichen Lohnarbeiters erheblich verzerren. Diese Zahl ist aber nur ein erstes Zwischenergebnis auf dem Weg zur Berechnung eines Haushaltseinkommens, in das weitere Annahmen einfließen: die Wahrscheinlichkeit, dass Männer, Frauen und Kinder gleichzeitig beschäftigt waren, die Zahl der Arbeitstage pro Jahr, die Auslastung von Handwerksbetrieben oder Freiberuflern. Selbst Wissenschaftler, die einer pessimistischen Sicht der Wohlstandsentwicklung zuneigen, gelangen inzwischen zu dem Schluss, dass die Realeinkommen ungelernter Arbeiter in den Kernzonen des Wirtschaftswachstums im frühen 19. Jahrhundert entweder leicht anstiegen oder stabil blieben, während sie in Süd-, Mittel- und Osteuropa möglicherweise zurückgingen. Einer neuen Schätzung zufolge stiegen die durchschnittlichen Realeinkommen in Großbritannien auch in den 1820er, 1830er und 1840er Jahren langsam an (auf etwa 130 Prozent des Stands der 1770er Jahre), nachdem sie in den Kriegsjahren um nur 4 Prozent gesunken waren.[6] Solche Zahlen suggerieren freilich ein Maß an Präzision und nationaler Homogenität, das der Realität kaum entspricht. Den Zeitgenossen erschien die ökonomische Krise des Krieges weitaus schlimmer. Zudem verdecken die zur Verfügung stehenden Durchschnittswerte für Jahrzehnte die zum Teil drastischen monatlichen

Preisschwankungen für Getreide. Einigermaßen sicher lässt sich nur feststellen, dass die Industrialisierung für die arbeitende Bevölkerung weder zu einer katastrophalen Verschlechterung noch zu einer deutlichen Verbesserung ihrer Lebensverhältnisse führte.

Es gab aber trotzdem genügend Indizien, welche die düstere Schilderung der Entwicklung in der industrialisierungskritischen Literatur rechtfertigten. Die Erwartung, allgemeiner Friede werde rasch zu allgemeinem Wohlstand führen, wurde nach 1815 enttäuscht. Viele isolierte Beobachtungen von Armut fügten sich auf den ersten Blick gut in Malthus' Interpretationsrahmen ein. Allerdings wurde den schlechten Verhältnissen in Städten sowie in den besonders intensiv beäugten Fabriken oft ein in rosigen Farben imaginiertes, aber kaum je aus der Nähe betrachtetes Landleben gegenübergestellt – das zwar mit einer höheren Lebenserwartung, aber nicht mit einem höheren Lebensstandard aufwarten konnte. Daher ist nachvollziehbar, dass die Mechanisierung von Arbeitsvorgängen immer wieder zu Protesten gegen den Abbau von Beschäftigung führte: Die Angriffe der «Luddites» auf Maschinen um 1810, die Massendemonstration auf St. Peter's Field in Manchester 1819, die Pug Riots am selben Ort 1842 oder die «Swing riots» gegen den Einsatz von Dreschmaschinen 1830 sind Beispiele, wie sie sich ebenso in allen anderen von der Mechanisierung betroffenen Regionen finden lassen.

Selbst wenn die Industrialisierung keine neue Massenarmut schuf, blieben große Teile der Bevölkerung im frühen 19. Jahrhundert ebenso mittellos wie in den Jahrzehnten zuvor. In Paris waren zwischen 75 und 80 Prozent der Begräbnisse Armenbestattungen, fast 80 Prozent der Toten landeten in anonymen Gemeinschaftsgräbern. In allen europäischen Ländern verfügte nur ein kleiner Teil der Bevölkerung über Vermögen, das es erlaubte, längere Einkommensausfälle zu verkraften. Diese waren aber wahrscheinlich, denn dauerhafte Beschäftigungsverhältnisse gingen Arbeiter ungern ein. Wenn sich Dienstboten, Mägde und Knechte für bis zu einem Jahr verpflichteten, bedeutete das einen impliziten Verzicht auf mögliche Gehaltserhöhungen, die Unterwerfung unter die Disziplinargewalt des Fabrikanten, Meisters oder Grundherrn und kaum Schutz gegen einseitige Kündigung. In England wurden lange Dienstbarkeitsverhältnisse als Quasi-Sklaverei kritisiert, während «minute contracts», die man von Minute zu Minute aufkündigen konnte, vielen Arbeitern als ideal galten. Bremer Maurergesellen opponierten 1840 gegen die Zumutung einer Kündigungsfrist von einer Woche mit dem Hinweis, dann «währen wir ja akurath als wie ein Knecht».[7]

Politische Folgerungen: Armenhilfe und «Sozialismus»

An die Stelle des Vertrauens auf einen Arbeitgeber oder die Fürsorgepflichten eines Grundherrn traten in den Städten neben familiäre Netzwerke und das Prinzip der Nachbarschaftshilfe genossenschaftliche Formen des Risikoausgleichs, «friendly societies», Zünfte und Innungen, Kranken- oder Sterbekassen. Reichte das nicht aus, blieb die öffentliche Armenhilfe, auf die etwa drei bis zehn Prozent der Bevölkerung, überwiegend Kinder, gebrechliche und alte Menschen, angewiesen waren. Für ihre Ausgestaltung gab es zwei Modelle: Steuerfinanzierung und Finanzierung aus Spenden und kirchlichen Abgaben. Seit der Verstaatlichung eines großen Teils des englischen Kirchenvermögens im 16. Jahrhundert wurde Armenhilfe in England durch eine Steuer auf Grundbesitz finanziert. Stieg die Zahl der Armen, stieg der Steuersatz. Das Unterstützungsniveau wurde lokal festgelegt; Ende des 18. Jahrhunderts war es in einigen Grafschaften üblich geworden, jedem Ortsansässigen ein Mindesteinkommen zu garantieren, dessen Höhe sich an der Größe der Familie orientierte. Auch Ortsfremde wurden gelegentlich unterstützt, um Fachkräfte in schlechten Zeiten am Ort zu halten.

In den 1820er Jahren mehrten sich die Stimmen, die auf die Risiken einer derart großzügigen Armenversorgung verwiesen. Es konnte sein, dass die sozialen Sicherungssysteme nicht nur Hilfe in der Not, sondern eine Alternative zur Lohnarbeit boten. Immerhin stiegen die englischen Armenausgaben auch in den relativ guten 1820er und 1830er Jahren kontinuierlich und erreichten 1832 die

Summme von sieben Millionen Pfund. In den Kriegsjahren hatten sie vier Millionen Pfund betragen; pro Kopf der Bevölkerung war das eine Steigerung um 13 Prozent. Eine 1832 eingesetzte Untersuchungskommission fand in vielen Berufszweigen Hinweise darauf, dass man mehr Geld von der Armenhilfe erhalten konnte, als beim besten Willen zu verdienen war. Die Praxis, das Niveau der Armenhilfe an die Größe der Familie anzupassen, schien zudem vor dem Hintergrund von Malthus' Warnungen vor den Folgen ungezügelten Bevölkerungswachstums eine riskante Subvention des Kinderkriegens zu sein.

Die Lösung, welche die Kommission vorschlug und die das Parlament 1834 verabschiedete, waren Sanktionen, die Armenhilfe weniger attraktiv machten als jede Beschäftigung. Arme sollten fortan in Arbeitshäusern interniert und nach Geschlechtern getrennt strikter Disziplin unterworfen werden; Geld- oder Sachleistungen sollte es für Kinder oder arbeitsfähige Erwachsene nicht mehr geben. Der Internierungszwang griff für die ganze Familie, sobald ein Kind um Unterstützung nachsuchte; damit sollte die Geburtenrate bei ärmeren Schichten gedrosselt werden. Kurzfristig senkte die bei den möglicherweise betroffenen Arbeitern heftig umstrittene Reform die Armenausgaben um rund ein Drittel. Die Einsparungen waren vermutlich noch höher, da erhebliche Mittel in den Bau und Betrieb der Armenhäuser gelenkt wurden, die im Laufe der 1830er und 1840er Jahre in fast allen Armenrechtsbezirken entstanden.

In Kontinentaleuropa war die andere Variante des Armenrechts typisch. Dort standen das Vermögen von karitativen Einrichtungen, das Einkommen aus bestimmten Lokalsteuern auf Auktionen oder Vergnügungen und die Gaben individueller Spender für die Unterstützung von Armen zur Verfügung; dort, wo sie noch bestanden, auch ein Anteil kirchlicher Abgaben. In Frankreich wurden Hilfsleistungen durch lokale Wohltätigkeitsbüros koordiniert, die in der Regel von lokalen Amtsträgern wie Bürgermeistern oder Pfarrern betrieben wurden. Dieses System der Armenhilfe war im Gegensatz zum englischen System, das antizyklisch funktionieren konnte, eher prozyklisch angelegt: Spendenbereitschaft und Vergnügungsausgaben gingen gerade in den Jahren zurück, in denen der Bedarf groß war, sodass in schlechten Zeiten für mehr Bedürftige weniger Mittel zur Verfügung standen.

Durch diese grobe Skizze der Wirtschafts- und Sozialgeschichte des frühen 19. Jahrhunderts sollte deutlich geworden sein, dass Beschreibung und Interpretation der Phänomene bereits bei den Zeitgenossen umstritten waren und es in der Geschichtswissenschaft geblieben sind. Beobachtungen einzelner Facetten eines dramatischen und komplexen Wandlungsprozesses führten zu Extrapolationen künftiger Entwicklungen, aus denen sich politische Folgerungen für die Gegenwart ableiten ließen. Konservative konnten auf die zentrale Bedeutung der Landwirtschaft und die auf absehbare Zeit ungleiche Verteilung von Vermögen, Talenten und Befugnissen verweisen, um eine Herrschaftsordnung, die auf Hierarchie und Tradition setzte, zu rechtfertigen. Zudem konnten sie die Schattenseiten der modernen industriellen Wirtschaft mit den Lebensverhältnissen auf dem Land kontrastieren. Liberale dagegen verbanden mit dem Wirtschaftswachstum die Hoffnung, jeder fleißige Mann könne in den Mittelstand aufsteigen und als Vorstand eines unabhängigen Haushalts zum mit politischen Rechten ausgestatteten Bürger werden; am Ende werde das Bürgertum ein allgemeiner Stand sein, dem alle angehörten. Dahinter stand die Vision einer Gesellschaft kleiner Produzenten, nicht großer Fabriken mit einem Fabrikherrn und vielen Beschäftigten – was der Realität der städtischen Wirtschaftsordnung in den meisten Regionen in der Tat entsprach.

Die Vorstellung, die Fabrikproduktion werde sich umfassend durchsetzen, legte dagegen Kritik an der Koppelung von politischer Partizipation und ökonomischer Selbständigkeit nahe. Gerade das der Fabrikwirtschaft innewohnende Missbrauchspotential musste durch Partizipationsrechte der Betroffenen eingehegt werden. Der Textilfabrikant Robert Owen versuchte in New Lanark eine perfekte Fabrikstadt aufzubauen, in der Schulen und Wohnungen für Arbeiter und weitgehender Egalitarismus soziale Ungleichheit mindern und zuletzt abschaffen würden. 1825 kaufte er von dem Pietisten, Theosophen und Alchemisten Johann Georg Rapp das Dorf New Harmony in Indiana, um dort seine Vision zu verwirklichen – die Rappisten zogen weiter nach Economy in Pennsylvania. Als Kaufpreis werden 30 000 Pfund oder 150 000 Dollar genannt. Dem Experiment schlossen sich etwa 800 Freigeister, Wissenschaftler und Abenteurer an – Arbeiter oder Bauern fehlten dagegen. Das Projekt scheiterte daher rasch an der mangelnden Erfahrung der Betreiber beim Ausbau einer neuen Siedlung und an Konflikten über sein eigentliches Ziel; 1827 wurde New Harmony an die nächste utopische Gemeinschaft verkauft.

In Frankreich entwickelten der Soldat, Unternehmer und Pamphletist Claude Henri Saint Simon, sein «Apostel», der Bankier und spätere Kolonialingenieur Barthélemy Prospère Enfantin, sowie der ehemalige Handlungsreisende und Autor François Marie Charles Fourier Gesellschaftsmodelle, deren Kern ebenfalls die systematisch organisierte, analog zur Fabrikarbeit gestaltete Produktion durch weitgehend gleiche Menschen bildete. Während die Saint-Simonisten Anschluss an staatliche Projekte suchten und in Algerien auch fanden, beschritten die Fourieristen den Weg des Sozialexperiments, das in Considérant im damals zwischen Mexiko und den USA umstrittenen Texas genauso scheiterte wie Owens Unternehmung in New Harmony. In Deutschland, Italien, Spanien und anderen Teilen Europas wurden ebenfalls immer wieder analoge Ideen von «Armenkolonien» oder Kolonialorten ventiliert, welche die soziale und politische Frage zugleich lösen sollten.

Die Koppelung zwischen politischen und ökonomischen Problemdiagnosen und Lösungsvorschlägen war nicht gänzlich neu, gewann im frühen 19. Jahrhundert angesichts des beschleunigten Wandels aber an Dringlichkeit. Allerdings war die Wahrnehmung der Realität durch politische «Parteien» oder Verbände oft verzerrt. Bei «utopischen Sozialisten» wie Owen, Fourier oder Saint-Simon war das nicht zuletzt am Scheitern ihrer Experimente leicht auszumachen, es galt aber auch für Konservative mit ihrem Beharren auf der hergebrachten Hierarchie und für Liberale mit ihrem Postulat eines Niedergangs des Adels und eines Aufstiegs des Bürgertums. Allerdings war der Abstand zwischen Wahrnehmung und Realität bei Konservativen und Liberalen geringer – was daran deutlich wird, dass sich ihre Einseitigkeiten bis in die moderne Historiographie gehalten haben. Zwischen diesen beiden Gegenwarts- und Zukunftsvorstellungen blieb das Rennen somit weitaus länger unentschieden.

3. Grenzen der «Restauration»

Der Versuch, nach dem Ende der Napoleonischen Kriege eine stabile politische Ordnung zu etablieren, musste unter einem düsteren Himmel stattfinden. 1815 brach auf der Pazifikinsel Java der Vulkan Tambora aus. 1816 war wegen der in die Atmosphäre geschleuderten Asche ein Jahr mit einem kühlen, verregneten Sommer, was zu einem katastrophalen Einbruch bei den Ernten führte. In England stiegen die Getreidepreise im allerdings nur begrenzt aussagekräftigen Jahres- und Landesdurchschnitt zwischen 1815 und 1817 um fast 50 Prozent, in Frankreich um knapp 90 Prozent, in Deutschland um über 100 Prozent – die Divergenz macht Unterschiede in Anbautechniken und Marktorientierung deutlich. Während in Großbritannien die Preise lediglich stark anstiegen, waren 1816 und 1817 in Teilen Mittel-, Ost- und Südeuropas Jahre der Hungersnot. In Südwestdeutschland führte das zu massenhaften Auswanderungsversuchen in die USA und nach Russland, die nun wieder relativ risikolos zugänglich waren. Da nicht alle Auswandernden über das nötige Reisegeld verfügten, endete der Versuch, ein besseres Leben in weiter Ferne zu beginnen, aber vielfach in niederländischen Häfen oder an der preußischen Grenze.

Die südeuropäischen Revolutionen der 1820er Jahre

Vor diesem Hintergrund fielen erste Entscheidungen über postrevolutionäre Verfassungen. Monarchen, die während der Revolutionskriege einen Teil ihres Landes verloren hatten, versuchten meist, zu den Verhältnissen der vermeintlich guten alten Zeit zurückzukehren. Eines der extremsten Beispiele war der Kirchenstaat, wo die Kurie nicht nur Juden zurück ins Ghetto zwang, sondern auch Pockenimpfung und Straßenbeleuchtung als revolutionäre Neuerungen verbot. Im Königreich Sardinien setzte Viktor Emmanuel I. den Hofkalender von 1795 wieder in Kraft und verstorbene Amts- und Würdenträger wieder in ihre Ämter ein. Ein Versuch, die Uhr so drastisch zurückzustellen, war zum Scheitern verurteilt. Selbst der König von Sardinien sah ein, dass er auf die Restauration der vornapoleonischen Eigentumsverhältnisse verzichten musste, wenn er seinen Thron behalten wollte.

Wer nicht bedachte, dass die neue Ordnung von den Inhabern großer Vermögen, den Staatsdienern in Militär und Zivilverwaltung und einem Teil der schreibenden Öffentlichkeit mitgetragen werden musste, steckte trotz der Stärkung der monarchischen «Partei» durch den Kollaps der zweiten Herrschaft Napoleons bald in Schwierigkeiten. Die bourbonischen Monarchien in Spanien und Italien erfuhren das als Erste. Das Königreich Sizilien und das Königreich Spanien hatten 1812 liberale Verfassungen erhalten, Sizilien auf britischen Druck, Spanien durch die Entscheidung der *Cortes* von Cádiz, die im Namen Ferdinands VII. zu handeln behaupteten, aber während ihrer Beratungen keinen Kontakt zum Monarchen hatten. In Neapel-Sizilien kehrte Ferdinand I. beider Sizilien auf seinen Thron zurück und erklärte nicht nur seine Abdankung, sondern zur Enttäuschung eines Teils des Adels und der intellektuellen Öffentlichkeit auch die von seinem Sohn beschworene Verfassung für ungültig.

In Spanien hatte sich im Zuge der Verfassungsdiskussion eine politische Bewegung gebildet, die sich als *liberales* (Liberale) bezeichnete. In Abgrenzung von den *serviles* genannten Anhängern der absoluten Monarchie unterstützten die Liberalen formalisierte Mitsprache bei politischen Entscheidungen und eine Entflechtung von Staat und Kirche, ohne die konfessionelle Uniformität des Landes antasten zu wollen. Als Ferdinand VII. 1813 von Napoleon zurück nach Spanien geschickt wurde, stellte er sich auf die Seite der Antiliberalen und lehnte wie sein sizilianischer Onkel die Verfassung ab.

Anders als dieser brachte Ferdinand VII. damit aber nicht nur die heimischen Liberalen gegen sich auf. Der Zusammenbruch der königlichen Autorität in Spanien hatte im spanischen Amerika zu einem Machtvakuum geführt, das von Vizekönigen, lokalen *juntas*, die im Namen Ferdinands VII. zu regieren behaupteten, oder durch die Vorstellung, dass die Souveränität bei Vakanz des Throns an das Volk zurückfiel, gefüllt werden konnte. Rivalisierende Machtansprüche und Legitimitätsvorstellungen führten zu Verschwörungen und Umsturzversuchen. Die Entscheidung der spanischen Zentral-*Junta*, im Jahr 1810 Abgeordnete aus den Kolonien zu den Verfassungsberatungen in Cádiz einzuladen, verschärfte die Frage nach dem Verhältnis von Mutterland und Kolonien. Einerseits versprachen die *Cortes* ein partiell demokratisiertes Reich; andererseits versuchten sie, Cádiz' Anspruch auf ein Handelsmonopol mit Amerika, der den Kaufleuten in iberoamerikanischen Hafenstädten seit Langem ein Ärgernis war, zu retten. 1810 sagten sich daher Caracas und Buenos Aires, später weitere Teile Amerikas von den napoleonischen Autoritäten in Spanien und von den *Cortes* los und ließen – ebenfalls im Namen Ferdinands VII. – parlamentarische Versammlungen in Amerika wählen. Aus Sicht der kolonialen Eliten war somit nachvollziehbar, dass sich Ferdinand VII. gegen die Verfassung der *Cortes* aussprach. Nicht akzeptabel war, dass er Petitionen aus Amerika ignorierte, mit der ökonomischen Ausbeutung der Kolonien zugunsten des Mutterlands fortfuhr und Truppen nach Amerika sandte, die dortige «Rebellionen» beenden sollten.

Das Ergebnis dieser königlichen Politik fiel ähnlich aus wie im späteren 18. Jahrhundert in den britischen Kolonien. Die kolonialen Eliten forderten bald Unabhängigkeit statt Autonomie. Trotz anfänglicher Erfolge gelang es der spanischen Armee nicht, sie zu besiegen – 1818 triumphierte José de San Martín in Chile, 1819 Simón Bolivar bei Bogotá. Dabei spielte Spanien den Revolutionären auf mehreren Ebenen in die Hände. Es stärkte Einfluss und

Anspruch der USA, indem es 1820 Florida abtrat. Ferdinand schickte die Führer der Liberalen nach Nordafrika oder in Klöster, verbot liberale Publikationen und verfolgte liberale Sympathisanten, ohne dass die Rufe nach Einführung der Verfassung von 1812 verstummten. 1820 hatte eine entsprechende Revolte Erfolg. Der Aufstand unter Führung des Offiziers Rafael del Riego y Nuñez begann in Cádiz, als sich dort eine Armee von 14 000 Mann nach Amerika einschiffen sollte. Dass diese Truppen in Spanien blieben, erleichterte Bolivar 1821 die Eroberung Venezuelas und 1824 die Perus. Mexiko, Santo Domingo und die spanischen Kolonien Mittelamerikas hatten sich bereits 1821 für unabhängig erklärt, sodass das spanische Kolonialreich fortan nur noch aus Kuba, Puerto Rico und den Philippinen bestand.

Die Nachricht von der spanischen Revolution verbreitete sich über die Verkehrswege des Mittelmeers rasch und war ein Signal für Umsturzversuche in Portugal, Sizilien und Sardinien-Piemont. In allen Revolutionen von 1820/21 war neben den rivalisierenden Machtansprüchen der Monarchie und liberaler Eliten die Annäherung zwischen Thron und Altar ein entscheidender Konfliktpunkt, zumal die katholische Kirche eine konservative Wende vollzog. 1814 restaurierte Papst Pius VII. den 1773 aufgelösten Jesuitenorden. Das wurde weithin als Signal gegen die katholische Aufklärung, die Kompromisse zwischen Staat und Kirche in der napoleonischen Ära und jansenistische, sozialreformerische Strömungen in der katholischen Kirche verstanden. Nach der Rückkehr zum absolutistischen Regime in Spanien, Sizilien und Sardinien wurden oppositionelle Publikationen verboten und Widerspruch mit Sanktionen belegt. Kritiker der Monarchie mussten sich daher im Geheimen verabreden, in den Überresten der Freimaurerlogen oder in Geheimbünden wie der von Italien ausgehenden Carboneria («Köhler», wegen ihrer Treffpunkte in entlegenen Wäldern), in denen Adelige, Angehörige des gehobenen Bürgertums und Studenten über die Revolutionen nachdachten, die sie 1820/21 wagen sollten.

Das Beispiel Giuseppe Mazzinis aus Genua illustriert einen möglichen Weg der Radikalisierung. Seine Mutter Maria, geborene

Drago, war Anhängerin eines sozial orientierten Jansenismus. Sein Vater Giacomo war als junger Mann in den Augustinerorden eingetreten, bevor er sich entschloss, Medizin zu studieren. In den ausgehenden 1790er Jahren trat er als einer der italienischen Jakobiner hervor. Obgleich ihn die Polizei 1816 immer noch als «unabhängigen Demokraten» klassifizierte,[8] durfte der offenbar außerordentlich kompetente Mediziner seine Praxis weiter betreiben; 1822 erhielt er sogar einen Lehrstuhl an der Universität.

Giuseppe wurde von Privatlehrern unterrichtet, die nostalgisch auf die kurze republikanische Epoche Italiens zurückblickten; 1819 nahm er das Studium an der streng reglementierten Universität auf. Um die Verbreitung oppositioneller Gedanken zu unterbinden, hatte dort jeder Student bei der Einschreibung ein Führungszeugnis der Polizei und seines Geistlichen vorzulegen und alle zwei Monate eine Bestätigung regelmäßiger Kommunion und Beichte zu liefern – zusätzlich zum täglichen Besuch des Universitätsgebets. Die Gelegenheit zum politischen oder moralischen Sündenfall wurde durch das Verbot, öffentliche Versammlungen, Theater, Wirtschaften oder Spielhallen zu besuchen, ebenso vermindert wie durch das polizeilich durchgesetzte Gebot, vor Sonnenuntergang zu Hause zu sein. Die behördliche Gängelung war insofern kontraproduktiv, als sie den korporativen Widerstandsgeist der in der Tradition republikanischer Unabhängigkeit aufgewachsenen Professorenschaft auf den Plan rief, die übereinkam, den Formularwahnsinn zu ignorieren und keinen Studenten wegen fehlender Moralzeugnisse auszuschließen.

Es wird Mazzini daher kaum zum akademischen Nachteil gereicht haben, als er im Juni 1820 erstmals verhaftet wurde, weil er gemeinsam mit anderen Studenten linientreuere Schüler des Jesuitengymnasiums verprügelt hatte. Im März 1821 kam es nach der Niederschlagung der Revolution in der österreichischen Lombardei auch in Genua zu einem Aufstandsversuch, bei dem Studenten eine zentrale Rolle spielten. Danach wurde die Universität durch die piemontesische Regierung geschlossen. Mazzini will während seiner erzwungenen Ferien im April 1821 politische Flüchtlinge im

Hafen getroffen haben, die als «Proskribierte Italiens» um das Reisegeld nach Frankreich bettelten. Fortan trug der Jurastudent aus Trauer um den Zustand seines Vaterlands schwarz.

Nicht nur aus republikanischen, sondern auch aus bonapartistischen Traditionen führten Wege zumindest in die Nähe der Carbonari. Charles Louis-Napoléon Bonaparte, Sohn von Louis Bonaparte, des ehemaligen Königs von Holland, und Hortense de Beauharnais, verbrachte nach dem zweiten Sturz seines Onkels die Jugend teils in Arenenberg (Thurgau), teils in Augsburg, wo er seit 1821 das Gymnasium besuchte. Dazu kamen eine unkonventionelle Mischung aus radikaldemokratischen und klerikalen Hauslehrern sowie regelmäßige Besuche in Rom, dem Wohnort seines Vaters, wo er sich mit seinem älteren Bruder, Napoléon-Louis Bonaparte, in Verschwörerkreisen zu bewegen begann.

Internationale Reaktionen und Interventionen

Gerade weil sie sich gegen die in Großbritannien verhasste katholische Kirche stellten, hofften die Revolutionäre von 1820/21 auf britische Unterstützung. Portugal, Spanien, Sizilien und Sardinien hatten in den Napoleonischen Kriegen unter britischem Schutz gestanden, britische Diplomaten hatten dort Verfassungen durchgesetzt oder begrüßt. Im Umgang mit den südeuropäischen Revolutionen von 1820 bewährte sich jedoch das in Wien verkündete Prinzip der Solidarität der europäischen Mächte. Österreich erhielt auf den Kongressen der fünf Großmächte, die 1820 in Troppau (Opava) und 1821 in Laibach (Ljubljana) stattfanden, Rückendeckung für eine Intervention in Sardinien und Sizilien, wo die Revolution rasch unterdrückt wurde. Großbritannien lehnte zwar die religiös überhöhten konservativen Manifeste des russischen Zaren ab, die der britische Außenminister George Canning 1821 im britischen Unterhaus sogar als «dem Völkerrecht und den Prinzipien des Verstandes Hohn sprechend»[9] bezeichnete, aber das britische Kabinett war in der Interventionsfrage gespalten. Als Canning drohte, zugunsten der Liberalen einzumarschieren, stellte sich der Herzog von Wellington demonstrativ auf die Seite Österreichs. Gescheiterten Revolutionären war zwar eine freundliche Aufnahme sicher, wenn sie nach England kamen, in Italien warteten sie aber vergebens darauf, dass die britische Marine in den Häfen auftauchte, um Monarchen in verfassungsmäßige Schranken zu weisen.

Auf der Iberischen Halbinsel waren britische Handelsinteressen direkter berührt; zudem war Großbritannien dort länger präsent gewesen. Es war aus britischer Sicht besonders enttäuschend, dass Ferdinand VII. 1822 geheime Bitten um Intervention an den Zaren und konservative französische Kreise schickte, die vom «europäischen Konzert» im Herbst 1822 auf dem Kongress von Verona erhört wurden: Frankreich erhielt freie Hand für eine Intervention in Spanien. Großbritannien rächte sich, indem es als erste europäische Macht 1823/24 die aus dem spanischen Reich ausgetretenen Republiken anerkannte, großzügig mit Krediten versorgte und unter den Schutz der britischen Marine stellte. Gleichzeitig, wenn auch mit antibritischer Spitze, verbaten sich die USA 1823 in der Monroe-Doktrin die Einmischung europäischer Mächte in der amerikanischen Hemisphäre. Die angloamerikanische Dominanz in Iberoamerika wurde im selben Jahr auch von Frankreich anerkannt; nur Russland bekräftigte seine Ansprüche auf Territorien im Norden des amerikanischen Kontinents.

Während in Italien rasch Ruhe einzukehren schien, brachte der französische Einmarsch in Spanien keine Stabilisierung, sondern verschärfte die Spaltung des Landes. Die Liberalen von 1812 hatten sich inzwischen in *moderados*, welche eine Verfassung nach britischem Muster mit einem starken Oberhaus anstrebten, und *exaltados* differenziert; Letztere hielten am Ein-Kammer-Parlament fest. Zwischen 1820 und 1822 hatten die *Cortes* ein Programm verabschiedet, das an die ersten Jahre der Französischen Revolution erinnerte. Kleine Ordenshäuser sollten aufgelöst werden, Mönche, welche die Kutte ablegten, eine Pension erhalten. Staatsschulden wollte man durch Verkauf von Kirchenbesitz abtragen, Bauern und Veteranen Adelsland geben, Landhandel durch die Abschaffung von Fideikommissen erleichtern und die allgemeine Bildung durch Einrichtung von Elementarschulen heben. Abschaffung der Inquisition und Ausweisung der Jesuiten waren ebenfalls Teil des Programms. Ähnlich wie nach 1808 stießen solche Ideen in den ländlichen Regionen auf erbitterten Widerstand; trotzdem setzten sich in den Wahlen von 1822 die *exaltados* durch. Die konservative «Partei» sah nun keine Alternative zum Aufstand mehr; sie weigerte sich, in den von ihr militärisch kontrollierten Provinzen die Zentralregierung anzuerkennen, und betrachtete den Monarchen als ebenso abwesend wie in der Zeit seines französischen Exils. Nach dem französischen Einmarsch sahen sich die *Cortes* dann wieder auf Cádiz zurückgedrängt, wo sie sich 1823 ergaben.

Die französische Intervention setzte Ferdinand wieder in seine Rechte ein, versuchte aber, einen Kompromiss zu vermitteln: Hinrichtung del Riego y Nuñez', aber keine allgemeine Bestrafung der Liberalen (viele gingen dennoch nach Gibraltar, Frankreich und England); Rückgabe des veräußerten Kirchenbesitzes ohne Entschädigung für die Käufer, aber keine Wiedereinführung der Inquisition; Übergang zu einem Zwei-Kammer-System mit engem Wahlrecht, aber Beibehaltung des Parlamentarismus. Als Ferdinand diesem Kompromiss zustimmte, sah er sich von seinem Bruder und präsumtiven Thronfolger Don Carlos rechts überholt – 1827 fand ein erfolgloser konservativer Staatsstreichversuch statt.

Im Gegensatz zu Spanien hatte es im portugiesischen Kolonialreich kein Machtvakuum gegeben, aber der Schwerpunkt des portugiesischen Machtbereichs hatte sich in den Kriegsjahren deutlich verschoben. Seit 1815 hieß das Königreich offiziell «Portugal und Brasilien», und Johann VI. entschloss sich erst 1821 zur Rückkehr nach Europa. Sein Sohn Peter quittierte das damit, dass er sich 1822 als Peter I. zum Kaiser von Brasilien erklärte und die politische Union zwischen den südamerikanischen und europäischen Besitzungen der Dynastie Braganza auflöste. In Portugal war der britische Einfluss stärker als in Spanien; 1826 entsandte das Londoner Kabinett angesichts des raschen Wechsels zwischen Militärdiktatur, Regentschaft und parlamentarischer Monarchie sogar 4000 Soldaten als eine Art Friedenstruppe. Wie in Spanien lehnten sich die rivalisierenden Parteien an mögliche Thronfolger an: Das Kleinkind

Maria, Tochter Peters I., war Favoritin der Liberalen und Radikalliberalen, Miguel, Sohn Johanns VI., jener der Konservativen. Allerdings regierte Miguel erst im Namen Marias, bevor er versuchte, die Krone selbst zu übernehmen. Das animierte Peter zur Abdankung in Brasilien und zur Rückkehr nach Portugal. Als Miguel 1829 die britischen Truppen zum Rückzug zwang, begann ein Bürgerkrieg, der erst 1834 mit dem Sieg Peters und Marias und dem Exil Miguels vorläufig endete.

England und Frankreich: Konservative Reformen

Dass Österreich, Großbritannien und Frankreich mit russischer Rückendeckung oder Duldung in anderen Staaten intervenieren konnten, zeigte, dass sie die politischen Herausforderungen der Nachkriegsjahre besser bewältigt hatten, wenn auch in ganz unterschiedlicher Weise. In Großbritannien galt das System aus Monarchie, Oberhaus und Unterhaus und einer unabhängigen Justiz als erfolgreich. Es beruhte auf der Herrschaft einer wenige hundert Familien umfassenden Oligarchie, die in lockere Parteien und Klientelnetzwerke zerfiel, die sich bei jeder Kabinettsbildung zu Koalitionen zusammenfinden mussten. In den Jahren nach 1815 geschah dies unter konservativem Vorzeichen. Die konservative «Partei» hatte eine gewisse Nähe zur Monarchie, ohne auf sie fixiert zu sein. Überhaupt war die Monarchie im britischen System wegen ihrer begrenzten finanziellen Mittel und der Tatsache, dass öffentliche Ämter oder Ehrentitel nur auf Rat des Premierministers vergeben werden konnten, relativ bedeutungslos. Die Entscheidung, den Herzog von Wellington mit einem Geschenk von 200 000 Pfund für den Sieg gegen Napoleon zu belohnen, ging von Regierung und Parlament, nicht von der Krone aus. Dazu kamen Zufälligkeiten der Erbfolge, welche den monarchischen Einfluss reduzierten. Georg III. war wegen Geisteskrankheit seit 1811 suspendiert. Nach seinem Tod 1820 wurde er von Georg IV. beerbt, der seit 1811 Prinzregent gewesen war. Georg IV. war ein unpopulärer Spieler und Frauenheld, dessen Schulden mehrfach von der öffentlichen Hand beglichen werden mussten. Er war allerdings auch ein Ästhet auf dem Königsthron – ihm verdankt die britische königliche Familie neben der architektonischen Merkwürdigkeit des «Pavillon» genannten Lusttempels in Brighton ihre beiden Hauptresidenzen Windsor Castle und Buckingham Palace. Georgs Frauengeschichten hatten erhebliche Skandale verursacht. 1785 hatte er in einer Zeremonie von zweifelhafter Legalität heimlich eine katholische Witwe, Mrs. Fizherbert, geheiratet. Da die Ehe mit einer Katholikin den Verlust des Anspruchs auf den Thron bedeutete, verdankte er seine Krönung letztlich dem einmütigen Schweigen der Parteiführer, die die Sache ausgebügelt hatten. 1795 heiratete er Karoline von Braunschweig, um seine Schulden abzuzahlen; das Ehepaar trennte sich ein Jahr später. Als die Thronbesteigung näherrückte und Karoline sich weigerte, außer Landes zu bleiben, wollte Georg die Scheidung durchsetzen. Seiner Frau Ehebruch nachzuweisen war an sich nicht schwer, obgleich die Serie italienischer Kellner, Zofen und Kammerdiener, die ihn bezeugen konnten, einen gemischten Eindruck hinterließen. Ihre Aussagen konnten breit diskutiert werden, da die Scheidung des Monarchen als «Bill of Pains and Penalties» von Oberhaus und Unterhaus verabschiedet werden sollte und somit eine hochpolitische Angelegenheit darstellte. Die Königin wohnte bei einem Führer der Londoner Radikalen, dem Apotheker Matthew Wood; sie wurde von einem weiteren führenden Liberalen, Henry Brougham, verteidigt und vom oppositionellen Flügel der britischen Aristokratie (den sogenannten Whigs) unterstützt.

Im Jahr des Scheidungsprozesses stand die konservative Regierung ohnehin unter Druck. Seit 1816 hatte es in verschiedenen Teilen Englands immer wieder mehr oder weniger schwere, meist wirtschaftlich motivierte Massendemonstrationen und Ausschreitungen gegeben. Am 19. August 1819 versammelten sich zwischen 60 000 und 100 000 Menschen auf St. Peter's Field bei Manchester, um den radikalen Redner Henry Hunt anzuhören, der ein allgemeines Männerwahlrecht und jährliche Parlamentswahlen forderte. Als die Menge von der bürgerlich-landadelig dominierten berittenen Miliz auseinandergetrieben wurde, gab es mindestens 11 Tote und bis zu 600 Verletzte; Liberale und Radikale bezeichneten den

Vorgang mit sarkastischem Bezug auf den Sieg bei Waterloo als «Peterloo». Die Regierung reagierte im Dezember 1819 mit «Sechs Gesetzen» (*Six Acts*), die eine Genehmigungspflicht für Versammlungen mit über 50 Teilnehmern vorsahen, die Bestrafung von Blasphemie und hochverräterischen Äußerungen erleichterten und die Stempelsteuer auf Zeitungen und Pamphlete auf 4 Pence pro Blatt anhoben, um den Absatz zu senken. Es gab aber weiterhin keine Vorzensur, und Anklagen mussten nicht nur Richter, sondern auch Geschworene überzeugen. Als 1820 eine kleine Gruppe, die sich in der Cato Street traf, plante, das Kabinett in die Luft zu sprengen, entdeckt und hingerichtet wurde, sprach die Opposition mit gewissem Recht von einer künstlich aufgebauschten Terrorfurcht, Eingriffen in traditionelle britische Freiheitsrechte und zynischer Missachtung legitimer Ansprüche der ärmeren Bevölkerung. Während aber die Cato-Street-Verschwörer und die Demonstranten von Peterloo bei der lesenden britischen Öffentlichkeit wenig Sympathie weckten, war das bei Karoline anders. Im November 1820 stimmte das Oberhaus der Scheidung mit nur neun Stimmen Mehrheit zu; daraufhin beschloss der Premierminister, an dessen Weisungen der König gebunden war, das Gesetz fallen zu lassen, um eine sichere Niederlage im Unterhaus zu vermeiden. Als Georg IV. im Januar 1821 die wohl opulenteste Krönungszeremonie der britischen Geschichte inszenierte, hatte er somit eine herbe Niederlage erlitten; immerhin konnte er seiner Frau die Teilnahme verwehren. Als Karoline im selben Jahr starb, ertrotzte die Öffentlichkeit jedoch einen großen Trauerzug.

Es war wenig überraschend, dass dieser Monarch, der auch im persönlichen Umgang eine schwache Figur machte, nicht zum Zentrum einer monarchischen Partei wurde. Es war aber auffällig, dass die britischen Konservativen nicht nur die Wirtschaft liberalisierten, sondern auch die Bindung zwischen Thron und Altar lockerten. Seit Heinrich VIII. waren die britischen Monarchen weltliche Oberhäupter der Staatskirchen in England und Irland. Öffentliche Ämter konnte nur wahrnehmen, wer einmal im Jahr die Kommunion nach anglikanischem Ritus empfing – diese Beschränkung betraf Wahlämter wie den Sitz in einem Stadtrat oder im Parlament ebenso wie jede öffentliche Anstellung. Wer an einer der beiden englischen Universitäten in Oxford oder Cambridge einen Abschluss erwerben wollte, musste ebenfalls der Staatskirche angehören. Die Bestimmungen, die sich primär gegen Katholiken richteten, schlossen neben Juden auch Angehörige anderer protestantischer Religionsgemeinschaften wie Quäker oder Methodisten von Ämtern aus, sofern sie nicht bereit waren, einmal jährlich eine anglikanische Kommunion zu ertragen. Die katholische Mehrheit der Bevölkerung Irlands konnte zudem nicht direkt politisch vertreten sein. Dagegen regte sich – vor allem seit der Gründung der *Catholic League* durch den Juristen Daniel O'Connell im Jahr 1823 – in Irland zunehmender Widerstand, der in englischen politischen Kreisen Sympathien weckte. 1828 und 1829 erfolgte nach längeren Verhandlungen und komplexen taktischen Manövern der Parteien, denen es teils um die Katholikenemanzipation, teils um ein Ende der Diskriminierung protestantischer Nonkonformisten ging, gegen den Widerstand des Königs der legislative Durchbruch. Die Zugehörigkeit zu einer christlichen Konfession hatte fortan außer für die allerhöchsten Staatsämter keine politischen Folgen mehr; Juden blieben allerdings weiterhin von den wenigen politischen Ämtern ausgeschlossen, bei denen zum Amtsantritt ein Eid auf den «wahren Glauben eines Christenmenschen» zu schwören war; das betraf unter anderem die Mitgliedschaft im Parlament.

Im Gegenzug verloren in Irland diejenigen Männer, die sich aufgrund von Landbesitz im geringen jährlichen Pachtwert von 40 *shillings* (2 Pfund) als Wähler qualifiziert hatten, ihr Wahlrecht; fortan war ein Jahreswert von mindestens 10 Pfund notwendig.

Die Vorstellung, wohlhabende Wähler könnten sich nur eine konservative, also eher königstreue parlamentarische Versammlung vorstellen, stand ebenfalls im Zentrum der französischen Verfassungspolitik nach 1815. Auf dem Papier hatte die *Charte constitutionelle*, die nach Napoleons zweiter Niederlage wieder in Kraft trat, Ähnlichkeiten mit der ungeschriebenen englischen Verfassung. Der Monarch, ein erbliches Oberhaus (*Chambre des pairs*) und ein gewähltes Unterhaus (*Chambre des députés*) mussten Gesetzen zustimmen, bevor sie in Kraft treten konnten. Minister verantworteten die Entscheidungen des Monarchen, wurden aber nur vom Monarchen ernannt und entlassen; die parlamentarischen Versammlungen hatten anders als in Großbritannien keinen Einfluss auf die Zusammensetzung der Regierungen. Die Verfassung versprach ferner Pressefreiheit sowie ein Ende der Wehrpflicht.

Das französische System war insgesamt stärker auf den Monarchen ausgerichtet als das britische. Karl X., der ehemalige Graf von Artois, der 1825 seinem Bruder auf den Thron folgte, ließ sich ganz nach dem traditionellen Ritual krönen, Wunderheilung durch königliches Handauflegen eingeschlossen. Die Opposition war nach Napoleons Herrschaft der Hundert Tage aus dem Oberhaus entfernt und bei den ersten Wahlen nicht ins Unterhaus gewählt worden, das wegen seiner Unterwürfigkeit mit dem Spitznamen «unauffindbare Kammer» (*chambre introuvable*) bedacht wurde.

An die Stelle der Ex-Bonapartisten Fouché und Talleyrand trat als Regierungschef ein Mitglied der Hocharistokratie, Armand du Plessis, Herzog von Richelieu. Richelieu hatte die Revolutionsjahre in Russland verbracht, wo er sich als Gouverneur zunächst Odessas, dann ganz «Neu-Russlands» (das Gebiet um die Stadt Novorossijsk) den spektakulären Aufstieg der Hafenstadt und der Region zugutehalten konnte. Die Regierung Richelieu beschloss eine restriktive Ausgestaltung des Wahlrechts durch hohe Alters- und Vermögensschranken. Nur wer über 30 Jahre alt war und im Jahr mehr als 300 Francs an von Region zu Region höchst unterschiedlich erhobenen direkten Steuern zahlte, durfte sich an den (indirekten) Wahlen beteiligen – das waren etwa 0,3 Prozent der Bevölkerung; nur wer über 40 Jahre alt war und mehr als 1000 Francs zahlte (bzw. wessen Name ausgewählt wurde, um die Mindestzahl von 50 Kandidaten pro *département* zu erreichen), konnte hoffen, ins Repräsentantenhaus gewählt zu werden. Diese formalistische Regelung übersah freilich, dass sich unter den Wohlhabenden auch viele Profiteure des bonapartistischen Systems und einige Anhänger der radikalen Phase der Revolution fanden. Seit den Wahlen von

1818 verloren die unbedingten Anhänger der Monarchie, die *ultras*, an Boden, während Liberale und Liberaldemokraten wie Benjamin Constant und der Marquis de Lafayette Mandate erhielten. Die *ultras* wurden im Unterhaus zur Minderheit, während die Unabhängigkeit der Pairs durch die Entscheidung, ihre Sitze für erblich zu erklären, zunahm. Obgleich die Regierung in Frankreich die Tagesordnung des Parlaments kontrollierte, produzierten die parlamentarischen Debatten liberale Gesetze. Zwar konnten Publikationen, die zu Unruhen oder Gotteslästerung beitrugen, weiterhin bestraft werden, aber nur durch Urteil eines Geschworenengerichts; die bloße öffentliche Äußerung eines Gedankens war überhaupt nicht strafbar. Zwar wurde die verhasste Wehrpflicht 1817 doch wieder eingeführt, aber nach dem Muster des napoleonischen Lossystems mitsamt der Möglichkeit, einen Stellvertreter zu besorgen, sodass die im Parlament repräsentierten Eliten faktisch ausgenommen blieben.

Die Wendung nach rechts war die Folge eines Attentats, das, anders als in England, erfolgreich war. Anfang 1820 wurde Karls X. Sohn und letzter Thronfolger, der Herzog von Berry, von einem Einzeltäter ermordet. Der Monarch vermutete hinter der Tat eine Verschwörung der Radikalen, was insofern eine gewisse Plausibilität hatte, als sich italienische Geheimbünde und französische Nachahmer im Land ausbreiteten. Die folgenden *ultra*-Regierungen vertraten daher einen restriktiveren Kurs: Vorzensur mancher Presseorgane, die antirevolutionäre Intervention in Spanien, Stärkung der Verbindung zwischen Kirche und Altar. Sie griffen sogar den postrevolutionären Kompromiss an, der die Ereignisse der Revolutionsjahre im Prinzip für rechtmäßig erklärt hatte.

Das Problem der Enteignungen der Revolutionszeit stand immer noch im Raum, da nicht alle Emigranten gleich behandelt worden waren. Nationalgüter, die sich unter Napoleon oder zur Zeit der Restauration noch im Staatsbesitz befanden, waren den ursprünglichen Eigentümern zurückgegeben worden. Diese Rückgabe machte den Status der ehemaligen Nationalgüter in Privatbesitz prekär. Sie wurden nur mit deutlichen Preisabschlägen gehandelt.

Die Regierung schlug daher eine Entschädigung der verbleibenden vormaligen Besitzer durch Renten zu jährlich 3 Prozent vor, deren rechnerischer Kapitalwert etwa einer Milliarde *Francs* entsprach – daher war von einer «Milliarde der Emigranten» die Rede. Die Entschädigung war zweifellos konservativ motiviert, nutzte allerdings auch karitativen Einrichtungen. Mit Blick auf die Zukunft entbehrt es nicht einer gewissen Ironie, dass zu den Hauptnutznießern die Familien Orléans, Talleyrand und Lafayette gehörten, die den Kern einer Opposition bildeten, welche die Herrschaft der Bourbonen schließlich ablöste.

Der Deutsche Bund und das «System Metternich»

Weiter östlich gab es ebenfalls Schwierigkeiten bei der Bewältigung der Legitimitätsprobleme, die sich im Gefolge der Revolution ergaben. Eine Art Pendant zu den enteigneten Emigranten Frankreichs waren in den deutschen Staaten die mediatisierten Standesherren. Die Bundesakte hatte ihnen 1815 unter anderem einen Sitz in den vornehmsten Kammern der in Aussicht gestellten parlamentarischen Versammlungen und Privilegien im Bereich der lokalen Verwaltung und Justiz zugesichert. Daraus ergab sich beispielsweise der lange Titel des *Amtsblatts des Großherzoglich Hessischen Gräflich Isenburgischen Landraths des Bezirks Büdingen*: Die Grafen von Isenburg waren durch den Wiener Kongress in das Großherzogtum Hessen integriert worden, in dessen Namen sie ihren angestammten Herrschaftsbereich weiterhin verwalteten. Solche Sonderrechte waren mit den Souveränitäts- und Standardisierungsplänen der deutschen Mittelstaaten ebenso wenig vereinbar wie die Sprachenvielfalt, die sich durch das Recht hugenottischer Einwanderer des 17. Jahrhunderts auf französischsprachigen Schulunterricht ergab. Es lag nahe, dass die Standesherren in den ersten Kammern gerade keine gegenüber den neuen Fürsten loyale Gruppe bilden würden. Eine Möglichkeit, ihnen das Mitspracherecht zu nehmen, war, auf Verfassungen ganz zu verzichten. Spätestens 1820 war klar, dass niemand mit Sanktionen zu rechnen hatte, der diese Bestimmung der Bundesakte ignorierte. Die süddeutschen Staaten

Baden, Bayern, Württemberg, Hessen-Darmstadt, Nassau und Sachsen-Weimar erließen trotzdem zwischen 1814 (Nassau) und 1820 (Hessen-Darmstadt) Verfassungen, die meist zwei Kammern vorsahen, die nach französischem und britischem Modell jedem Gesetzesvorhaben zustimmen mussten, bevor es durch die Unterschrift des Monarchen wirksam wurde. Entscheidend war, dass die Kammern in regelmäßigen Abständen den Staatshaushalt bewilligen mussten, damit Steuern legal erhoben werden konnten. Ziel der Verfassungen war nicht primär eine Parlamentarisierung des politischen Lebens, sondern ein politisches Zentrum zu schaffen, das die Eliten der aus ganz unterschiedlichen Territorien zusammengesetzten neuen Staaten zusammenschweißen würde. Standesherren sollten gezwungen werden, für den Untertanenstatus in einem Staat zu optieren, und ansonsten ausgeschlossen bleiben; die von den Fürsten kontrollierte Bundesversammlung weigerte sich, Beschwerden der Standesherren dagegen zur Kenntnis zu nehmen.

Auch Preußen plante, eine gesamtstaatliche repräsentative Versammlung einzurichten. Der Staat umfasste ebenso wie Bayern, Baden oder Württemberg Territorien, die wenig Loyalität zur herrschenden Dynastie spürten. Die Parlamentarisierung deckte sich zudem mit den Plänen der preußischen Reformer, adelige und nichtadelige Eliten durch größere Mitsprachemöglichkeiten stärker an den Staat heranzuführen. Das nach längerer Vorbereitung im Sommer 1820 erlassene preußische Staatsschuldengesetz machte die Zustimmung des noch zu schaffenden Parlaments erforderlich, sollte der Staat neue Kredite aufnehmen; eine Verfassung kam jedoch vorerst nicht zustande.

In den Kabinetten Österreichs und Preußens, der beiden deutschen Großmächte, wuchsen nämlich die Zweifel am Nutzen gesetzgebender Versammlungen. Die Kammern der süddeutschen Staaten wurden nach einem Vermögenswahlrecht gewählt, das in Bayern zudem nach Berufen und Wohnorten gewichtet war. Die Grenzen der Wählerschaft waren weniger eng gezogen als in Frankreich, vor allem in Baden, wo es ein passives Wahlrecht für Inhaber einer günstig zu erwerbenden Weinhändlerlizenz gab. Etwa 5 Prozent der Bevölkerung qualifizierten sich in Bayern durch männliches Geschlecht, hinreichendes Alter (über 30 Jahre), katholische, lutherische oder reformierte Konfession, Vermögen und Standeszugehörigkeit als Urwähler, etwa 0,75 Prozent waren dort als Abgeordnete wählbar; in Hessen-Darmstadt waren 0,25 Prozent der Bevölkerung wählbar.

Die Parlamente schufen politische Öffentlichkeit. Die Debatten erschienen zunächst rasch in gedruckter Form und waren Gegenstand ausführlicher Zeitungsberichte. Dadurch entstanden Lücken in der Zensur, da Parlamentarier freier sprechen konnten, als Journalisten schreiben durften. Die einzigen Kontrollmöglichkeiten waren der Ausschluss der Öffentlichkeit von Parlamentsverhandlungen und die verzögerte Publikation der Debatten. Das schuf Konflikte zwischen Monarchie und Abgeordneten, die aktiv und im Blick der Öffentlichkeit an den Staatsgeschäften mitwirken wollten. Inhaltlich waren die süddeutschen Parlamentarier liberal, wenn es um Presserechte und Beschränkungen monarchischer Exekutivgewalt ging, konservativ bei der Abwehr von Eingriffen in die Autonomie von Städten, Gemeinden und Zünften durch eine liberale Wirtschaftspolitik oder die Freigabe des Zuzugs von Juden ohne Zustimmung der betreffenden Gemeinden. Ein entsprechendes Gesetzesvorhaben führte 1819 in Bayern zu antisemitischen Aufständen (den sogenannten Hep-Hep-Unruhen) und wurde daher rasch zurückgezogen.

Die potentielle Störung der öffentlichen Ruhe durch aufrührerische Reden im Parlament und die sozialkonservative Wirtschaftspolitik der süddeutschen Parlamente konnte weder der in der theresianisch-josephinischen Tradition sozialisierten österreichischen Beamtenschaft noch Erben der preußischen Reformer einleuchten, die auf die Weisheit einer aufgeklärten staatlichen Bürokratie setzten. Die beiden deutschen Großmächte stellten daher die Parlamentarisierung auf unbestimmte Zeit zurück. Somit ergab sich auch in Deutschland ein Wechselspiel von liberaler politischer Mobilisierung und konservativen Gegenmaßnahmen. Die Rolle der Aufrührer übernahmen in Deutschland (ähnlich wie in Italien) die Studenten. Die Propaganda der Befreiungskriege hatte bei vielen von ihnen zu dem Eindruck geführt, nach dem Krieg werde ein deutscher Nationalstaat entstehen, für den man selbst die entscheidende militärische Grundlage gelegt habe. Von Propheten einer Rückkehr zu «deutschen» Traditionen wie dem «Turnvater» Friedrich Ludwig Jahn angespornt, schlossen sich Studenten an deutschen Hochschulen in Burschenschaften zusammen, die sich untereinander vernetzten. 1817 erlaubte ihnen Carl August, Großherzog von Sachsen-Weimar-Eisenach, auf der Wartburgruine bei Eisenach das 300. Jubiläum der deutschen Reformation und den vierten Jahrestag der «Völkerschlacht» bei Leipzig zu feiern. Bei dieser Gelegenheit wurden revolutionäre Reden geschwungen und Symbole der preußischen Militärdisziplin, des Absolutismus und der napoleonischen Reformen verbrannt. 1819 ermordete der Burschenschaftler Karl Ludwig Sand den russischen Geheimrat und populären Theaterschriftsteller August von Kotzebue, der die in den Augen der Burschenschaften unverzeihliche Dreistigkeit besaß, in seiner Zeitschrift die Absurdität ihrer Pläne anzuprangern und die marginale militärische Bedeutung der studentischen Freiwilligen hervorzuheben.

Das Attentat bot dem österreichischen Staatskanzler Metternich Anlass, eine bundeseinheitliche Reaktion herbeizuführen. Da mindestens ein Staat – Sachsen-Weimar – die Burschenschaften zu decken schien, war ein formeller Bundesbeschluss, der von über 40 weisungsgebundenen Gesandten eine Konsultation mit ihren Fürsten verlangt hätte, unpraktisch. Stattdessen organisierte Metternich im böhmischen Karlsbad (Karlovy Vary) eine Zusammenkunft der Vertreter der zehn wichtigsten Bundesstaaten, deren Vorgaben die anderen Staaten mehr oder weniger beipflichten mussten. Die Universitäten wurden unter strengere politische Aufsicht gestellt, indem Semesterzeiten koordiniert, das Reisen von Studenten beschränkt und politische Kommissare an Universitäten eingesetzt wurden, die über die Zuverlässigkeit von Professoren und Studierenden urteilten. Alle Schriften unter 320 Seiten sollten vor der

Drucklegung zensiert werden. Eine Zentraluntersuchungskommission in Mainz sollte Verschwörungen enttarnen und der Bund gegen widerspenstige Regierungen vorgehen, welche die Ruhe in den Nachbarstaaten gefährdeten. Jeder Staat blieb allerdings für die Formulierung der entsprechenden Gesetze und für ihre Umsetzung verantwortlich. Als die Zentraluntersuchungskommission 1827 mit der für solche Gremien üblichen Paranoia einen Abschlussbericht vorlegte, der jeden einigermaßen prominenten, nicht ultrakonservativen Politiker zum Verschwörer erklärte (beispielsweise Stein und Hardenberg), war die Resonanz begrenzt.

Eine Ministerialkonferenz in Wien erarbeitete zum fünften Jubiläum der Deutschen Bundesakte eine konservative Neuinterpretation des Dokuments, welche die Kompetenzen parlamentarischer Versammlungen drastisch beschnitt. Da die bundesrechtliche Verpflichtung der Staaten, sich an Verteidigungsausgaben zu beteiligen, schwerer wiege als das einzelstaatliche Verfassungsrecht, dürften die Kammern dem Staatshaushalt die Zustimmung nicht verweigern. Überdies müsse sichergestellt werden, dass die Regierungsgeschäfte allein in den Händen des Monarchen blieben.

Damit standen die süddeutschen Staatsregierungen vor der Frage, ob sie eher ihre eigenen Verfassungen oder die Vorgaben aus Wien befolgen wollten. Da sie sich gegen einen direkt antikonstitutionellen Kurs entschieden, kam es in Deutschland nicht zur flächendeckenden Rückkehr zum Absolutismus. Dennoch wurden Oppositionelle wie Jahn ohne Gerichtsverfahren gefangengesetzt, nicht linientreue Studenten sahen sich auf Karrieren außerhalb des Staatsdienstes verwiesen. Zugleich war der Deutsche Bund durch die Beschlussfassung in Karlsbad und Wien politisch marginalisiert und potentiell delegitimiert worden.

Russland und Kongresspolen

Auch in Russland blieben regionale Vielfalt und politische Pluralität zunächst bestehen. Alexander I. war 1815 als religiös erweckter Mensch nach Russland zurückgekehrt, dessen sentimentale Ergüsse zur konservativen Neuordnung Europas international Aufsehen erregten. Dennoch ließ er die Verfassung des Königsreichs Polen in Kraft, die Adam Czartoryski im Zuge der Wiener Verhandlungen 1815 entworfen hatte. Diese gewährte einerseits dem Monarchen alle entscheidenden Machtpositionen. Er ernannte alle Amtsinhaber, konnte Gesetze zurückweisen und als oberster Richter interpretieren. Aber die Verfassung sah zugleich ein gewähltes Parlament (*Sejm*) vor, garantierte den Fortbestand des *Code civil* (und damit standesunabhängige Besitzrechte), Religions- und Pressefreiheit sowie Polnisch als Amtssprache. Noch bemerkenswerter waren die Personalentscheidungen des Zaren. Die zentralen Kommandos in der Armee des Königreichs gingen an Veteranen der napoleonischen Armee. Vizekönig wurde Józef Zajączek, der am Aufstand Kościuskos teilgenommen hatte. Der Oberbefehlshaber der polnischen Armee war Großfürst Konstantin Pavlovitsch, ein Bruder des Zaren, der wegen seiner Ehe mit einer nicht standesgemäßen Polin 1823 seinen Platz in der Erbfolge aufgab. Trotz repressiver Maßnahmen, die sich an Konflikten über die Rolle von Staat und Kirche im Bildungswesen und an Auseinandersetzungen zwischen Regierung und *Sejm*-Mehrheit entzündeten und zur Suspendierung des Parlaments führten, unterschied sich die Lage im Königreich Polen deutlich von der in den direkt zum russischen Reich gehörenden polnischen Provinzen.

In den russischen Kernlanden hatten nach anfänglichen Reformimpulsen tatsächlich die Kräfte des Beharrens die Überhand gewonnen, was vor allem den Offizieren ein Dorn im Auge war, die in den Napoleonischen Kriegen in Kontakt mit ausländischen Institutionen und Ideen gekommen waren und hofften, Russland werde an ausländische Erfolge anknüpfen. Als Alexander Anfang Dezember 1825 überraschend starb, war die Thronfolgefrage unklar, denn der Thronverzicht Konstantins war noch nicht verkündet. In dieser Situation wagte eine Offiziersverschwörung, deren Ziele von einer konstitutionellen Monarchie bis zur parlamentarischen Republik reichten, den Aufstand, indem sie am 26. Dezember 1825 den Eid auf Nikolaus I. verweigerten. Die nach diesem Datum als «Dekabristen» (nach dem russischen Wort für Dezember) bzw. «Dezembristen» bekannten Offiziere wurden intensiv verfolgt; es kam zu einigen hundert Hinrichtungen und Verbannungen nach Sibirien. Die Verschwörung sorgte wie die *Cato Street Conspiracy*, das Attentat auf den Herzog von Berry oder die Aktionen der Burschenschaften dafür, dass sich der politische Kurs verschärfte und die Grenzen erlaubter Kritik schrumpften.

Erfolg der «Restauration»?

In den meisten europäischen Staaten waren die 1820er Jahre somit eine Zeit liberaler Niederlagen. Das reichte über den politischen Bereich hinaus. Der wachsende Einfluss religiöser Instanzen verringerte gesellschaftliche Freiräume vor allem für Frauen, die zwar den halbprivaten Bereich der Salons für sich retten konnten, ihre Rolle als direkte politische Akteure aber weitgehend verloren. Frauenvereine, die sich in den Kriegsjahren gebildet und beispielsweise in der Krankenpflege neue Tätigkeitsbereiche eröffnet hatten, wurden ins Private abgedrängt oder aufgelöst. Allerdings waren die 1820er Jahre keine Ära, in der sich zutiefst unpopuläre Regime nur mittels polizeilicher Maßnahmen am Leben erhielten. Selbst die Maßnahmen autokratischer Monarchien gegen die politische Opposition ließen sich im Vergleich zu den totalitären Regimen des 20. und 21. Jahrhunderts oder zum Terror der Revolutionsjahre meist nur als milde bezeichnen. Hinrichtungen waren selten. Revolutionäre wurden für gewöhnlich mit Haft unter ehrenvollen Bedingungen, Verbannung in entlegenere Provinzen des Landes, Exil oder ökonomischen Sanktionen belegt. Anders formuliert: Es war wesentlich weniger riskant, politische Fundamentalopposition zu betreiben, als auf den Straßen Londons beim Klauen einer Taschenuhr erwischt zu werden oder dort in einem Handelskontor einen Wechsel zu fälschen – das führte meist an den Galgen oder auf Nimmerwiedersehen nach Australien. In fast allen politischen Systemen blieben Freiräume, in denen die Angehörigen der sozialen Eliten auf politische Veränderungen drängen konnten: Parlamente, exklusive oder protegierte Zeitungen oder umfangreichere, weniger intensiv zensierte Schriften.

Die Befürworter radikaler Veränderung neigten aus verständlichen Gründen dazu, den Grad der Repression und Restauration zu überzeichnen. Die Kritik an ihren Programmen war aber durchaus nicht immer illegitim. Wer den Sieg der studentischen Bewegung über Napoleon feierte, drohte in der Tat, wie der einstige Rektor der Berliner Universität, Theodor von Schmalz, in seiner *Berichtigung einer Stelle in der Bredow-Venturinischen Chronik für das Jahr 1808* meinte, den Bezug zur militärischen und politischen Realität zugunsten «poetischer Theaterkraft» zu verlieren – also die Fehler derjenigen zu wiederholen, die Europa nach 1793 in den Krieg gestürzt hatten.[10]

Romantik und «Wiener Ordnung»: Griechenland

Es wäre jedoch ein Missverständnis der «Wiener Ordnung», würde man annehmen, dass es ihr darum ging, die neuen Grenzen in Europa um jeden Preis zu verteidigen. Das Ausmaß der Flexibilität ließ sich an der einzigen erfolgreichen Revolution der 1820er Jahre ablesen, die in Griechenland stattfand.. «Griechenland» war Anfang des 19. Jahrhunderts eine der vielen Provinzen des Osmanischen Reichs. Seine Bewohner sprachen nicht Griechisch, waren aber zum guten Teil katholische und orthodoxe Christen, die unter eigenem Recht in einer Parallelgesellschaft zu den muslimischen Angehörigen des Reichs lebten.

Im Osmanischen Reich waren Griechen ebenso wie Juden eine ethnisch-religiös definierte Gruppe, die vor allem als Kaufleute in Erscheinung trat und in fast allen Hafenstädten präsent war. Ihre Lage veränderte sich im frühen 19. Jahrhundert durch den Aufschwung des Orienthandels, der sich in der Expansion Odessas spiegelte. Dazu kamen die Erfahrung griechischer Selbstverwaltung auf den Ionischen Inseln und eine kulturelle Renaissance, die mit der Erfindung einer neugriechischen Schriftsprache einherging. Einige Griechen übernahmen Führungspositionen des Osmanischen Reiches. Sie boten sich besonders für christliche Gouverneursposten (also als *Hospodare*) an. Alexander Ypsilantis beispielsweise war bis zu seiner Hinrichtung 1807 Gouverneur der an der russischen

Grenze gelegenen Walachei gewesen. 1812 wurden Moldawien und die Walachei autonome Provinzen unter russischem Schutz; fortan musste der Sultan die Zustimmung des Zaren einholen, wenn er einen Gouverneur ernannte. Kinder und Enkel Ypsilantis' waren nach dem Sturz des Familienoberhaupts nach Russland gegangen. Konstatin Ypsilantis trat in die russische Armee ein, sein Sohn Alexander erlangte dort den Rang eines Generals.

Die Ypsilantis machten auch in einem griechischen Geheimbund namens *Filiki Etaria* (Gesellschaft der Freunde) mit Zentrum in Odessa Karriere, der die kulturelle Erweckung Griechenlands und die Vorbereitung eines Aufstands betrieb. 1820 übernahmen sie die Führung des Bundes. Im folgenden Jahr wollte Alexander Ypsilantis der Jüngere durch den Einmarsch in die Walachei an der Spitze einer kleinen Armee einen christlichen Aufstand im Osmanischen Reich provozieren, der zu einem russisch-türkischen Krieg führen sollte. Dieser Plan scheiterte. Der Einmarsch einer großen russischen Armee blieb aus, und der russische Vertreter auf dem Kongress von Laibach, der 1821 zur Diskussion revolutionärer Unruhen einberufen worden war, Ioannis Graf Capodistrias, distanzierte sich ausdrücklich von der Initiative. Alexander blieb nur die Flucht nach Österreich.

Südlich des Isthmus von Korinth wurde der Einmarsch in die Walachei trotzdem als Aufstandssignal gedeutet. Anhänger der Gesellschaft der Freunde gingen im blutigsten Massaker der ersten Hälfte des 19. Jahrhunderts gegen die etwa 40 000 Türken in Griechenland vor; 15 000 sollen dabei zu Tode gekommen sein. Entsprechend hart waren die Repressalien: Hinrichtung des Patriarchen von Konstantinopel, Zerstörung christlicher Kirchen innerhalb und außerhalb Griechenlands und ein Feldzug gegen die rebellischen Griechen. Ein weiterer Enkel des älteren Alexander Ypsilantis, Dimetrios, erkannte, dass nur ein modernes konstitutionelles Programm europäische Sympathien gewinnen konnte. Im Dezember 1821 trat in Epidauros eine griechische Nationalversammlung zusammen, die sich im Januar 1822 für die Unabhängigkeit aussprach und eine Verfassung auf den Weg brachte.

Der Kampf christlicher Griechen gegen muslimische Türken, über deren Repressalien intensiv berichtet wurde, ließ bei jedem klassisch gebildeten Europäer Stereotype vom Ursprung europäischer Wissenschaft, Demokratie und militärischer Stärke wach werden. Der bayerische König Ludwig I., der besonders leicht für grandiose Projekte zu begeistern war, bot an, die griechische Sache zu unterstützen. Die österreichische Regierung, die an sich die osmanische Position unterstützte, schlug immerhin einen Kongress in St. Petersburg vor.

Auch einer der Medienstars der Zeit nutzte die griechische Sache für einen Comebackversuch. George Gordon Noel, sechster Baron Byron, war 1788 geboren worden. Der Erbe eines erheblichen Vermögens machte sich als Dichter einen Namen und wurde mit seinen teils bissigen Satiren, teils die romantische Sensitivität ansprechenden Versen weit über England hinaus berühmt; sein erstes Erfolgsbuch, *Childe Harold's Pilgrimage* (1811), verarbeitete Eindrücke einer Europareise. 1816 musste Byron England überstürzt verlassen, da seine Frau ein sexuelles Verhältnis zu seiner Stiefschwester Augusta, die er nach langer Trennung 1807 wiedergetroffen hatte, vermutete und mit einem großen Skandal drohte. Byron zog nach Italien, wo er ein skandalumwittertes Leben führte und seine größten Werke wie die Verssatire *Don Juan* verfasste.

Keineswegs alle Vertreter der literarischen oder künstlerischen Romantik waren wie Byron politisch liberal oder radikal. Chateaubriand schrieb romantische Novellen und war nach der Restauration überzeugter *ultra*, der als Außenminister die französische Intervention gegen die liberale Regierung Spaniens organisierte. Die Faszination, welche das Mittelalter auf die romantische Phantasie ausübte, konnte mit einer Begeisterung für die Dominanz der katholischen Religion und einer starken Monarchie ebenso leicht eine Wendung ins politisch Reaktionäre nehmen wie mit der Sehnsucht nach korporativen Freiheiten verbunden sein. Manche Romanhelden kämpften wie Walter Scotts *Ivanhoe* vor mittelalterlicher Kulisse gegen tradierte Vorurteile, Autoren wie Adam Heinrich

Müller dagegen für die Bewahrung einer hergebrachten hierarchischen Ordnung.

Die Nähe zwischen romantischen Kunstströmungen und politischem Liberalismus oder Radikalismus ging dennoch über die einzelnen Beispiele wie Heinrich Heine oder Henri Beyle alias Stendhal hinaus. Eine Gemeinsamkeit war die Betonung des Besonderen, Einzigartigen von Individuen oder Kollektiven wie Völkern oder Nationen. Dazu kam die Vorstellung individueller Inspiration des Künstlers, die keine Rücksicht auf familiären Hintergrund, formelle Bildung oder sozialen Status nahm; das war eine drastische Formulierung potentieller Gleichheit. Zwar gab es wenige bekannte Künstler aus unterbürgerlichen Schichten – Heine war der Sohn eines Bankiers, Byron eines schottischen Peer, Stendhal Sohn eines Anwalts am *Parlement* der Dauphiné und Offizier der napoleonischen Armee, Walter Scott ebenfalls Anwaltssohn und selbst Richter –, aber es bedeutete doch einen bemerkenswerten Bruch mit den normalen Traditionen einer ständischen Gesellschaft, als Ludwig van Beethoven, seinerseits Sohn eines Musikers, in Wien ein Staatsbegräbnis erhielt, wie es Fürsten, Generälen oder Ministern kaum zuteilwurde.

Politisch sprach die romantische Imagination vor allem der heroische, unwahrscheinliche, durch die Vorsehung auserwählte Anführer an, Leute wie die Kommandanten des griechischen Unabhängigkeitskampfes oder aber Napoleon. In Kunst und Literatur, deren inhärente Ambiguität ein Weg war, die Zensurbestimmungen zu umgehen, feierte der 1821 verstorbene Monarch, der in St. Helena eifrig an seinem Mythos weitergeschrieben hatte, eine erste Auferstehung – die durch das Gerücht unterstützt wurde, der Kaiser habe seinen Veteranen ein enormes Vermögen hinterlassen, dessen Auszahlung die Bourbonen verhinderten.

Es waren ähnliche Ruhmesvorstellungen, die Byron dazu trieben, 1823 auf eigene Kosten eine kleine Streitmacht auszurüsten und nach Missolunghi zu fahren, wo er ohne an einer Kampfhandlung teilgenommen zu haben 1824 einem Fieber erlag. Damit machte er die Sache Griechenlands noch bekannter. Nach seinem

«Opfertod» für die griechische Freiheit versuchten Freunde Byrons, seine Bestattung unter den anderen großen Dichtern Großbritanniens in Westminster Abbey zu erreichen; als das Kathedralkapitel ablehnte, geleitete ein langer Trauerzug von Kutschen der britischen Prominenz Byrons Leichenzug durch London. Man kann durchaus die These vertreten, außer Shakespeare habe kein anderer englischsprachiger Autor «more world influence» als der tote Byron ausgeübt.[11]

In allen europäischen Ländern sowie in Amerika wurden Griechenvereine gegründet, die sich lebhaften Zulaufs aus gebildeten Kreisen erfreuten. Sie hatten den Zweck, die Griechen zu unterstützen, indem sie Geld sammelten oder Freiwillige rekrutierten. Daneben ging es aber um anderes. Die Vorstellung, private Vereine könnten eine Streitmacht aufstellen, richtete sich gegen das staatliche Gewaltmonopol. In konservativen Ländern war die Unterstützung der griechischen Freiheit eine Möglichkeit, die eigene politische Situation zu kritisieren. Zumal in Deutschland war sie zugleich impliziter Protest gegen preußisch-österreichische Unfreiheit. Die Vereine trugen freilich wenig zur Entscheidung der griechischen Frage bei. Seit 1823 hatte sich die internationale Konstellation verschoben. Es war der Türkei nicht gelungen, die Rebellion zu besiegen, und der Sultan weigerte sich, die 1821 besetzten Donaufürstentümer zu räumen und einem mit Zustimmung des Zaren bestellten Verwalter zu unterstellen. Russland sah sich überdies zunehmend als Verlierer der europäischen Kongressdiplomatie. Während Frankreich Zugriff auf Spanien erhalten und Österreich seine Kontrolle über Italien verstärken konnte, hatte Russland nichts gewonnen. Im Gegenteil: Österreich nutzte getreu dem Ziel, Russland möglichst nicht erstarken zu lassen, die Krise im Osmanischen Reich, um den Handel im östlichen Mittelmeerraum auf österreichische Schiffe zu verlagern.

Bis 1825 hielt die Verzögerungstaktik der europäischen Konferenzdiplomatie Russland zurück, und der Sultan erfocht mit Unterstützung des ursprünglich aus Albanien stammenden Statthalters von Ägypten, Mohammed Ali (Pascha) – der mit den gegen Napoleon ausgesandten Truppen nach Ägypten gekommen war –, Gewinne gegen die Griechen. Die ägyptische Intervention verlieh der griechischen Sache eine weitere Dimension: Glaubte man russischen und griechischen Nachrichten, hatte der Sultan vor, das Mutterland europäischer Zivilisation «afrikanischen Horden» auszuliefern. Derweil wuchs in London und Paris die Sorge über die Unruhe im östlichen Mittelmeer, die sich zu einer allgemeinen Bedrohung der Handelswege auszuwachsen drohte. Im Sommer 1827 einigten sich Frankreich, Großbritannien und Russland darauf, das Osmanische Reich zum Waffenstillstand mit der provisorischen griechischen Regierung zu zwingen. Um die neue Haltung deutlich zu machen, schickte Großbritannien den Griechen neue Oberkommandierende der Armee und Marine, Russland mit Capodistrias einen neuen Premierminister. Das verhinderte zwar nicht die Eroberung Athens durch osmanische Truppen; die Zerstörung der ägyptisch-osmanischen Flotte durch französische und britische Schiffe am 20. Oktober 1827 bei Navarino zwang aber Mohammed Ali und den Sultan, Griechenland aufzugeben, das nun von Großbritannien und Frankreich besetzt wurde. Russland marschierte mit 100 000 Mann auf dem Balkan und östlich des Schwarzen Meers ins Osmanische Reich ein, um seine Kontrolle über die Autonomie Serbiens und die der Donaufürstentümer auszubauen. Zwar lief der Krieg auf dem Balkan aus russischer Sicht nicht ganz so wie erwartet, da sich die Kampagne bis 1829 hinzog, als die russische Armee schließlich Adrianopel eroberte. Mit britischer und französischer Zustimmung wurde das Osmanische Reich aber verpflichtet, Russland zusätzliches Territorium an der Schwarzmeerküste und der Donaumündung zu überlassen, die griechische Unabhängigkeit in engen Grenzen (ohne Thessalien oder die Ionischen Inseln) anzuerkennen und die Donaufürstentümer russischer Kontrolle zu unterstellen, bis die hohe Kriegsentschädigung bezahlt war.

Blieb die Frage, wie das unabhängige Griechenland verfasst sein sollte. Der internationale Kompromiss lief auf eine konstitutionelle Monarchie mit einem ausländischen Souverän unter dem Schutz der direkt am Krieg beteiligten Großmächte hinaus. Als König war kurz ein Prinz von Hessen-Homburg im Gespräch, der in der österreichischen Armee diente, bevor Großbritannien Leopold von Sachsen-Coburg-Saalfeld vorschlug, den Witwer von Georgs IV. Tochter Charlotte. Als Leopold ablehnte, fiel die Wahl 1832 formal durch Abstimmung der griechischen Nationalversammlung auf den Wittelsbacher Erbprinzen Otto. Damit wurde das Engagement seines Vaters für die griechische Sache belohnt und Ludwigs Griechenland-Begeisterung, die in der Münchener Stadtarchitektur breite Spuren hinterließ, weiter angefacht. Zugleich wurde aber ein konfessionelles Problem nach Griechenland importiert: Der neue König blieb katholisch, während die Bevölkerung die Zugehörigkeit zur orthodoxen Kirche als Kern griechischer Identität betrachtete.

Man kann die griechische Unabhängigkeit mit guten Gründen als Triumph der Wiener Ordnung betrachten. Die Machtverschiebung im östlichen Mittelmeerraum kompensierte Russland für die gestärkte Stellung Frankreichs und Österreichs und bewahrte so das europäische Gleichgewicht. Die Kabinette europäischer Staaten waren in diesen Jahren selbst dann, wenn sie militärische Triumphe erzielten, bereit, sich um der Stabilität des «Konzerts» der europäischen Großmächte willen zurückzuhalten. Die Pläne des französischen Außenministers, nach der russischen Eroberung Adrianopels Europa neu zu ordnen (Teile des östlichen Osmanischen Reiches an Russland, das Richtung Indien orientiert werden sollte; Serbien und Bosnien an Österreich; Sachsen und die nördlichen Niederlande an Preußen; das Rheinland an den König von Sachsen, Belgien an Frankreich; die niederländischen Kolonien an Großbritannien), stießen weder innerhalb noch außerhalb Frankreichs auf Resonanz.

Die griechische Unabhängigkeit dokumentierte die Bedeutung der internationalen öffentlichen Meinung ebenso wie die politische Reformfähigkeit der postnapoleonischen Ordnung. In Griechenland wurde ein Monarch auf Druck einer Volksversammlung eingesetzt, eine Verfassung gegeben, eine Massenbewegung aus der Taufe gehoben, das Prinzip, dass eine Nation in einem Staat zusammenleben sollte (das die griechischen Bauern freilich kaum interessierte), erfolgreich gegen die Stabilität der bestehenden Grenzen gesetzt. Insofern steht die griechische Frage nicht nur chronologisch am Übergang von den eher restaurativ geprägten zu den eher reformfreudigen 1830er Jahren.

4. Liberaler Aufbruch?

«Reform» in Großbritannien

1830 war in den zwei wichtigsten europäischen Demokratien ein epochemachendes Wahljahr. Am 26. Juni 1830 starb der britische König Georg IV. Sein Nachfolger Wilhelm IV. kam dem Idealbild eines Monarchen ebenso wenig nahe wie sein unbeliebter Bruder. Der Marineoffizier der Revolutionskriege pflegte die Umgangsformen eines bärbeißigen Seemanns, hatte zehn uneheliche Kinder und fand sich zu einer legitimen Ehe ebenfalls erst bereit, als seine Schuldenlast allzu drückend wurde. Wilhelm IV. war kein «Liberaler», stand aber einer möglichen Wahlrechtsreform etwas offener gegenüber als sein Bruder. Die Komplexität des britischen Wahlrechts war kaum zu überbieten. Grob vereinfacht, zerfielen die Wahlkreise, die zwischen einem und vier Abgeordnete stellten, in zwei Kategorien: Grafschaften und «Städte». In den englischen und schottischen Grafschaften war das Wahlrecht nominell recht breit: Jeder erwachsene Mann, der Land besaß, das zwei Pfund Pacht im Jahr wert war, durfte an der öffentlichen Wahl der Parlamentsabgeordneten teilnehmen. «40 *shillings*» war im Mittelalter eine substantielle Summe gewesen, inzwischen aber kaum noch als Wohlstand zu bezeichnen – anders als die seit 1829 in Irland benötigten 10 Pfund. Das vergleichsweise breite Wahlrecht hatte jedoch vor allem zur Folge, dass in Grafschaften kaum tatsächlich über mehrere Kandidaten abgestimmt wurde. Um in einer umkämpften Grafschaft Erfolg zu haben, musste man mehrere zehntausend Pfund investieren. In einer mittelgroßen Stadt waren immerhin noch einige tausend Pfund fällig – dabei waren 200 Pfund im Jahr ein sehr gutes Einkommen. Es gehörte zur Ausrichtung einer Wahl, dass die Kandidaten «ihre» Wähler zum Wahlort brachten, mit Essen und viel Trinken versorgten, etwas Geld zahlten und vor Anhängern der Gegenseite beschützten – denn wählen konnte nur, wer sich (manchmal im Wortsinne) zum Wahlbuch durchschlug. Der Inhalt des Wahlbuchs wurde meist gedruckt, damit sich Wahlagenten auf die in spätestens sieben Jahren zu erwartende Revanche vorbereiten konnten. Wer in einem ökonomischen Abhängigkeitsverhältnis stand, konnte somit kaum gegen seinen Patron stimmen. Schwankungen der öffentlichen Meinungen schlugen daher nur auf das Wahlergebnis durch, wenn sich die Haltung der Eliten veränderte oder ein vermögender Außenseiter beschloss zu kandidieren. War das nicht der Fall, dann einigten sich die Grafschaftseliten meist auf Vertreter, die per Akklamation bestätigt wurden.

In den «Städten» wurde nach jeweils eigenem Wahlrecht gewählt. Mal durften sich die Besitzer bestimmter Grundstücke beteiligen, mal alle Bürger der Stadt, mal alle, die Armensteuer zahlten und zur Übernahme städtischer Ämter verpflichtet waren, mal alle Einwohner mit eigenem Kochtopf (so in Westminster), mal alle Zunftmitglieder (so in London).

Viele der Städte, die Vertreter ins Unterhaus entsandten, waren inzwischen zu Dörfern herabgesunkene Orte, eine Industriemetropole wie Manchester hatte dagegen keinen Sitz im Unterhaus. Nach jedem denkbaren Maßstab (Bevölkerungszahl, Steuerlast oder Vermögen) waren die dynamischsten Regionen des Landes (London und die Midlands) unterrepräsentiert, der Südwesten, wo besonders viele Ex-Städte lagen, dagegen deutlich überrepräsentiert.

Die meisten Wahlkreise hatten nur wenige Wähler und waren mehr oder weniger offen bereit, dem meistbietenden Kandidaten den Vorzug zu geben. Es gab sogar einen grauen Markt, auf dem Wahlkreise gehandelt wurden. Edward Wakefield war einer der Agenten, mit denen man sprechen konnte, wenn man Interesse an einem Parlamentssitz hatte.

Verteidiger des Systems argumentierten, gerade seine Irrationalität erlaube talentierten Männern wie Edmund Burke oder erfolgreichen Unternehmern wie Robert Peel senior, eine parlamentarische Karriere zu beginnen. Ein rational konstruiertes Wahlrecht wie in Frankreich dagegen bringe entweder radikalisierte oder allzu fügsame Parlamente hervor. Dieses Argument überzeugte freilich immer weniger, da die Statik des parlamentarischen Repräsentationsmusters immer deutlicher mit der Dynamik ökonomischen Wandels kontrastierte. Radikale forderten ein allgemeines, gleiches, vielleicht sogar geheimes Männerwahlrecht sowie jährliche Wahlen; das lief auf eine direkte Vertretung der gesamten männlichen Bevölkerung mit einem quasi-imperativen Mandat hinaus. Moderatere Kritiker forderten nur die Beseitigung der offensichtlichsten Ungerechtigkeiten, möglichst in einer Weise, welche die strukturellen Vorteile für die Partei der «Tories» aufheben würde, die es ihr erlaubt hatten, die seit 1760 dominierende Partei zu sein. «Tories» und «Whigs» ließen sich auf die politischen Auseinandersetzungen der 1680er Jahre zurückverfolgen, in denen Erstere einen monarchiefreundlicheren und somit konservativeren Kurs verfolgt hatten, während Letztere die «Glorreiche Revolution» von 1688/89 betrieben hatten und bestrebt waren, ein erneutes Erstarken der Monarchie zu verhindern.

Mit jedem Thronwechsel war eine Parlamentswahl verbunden. Nach den Wahlen von 1830 verlor der Herzog von Wellington, der als Anführer der Tories von Wilhelm IV. mit der Regierungsbildung beauftragt worden war, eine Vertrauensabstimmung zur Wahlrechtsreform. Somit waren nun die «Whigs» am Zug. Diese Formulierung suggeriert freilich einen Grad von Parteidisziplin, der den Verhältnissen des 19. Jahrhunderts nirgends entsprach. Alle Angehörigen aller Parlamente vertraten eine bestimmte geographisch definierte Region, keine Partei. Sie sollten nur dem besseren Argument folgen, nicht den Weisungen eines Parteiführers. Diese Vorstellung spiegelte sich in den negativen Bezeichnungen für «Fraktionen» – Gruppen, die das Parlament spalten. Gewiss gab es trotzdem in jeder parlamentarischen Versammlung Männer, die bestimmte Interessen teilten und ähnliche Positionen einnahmen. Solche «Freundeskreise» waren aber instabil, denn mit einer «Parteidisziplin» konnte nur begrenzt gerechnet werden – zumal kein

Abgeordneter seine Wahl der Zugehörigkeit zu einer «Partei» verdankte, allenfalls der finanziellen Unterstützung durch einen Patron. Wilhelm IV. beauftragte also das Oberhaupt der bisherigen Oppositionsfraktion, Charles, zweiter Earl Grey, mit der Bildung einer Regierung, die überwiegend aus Angehörigen des Hochadels bestand und sich sofort an die Konzeption einer (Wahlrechts-)«Reform» machte.

Revolutionen und Revolutionsversuche: Frankreich, Belgien, Deutschland, Polen, Italien

In Frankreich wurde am 23. Juni und 3. Juli 1830 turnusmäßig gewählt. Das Ergebnis war ebenfalls ein liberal dominiertes Parlament. Bereits im März hatte die Kammer der Deputierten mit einer deutlichen, aber keineswegs überwältigenden Mehrheit von 221 gegen 181 Stimmen gefordert, König Karl X. solle fortan nur noch Minister berufen, die das Vertrauen der Parlamentsmehrheit besaßen, also sein Recht, Minister nach Gutdünken zu wählen, aufgeben. Seither war aber die außenpolitische Bilanz der amtierenden *Ultra*-Regierung nicht schlecht gewesen. Der griechische Feldzug war, wenn man darüber hinwegsah, dass am Ende die Griechen auf die in ihrem Land stationierten Franzosen losgegangen waren, erfolgreich beendet worden. Eine vielversprechende Expedition war nach Algerien unterwegs; die Nachricht von der Einnahme Algiers erreichte Paris allerdings erst am 9. Juli. Somit rechnete der Monarch damit, die Wahl werde eine konservative Wende bringen.

Dank der plumpen Versuche der Wahlmanipulation durch Monarchie, regierungstreue Beamte und Kirche gewann die Opposition allerdings 274 der 430 Sitze. Daraufhin entschlossen sich Karl und seine Regierung zu Maßnahmen, die sich im Rückblick nur als «Selbstmord der Monarchie»[12] beschreiben lassen. Die Kammer wurde, bevor sie zum ersten Mal zusammenkam, am 25. Juli 1830 aufgelöst. Im September sollten nur noch 238 Abgeordnete gewählt werden, Männer, die eine noch höhere Steuerleistung erbracht hatten und auf *département*-Ebene eine Mehrheit erzielten. In die politische Realität übersetzt, hieß das: *ultras*. Um öffentliche Proteste zu verhindern, sollte die Neuregelung des Wahlrechts geheim bleiben, eine Vorzensur jeder Publikation unter 20 Bögen die Nachrichtensperre sichern.

Monarchie und Regierung unterschätzten die Breite des Widerstands. Als ohne Genehmigung ein Protestflugblatt führender Pariser Zeitungen erschien, stellte die Justiz fest, dass der Zensurbestimmung die gesetzliche Grundlage fehlte. Casimir Pierre Périer, Sohn des Initiators der Versammlung von Vizille 1788 und erfolgreicher Bankier, sowie sein Kollege Jacques Laffitte versammelten liberale Abgeordnete um sich. Studenten, Handwerker und Arbeiter drängten, den Kampf aufzunehmen, bevor die 12 000 in Paris stationierten Soldaten mobilisiert waren. Am 27. und 28. Juli 1830 kam es vor allem im ärmeren Osten der Hauptstadt zum Barrikadenbau und zu Zusammenstößen zwischen Armee und Bevölkerung, in denen etwa 800 Zivilisten und 200 Soldaten zu Tode kamen. Etwa 4000 Zivilisten und 800 Soldaten wurden verletzt, bevor das Militär zurückwich.

Dass die Opposition 1830 so rasch siegte, hatte auch damit zu tun, dass die zentralen Akteure ältere Herren waren, welche in unterschiedlicher Weise von den Erfahrungen der Revolution von 1789 gezeichnet waren. Das Militär bestand zum Teil aus Veteranen der napoleonischen Ära, deren Loyalität gegenüber den Bourbonen sehr begrenzt war. Karl X. hatte als letzter lebender Bruder Ludwigs XVI. aus der Revolutionszeit gelernt, dass man rechtzeitig fliehen musste, um später auf den Thron zurückkehren zu können; er zog sich erst nach Versailles, dann nach Rambouillet zurück. Am 2. August dankte er zugunsten des 1820 posthum geborenen Sohn des Herzogs von Berry, Henri, Herzog von Bordeaux ab, um sich wieder ins englische Exil zu begeben; 1832 zog er nach Prag um. Er starb 1836 in Görz (Gorizia).

In Paris hatten sich in den letzten Julitagen zwei Machtzentren gebildet. Im Rathaus tendierte man zu einer Republik unter General Lafayette, während im Abgeordnetenhaus die Mehrheit auf die Beibehaltung der monarchischen Verfassung pochte. Zwischen beiden Polen vermittelte ein weiterer Revolutionsveteran, Talleyrand, der vorschlug, die Krone jemandem anzuvertrauen, der stärker von der Verfassung und der Zustimmung des Parlaments abhängig sein würde. Damit brachte er das Haus Orléans, die jüngere und traditionell politisch radikalere Linie des Hauses Bourbon, ins Spiel. An dessen Spitze stand 1830 Louis Philippe, Herzog von Orléans. Der Sohn von «Philippe Égalité» hatte als General in der Revolutionsarmee gedient, 1793 mit Dumouriez die Seiten gewechselt und die Jahre bis 1817 im Exil verbracht. Er übernahm am 2. August als Generalleutnant die Herrschaft und weigerte sich, den Herzog von Bordeaux als Heinrich V. zum König zu proklamieren. Am 7. August wählte ein in beiden Kammern etwa zur Hälfte besetztes Parlament Louis Philippe selbst zum König von Frankreich. Der als *roi citoyen* (Bürgerkönig) eingeführte Monarch versprach, den liberalen Geist der Charte zu respektieren – was konkret zunächst hieß, eine liberale Regierung unter Casimir Périer zu berufen, die Vermögensgrenzen für das Wahlrecht leicht zu senken (fortan konnten 0,5 statt 0,3 Prozent der Bevölkerung wählen) und die Erblichkeit der Sitze in der Pairskammer abzuschaffen. Der revolutionären Tradition erwies er durch die Rückkehr zur Trikolore seine Reverenz.

Einen knappen Monat nach den Pariser Ereignissen, am 25. August 1830, stand zur Feier des Geburtstags des niederländischen Königs Wilhelm I. *La Muette de Portici* (Die Stumme von Portici) auf dem Spielplan der Brüsseler Oper. Daniel-François-Esprit Aubers Sensationserfolg des Jahres 1828 handelt vor der großen Kulisse der neapolitanischen Revolte gegen die spanische Herrschaft im 17. Jahrhundert von einem Beziehungsdrama zwischen einer stummen Neapolitanerin, ihrem Bruder, einem spanischen Prinzen und dessen Verlobter; die letzte Szene findet vor dem ausbrechenden Vesuv statt. Das bürgerliche und aristokratische Publikum, das die Vorstellung besuchte, hatte einigen Grund, sich mit neapolitanischen Rebellen zu identifizieren. Es war gleichfalls der Herrschaft einer als fremd betrachteten Dynastie unterworfen, die es ablehnte, dem Süden ihres Landes Autonomie zu gewähren, und zudem autoritäre Züge aufwies. Ähnlich wie Karl X. lehnte Wilhelm es ab, Minister zu berufen, die das Vertrauen der Parlamentsmehrheit besaßen. 1829 hatte er sogar Kritik am Kurs der Regierung in die Nähe des Hochverrats gerückt, indem er den Thronfolger zum Premierminister ernannte – wer politisch legitime Kritik am Premierminister übte, äußerte damit zugleich illegitime Kritik an der Dynastie. Als das von unspezifisch-patriotischen Versen sowie Aufrufen wie *aux armes* (zu den Waffen) erregte Publikum den Zuschauerraum verließ, strömte es auf belebte Straßen, auf denen zur Feier des Monarchengeburtstags Feuerwerke und Illuminationen stattfanden.

Die dort flanierenden Handwerker und Arbeiter hatten ihrerseits Grund zur Unzufriedenheit. Zur Mechanisierung mancher Wirtschaftszweige kamen im Sommer 1830 die Folgen der politischen Krise in Frankreich, die Auftragseinbrüche und Entlassungen in Belgien nach sich gezogen hatte. An diesem Abend forderten Angehörige aller Schichten größere Autonomie. In den folgenden Tagen kam es zur Plünderung von Häusern und Fabriken. Die um ihr Eigentum besorgten Bürger Brüssels und anderer belgischer Städte stellten daraufhin eine Bürgerwehr auf, die neben die offizielle Ordnungsmacht trat. In Brüssel kam eine Honoratiorenversammlung zusammen, die Verhandlungen mit dem niederländischen Monarchen über eine regionale Autonomie aufzunehmen suchte. Als dieser statt Unterhändlern 12 000 Soldaten schickte, gab es Ende September Kämpfe mit etwa 1200 Toten. Der Einsatz spaltete die niederländische Armee. Soldaten aus den belgischen Landesteilen desertierten, schlossen sich den Bürgerwehren an oder unterstellten sich dem Befehl der Brüsseler Versammlung, die am 5. Oktober die Unabhängigkeit Belgiens erklärte und für den 5. November Wahlen zu einem Verfassungskongress ausschrieb.

Im Juli, August und September 1830 kam es in rheinischen Städten, in Braunschweig, wo der herzogliche Palast niederbrannte, im Kurfürstentum Hessen, im Großherzogtum Hessen sowie in Sachsen, wo in Leipzig Studenten und Handwerker gemeinsam gegen die Regierung demonstrierten, ebenfalls zu Unruhen. In Hannover flackerten Proteste 1831 auf. In diesen Ländern machten die Monarchen Konzessionen. In Braunschweig und Kurhessen dankten die Fürsten zugunsten ihrer Erben ab; in Braunschweig, Hannover, Kurhessen und Sachsen wurden Verfassungen versprochen, die zwischen 1831 und 1833 in Kraft traten.

Am 10. Oktober 1830 ereignete sich in Madrid ein an sich freudiges Ereignis: Ferdinand VII. wurde Vater einer Tochter, die in Erinnerung an die Gründerin der spanischen Monarchie Isabella getauft wurde. Unklar war allerdings, ob Isabella wie ihre Namenspatronin rechtmäßige Thronfolgerin war. Das salische Gesetz, das die Erbfolge auf Männer beschränkte, war in Spanien bereits 1789 aufgehoben worden, der entsprechende Beschluss aber erst während der Schwangerschaft von Isabellas Mutter María Cristina veröffentlicht worden. Das wirkte so, als habe Ferdinand VII. seinen Bruder Don Carlos in einer Art Coup enterbt, obwohl die «göttliche Vorsehung» durch die Geburt einer Tochter die Ansprüche seines Bruders bestätigt hatte.

Fragen der Legitimität trieben im Herbst 1830 auch Zar Nikolaus I. um. Sollten die Großmächte einen belgischen Staat anerkennen, würde der Friedensvertrag von Wien, der die Grenzen innerhalb des christlichen Europa garantiert hatte, gebrochen. Der Zar wollte aber um fast jeden Preis verhindern, dass die Kräfte des Umsturzes einen Erfolg erzielten. Sollte der Geist der Revolution weiter nach Osten wandern, würde er auch die Grenze des russischen Herrschaftsbereichs erreichen, wo – wie die Dekabristenverschwörung gezeigt hatte – gleichfalls Unruhepotential bestand. Zudem war der niederländische Thronfolger mit Nikolaus' Schwester Anna Pavlovna verheiratet. Was lag näher, als mit Billigung der anderen Mächte der «Heiligen Allianz», also Österreich und Preußen, in den Niederlanden einzugreifen und so Druck auf Frankreich ausüben, dessen Politiker bedenkliche Sympathien für die Sache Polens erkennen ließen?

Im Offizierskorps der polnischen Armee regte sich schon länger Widerstand gegen die russische Disziplin mit ihren öffentlichen

Körperstrafen, die einen Bruch mit den Traditionen des napoleonischen und großherzoglich-warschauischen Militärs darstellten. Als Gerüchte die Runde machten, man werde nach Westen abkommandiert, und im Oktober eine Streikwelle in Warschau breite Unzufriedenheit zu signalisieren schien, entschloss sich ein kleiner Kreis junger Verschwörer zu handeln. Am 29. November 1830 drangen Kadetten der Militärakademie in die Residenz Großfürst Konstantins ein, um ihn zu ermorden. Es war für die Qualität der Umsturzplanung charakteristisch, dass an diesem Abend alles schiefging. Ein Feuer in einer Brauerei, das als Signal zur Entwaffnung der russischen Garnison gedacht war, wurde gelegt, bevor die Einheiten der Verschwörer auf ihren Posten waren. So wurden die russischen Soldaten durch die Unruhe alarmiert, der Handstreich schlug fehl. Im Palast des Großfürsten stürzten sich die Attentäter auf die erstbesten Männer in Uniform, töteten den Gouverneur von Warschau und einen russischen General, ließen den Großfürsten aber entkommen und das Kommando übernehmen. Die nicht informierten höheren Ränge des polnischen Offizierskorps weigerten sich, die Revolte zu unterstützen; dass daraufhin einige polnische Offiziere von den Kadetten erschossen wurden, trug nicht zur Einheit auf polnischer Seite bei.

Noch am Abend ging die Initiative an eine hastig zusammengestellte Zivilverwaltung über, der auch Adam Czatoryski angehörte. Dieser teilte die Ziele der Kadetten nicht, sondern wollte den Umsturz glimpflich beenden. Der Zar war jedoch nicht bereit zu verhandeln. Als der *Sejm* am 25. Januar 1831 nach einer Gedenksitzung für die Dekabristen beschloss, den Zaren abzusetzen und Polen zur Republik zu machen, standen 120 000 russische Soldaten zum Einmarsch bereit. In dem folgenden Krieg zwischen zaristischer Armee auf der einen, Teilen des polnischen Heeres und Freiwilligenverbänden auf der anderen Seite kamen Zehntausende ums Leben. Im Laufe des Jahres 1831 spalteten sich Polens Separatisten in einen moderaten und einen radikalen Flügel, die «patriotische Gesellschaft» (Klub Patriotyczny). Diese wollte dem Krieg durch die Befreiung von Leibeigenen, Verteilung von Land an Soldaten und die

Emanzipation der Juden neue Energien zuführen, trieb mit ihrem Programm jedoch konservativere Polen eher dazu, die Rückkehr der russischen Verwaltung herbeizusehnen. Mitte August 1831 kam es in Warschau zu Unruhen und der Erstürmung von Gefängnissen; als die konservativeren Kräfte die Oberhand gewannen, wurde die patriotische Gesellschaft aufgelöst. Als Warschau am 7./8. September 1831 fiel, war der Widerstand daher auch durch interne Auseinandersetzungen gebrochen. Die etwa 60 000 Mann starken Reste der polnischen Armee und die Angehörigen der polnischen Führung, denen die Flucht gelang, zogen durch Preußen, Sachsen und Westdeutschland ins Exil nach Frankreich und Großbritannien; Czartoryski floh zunächst nach Österreich, dann nach Paris.

In Polen nahm daraufhin die Reaktion ihren ungehemmten Lauf. Die Verfassung des Königreichs Polen wurde aufgehoben und das Land durch die Einführung russischer Maße und Gewichte auch symbolisch in das Zarenreich integriert. Offiziere, die sich am Aufstand beteiligt hatten, wurden entlassen und gemeinsam mit kompromittierten Mannschaften in den Kaukasus oder nach Sibirien versetzt – rund 100 000 Mann. Da große Teile des Adels den Aufstand unterstützt hatten, wurde jedes zehnte Gut enteignet. Fast 80 000 Zivilisten wurden zur Deportation nach Sibirien verurteilt, zum Teil mit der Auflage, den ganzen Weg zu Fuß zurückzulegen.

Dass Russland in Polen gebunden war, verbesserte die Chancen der belgischen Revolutionäre. Der Nationalkongress arbeitete die Verfassung einer konstitutionellen Monarchie aus. Die meisten Großmächte hatten bereits Anfang Dezember 1830 signalisiert, dass sie eine belgische Unabhängigkeit, die das europäische Gleichgewicht nicht gefährdete, akzeptieren würden. Die einfachste Möglichkeit wäre eine Personalunion Belgiens mit den Niederlanden oder die Übertragung der belgischen Königswürde an eine niederländische Sekundogenitur gewesen; das Verhalten der niederländischen Monarchie schloss das jedoch aus. Die Idee, einen französischen Prinzen zu wählen, widerstrebte Großbritannien. Erst am 4. Juni 1831 wählte der Nationalkongress mit jenem Leopold von

Sachsen-Coburg, der die griechische Krone abgelehnt hatte, einen allen Seiten genehmen Kandidaten.

Im August 1831 versuchten die Niederlande daraufhin noch einmal, Belgien zurückzuerobern. Die erhoffte russische Unterstützung blieb freilich aus, weil der polnische Aufstand noch nicht unterdrückt und im russischen Heer die Cholera ausgebrochen war. Mit der Niederlage Wilhelms I. war die belgische Frage allerdings immer noch nicht endgültig gelöst – die Verhandlungen über die endgültigen Grenzen des neuen Staates zogen sich bis 1839 hin. Belgien wurde schließlich auf die Grenzen der habsburgischen Niederlande verkleinert, d. h. die Provinz Limburg fiel zurück an die nördlichen Niederlande. Zudem wurde das Großherzogtum Luxemburg territorial vergrößert und in Personalunion mit den Niederlanden verbunden.

Zunächst schien die Revolutionswelle weiterzugehen. 1831 versuchten die Carbonari in Modena, zunächst mit Unterstützung des dortigen Fürsten, die Revolution in Gang zu bringen. In Parma zwangen Demonstrationen die Witwe Napoleons, Marie-Louise, zugunsten einer liberalen Regierung ins Exil. Im Kirchenstaat, der sich nach dem Tod Pius' VIII. bis zur Wahl Gregors XVI. im Februar 1831 in einer Art Interregnum befand, verhinderte die Polizei zwar im Dezember 1830 den Ausbruch einer Revolution in Rom, im Februar brach jedoch in Bologna eine Revolte aus, die sich rasch auf weite Teile des Kirchenstaates sowie die Herzogtümer Toskana und Lucca ausdehnte. Am 25. Februar 1831 trafen sich in Bologna Vertreter der «befreiten» Städte, verkündeten die Absetzung des Papstes als weltliches Oberhaupt und riefen die «Vereinigten italienischen Provinzen» aus. Zu der «Armee» aus 15 000 Freiwilligen zählte auch Louis-Napoléon, der bereits im Dezember 1830 als Aufrührer aus Rom ausgewiesen worden war. Das verlieh den Bitten des neuen Papstes Gregor XVI. um militärische Unterstützung besondere Dringlichkeit, denn die Revolte gegen die päpstliche Autorität schien sich mit der Rückkehr des Bonapartismus als politische Bewegung zu verbinden – was zugleich ihre Unterstützung durch die neue Regierung Frankreichs, die ohnehin nie wahrscheinlich war, völlig ausschloss. Angesichts des Einmarsches österreichischer Truppen in die habsburgischen Fürstentümer und des Gegenschlags des päpstlichen Militärs brach die Rebellion binnen eines Monats zusammen; sie zog – vor allem im Kirchenstaat und in Modena – zahlreiche Hinrichtungen nach sich. Der ältere Bruder Louis-Napoléons, Napoléon-Louis, starb an einer Infektion; Louis-Napoléon selbst floh zunächst nach Frankreich, dann nach England.

Die italienische Revolution scheiterte, weil es den Aufständischen nicht gelang, das reguläre Militär auf ihre Seite zu ziehen, und weil die Geheimbünde zwar einflussreich, aber zugleich tief gespalten waren. Verrat war an der Tagesordnung: Mazzini, der sich 1827 formell der Carboneria angeschlossen hatte, wurde beispielsweise 1830 von seinen Genossen denunziert, worauf ihn die Regierung Sardiniens ins französische Exil schickte; falsche, aber plausible Gerüchte besagten, Napoléon-Louis sei nicht an Masern, sondern an der Klinge oder Kugel eines Mitverschwörers gestorben; der Anführer der Revolution in Modena, Ciro Menotti, landete im Gefängnis und am Galgen, weil jemand ihn den Behörden verriet. Die Aussicht, dass es eine Gegenrevolution geben könnte, schwand aber ebenso wie die Aussicht auf eine europaweite Revolution. Der Versuch der Witwe des Herzogs von Berry, Maria Teresa von Savoyen, 1832 in der Vendée im Namen Heinrichs «V.» die französische Krone für sich zu reklamieren, stieß kaum auf Resonanz. Nach dem Ausbruch der Cholera in Russland und Polen war kein Land mehr gewillt, einen russischen Durchmarsch zuzulassen.

Die Cholera war nicht viel gefährlicher als andere für die Städte des frühen 19. Jahrhunderts typische Infektionskrankheiten – jedes Jahr starben Abertausende an Infektionen des Verdauungstrakts und der Atemwege. Die Cholera wurde jedoch wegen des dramatischen Krankheitsverlaufs (im Gegensatz zu anderen Durchfallerkrankungen trat der Tod binnen kürzester Zeit ein, außerdem schien die Chance, die Krankheit zu überleben, sehr gering) als besonders bedrohlich wahrgenommen. Es war bereits den Zeitgenossen klar, dass die Krankheit von Patient zu Patient übertragen wurde. Umstritten war, ob zu den nicht näher bekannten infektiösen Stoffen schädliche Ausdünstungen – sogenannte Miasmen – kommen mussten, damit die Erkrankung ausbrach. Im frühen 19. Jahrhundert war die Cholera vor allem im südlichen Indien endemisch; in den Jahren vor 1830 breitete sie sich langsam über Land nach Norden und Westen aus. 1831 hatte sie den polnischen Kriegsschauplatz erreicht. Versuche, die Ausbreitung der Cholera durch militärische Sperrkordons, die Desinfektion von Handelswaren, Kleidung und Korrespondenz, durch Passpflichten und Quarantänemaßnahmen zu verhindern, scheiterten allesamt. 1831 erreichte die Cholera Wien, Berlin – wo die Nachricht, dass der Philosoph Hegel daran gestorben war, zunächst verheimlicht wurde, um Panik zu verhindern – und London. 1832 fiel Premierminister Casimir Périer in Paris der Seuche zum Opfer. Die Krankheit erfasste 1832 Nordamerika, 1833 Spanien und 1835 bis 1837 Italien. Sie flackerte in den folgenden Jahren immer wieder auf – Karl X. war 1836 ein weiteres Opfer. Sie führte nicht nur zu vielen Todesfällen (in Frankreich etwa 100 000, davon allein 18 000 in Paris, in Großbritannien 50 000), sondern auch zur Flucht aus den Städten, zu Handelsbeschränkungen und einer Distanzierung zwischen Bevölkerung und Obrigkeit. Medizinische Fachleute, die Ursachen und die Ausbreitung der Cholera untersuchten, wurden an manchen Orten als Teil einer Verschwörung angesehen, die mit Billigung der Monarchen versuchte, die Zahl der einfachen Leute durch systematisches Vergiften zu vermindern.

Ursachen und Folgen von Reform und Revolution

Versucht man, in den Revolutionen des Jahres 1830 Muster zu erkennen, so fällt vor allem auf, dass die Revolutionen städtische Veranstaltungen waren, die nur in Polen auf dem Land größere Resonanz fanden. In Städten sorgten soziale Verschiebungen in von der Mechanisierung betroffenen Gewerben für ein gewisses Unruhepotential, das leicht in Revolutionsbereitschaft umschlagen konnte. In Frankreich war der Verfassungsbruch der entscheidende Faktor, in Braunschweig und Kurhessen persönliches Fehlverhalten der

Monarchen, in Belgien und Sachsen Spannungen, die aus der Herrschaft eines protestantischen bzw. katholischen Monarchen über eine katholische bzw. protestantische Bevölkerung folgten, in Italien die Verweigerung einer Verfassung, in Polen Konflikte innerhalb des Militärs.

Da in jedem Land andere Probleme verhandelt und andere Lösungen gefunden wurden, wirft das zeitliche Zusammentreffen der Revolutionen von 1830 die Frage auf, ob es einen Mechanismus gab, der die Unruhen von Ort zu Ort weitertrug. Für konservative Beobachter war die Antwort klar: ein Netzwerk international agierender Verschwörer. Diese Sicht war angesichts einzelner personeller Verbindungen zwischen Unruheherden nicht völlig absurd und sollte durch die internationalen prorevolutionären Netzwerke, die sich in den 1830er Jahren bildeten, im Nachhinein weiter plausibilisiert werden. Als zentrale Erklärung der Vorgänge von 1830/31 ist sie dennoch letztlich abwegig. Zwar war der eine oder andere Franzose am 25. August in Brüssel, aber kein französischer Agent hatte die Braunschweiger dazu verführt auszuprobieren, ob ihr Herzogspalast brennbar war.

Ernstzunehmender ist die Frage, ob die Nachricht von einer erfolgreichen Revolution (zumal einer Revolution in Frankreich) bereits der entscheidende Anstoß zum Revolutionsversuch sein konnte; Heinrich Heine beschrieb das mit dem Bild von «frischgebackenem Kuchen», dessen Duft sich am 28. Juli 1830 bis zur Nordsee verbreitet habe.[13] Zweifellos führt der Erfolg jeder Revolution die Schwäche aller Monarchien vor Augen. Dazu kamen unmittelbar nach 1830 die Wirtschaftskrise, die eine Folge der Revolution war, sowie die letztlich unrealistische Erwartung, eine neue Regierung Frankreichs werde Revolutionsversuche in anderen Regionen unterstützen. Wachsende Arbeitslosigkeit aufgrund der allgemeinen kommerziellen Unsicherheit steigerte das Protestpotential in Gewerbestädten und -regionen, was es überzeugten Anhängern politischer Veränderung leichter machte, unzufriedene Arbeiter für gewaltbereite Massendemonstrationen zu mobilisieren und so eine kurzzeitige Allianz von Handwerkern, Dienstboten, Arbeitern einerseits, Studenten, Professoren, Kaufleuten, Bankiers, Unternehmern und reformorientierten Adeligen andererseits zusammenzubringen, die sich ebenso rasch wieder auflösen konnte.

Im Ergebnis erweiterte die Revolutionswelle von 1830 die Kluft zwischen «liberalen» Staaten wie Frankreich, Großbritannien und Belgien, den immer noch vergleichsweise moderaten Verfassungsstaaten wie den Niederlanden, mittel- und süddeutschen Ländern und den absoluten Monarchien wie Preußen, Österreich oder den italienischen Fürstentümern, schließlich einem autokratischen Land wie Russland. Es war symptomatisch, dass die besiegten polnischen Streitkräfte auf ihrem Weg ins Exil durch Mittel- und Süddeutschland fast überall begeistert empfangen und selbst von Preußen nicht nach Russland ausgeliefert wurden. In Frankreich genossen sie ein Asylrecht, das nicht nur den Aufenthalt, sondern auch finanzielle Unterstützung durch den französischen Staat umfasste, der sich am Dienstgrad in der polnischen Armee oder am sozialen Status orientierte. Wer die Unterstützung annahm, hatte sich theoretisch weiterer politischer Aktivität zu enthalten; das verhinderte aber keineswegs, dass Adam Czartoryski in seiner Pariser Residenz Hotel Lambert ein polnisches politisches Exilzentrum etablierte. Großbritannien oder Belgien zahlten Flüchtlingen keine Unterstützung, aber in London war der jährliche Wohltätigkeitsball der «Literary Association of the Friends of Poland» im Rathaus fortan einer der gesellschaftlichen Höhepunkte. Polnische und italienische Exilanten erhielten Zugang zu den Salons der Whigs und prominente Posten. Sir Anthony (ursprünglich Antonio) Panizzi, der 1822 aus Italien geflohen war, wurde beispielsweise 1828 durch die Vermittlung des Prominenten Whigs Brougham zunächst Professor für Italienisch an der gerade gegründeten University of London, 1831 Mitarbeiter und 1837 Bibliothekar des Britischen Museums. Antonio Carlo Napoleone Gallenga, bei dem die politische Orientierung seiner Eltern bereits an den Vornamen sichtbar wurde, hatte sich 1831 an der Revolution in Parma beteiligt und in den folgenden Jahren versucht, sich in Nordafrika und Nordamerika durchzuschlagen. 1839 kam er nach England, wo er sich als Schriftsteller und Journalist etablierte und 1847 Professor für italienische Literatur an der University of London wurde.

In Westeuropa und Teilen Mitteleuropas brachte die Revolution von 1830 mehr Parlamentarisierung und/oder die Beteiligung etwas breiterer sozialer Schichten an der Auswahl der Parlamentarier – mit unterschiedlichen Konsequenzen. In Großbritannien machte sich die 1830 gewählte Whig-Regierung an ein umfassendes Reformprogramm, dessen Kernstück die Wahlrechts-«Reform» war. Diese sollte einerseits das Wahlsystem gerechter und transparenter gestalten, andererseits den Zugriff der Whigs auf die politische Macht sichern. Daher fiel die Neuverteilung der Wahlkreise wenig systematisch aus und verschonte die «rotten boroughs» der Whig-Patrone. In den Städten erhielten nun «£10 householders», d. h. alle, die privat oder gewerblich ein Gebäude nutzten, das einen jährlichen Pachtwert von 10 Pfund hatte, das Wahlrecht. Das war in London eine relativ moderate Summe, in vielen Provinzstädten aber eine signifikante Hürde. Da ganz breite Wahlrechte (wie das der Kochtopfbesitzer) mittelfristig entfielen, stieg die Zahl der Wähler insgesamt nur von etwa 4 auf 5 Prozent der Bevölkerung. Somit konnte kaum ernsthaft davon gesprochen werden, das Reformgesetz habe einer breiten Mittelschicht das Wahlrecht verliehen. Wichtig war erstens, dass es überhaupt zu einer Anpassung des Wahlrechts an veränderte gesellschaftliche Verhältnisse gekommen war – seit 1830 standen somit Möglichkeit und Notwendigkeit weiterer Reformen im Raum. Zweitens machte die Systematisierung der Wählerverzeichnisse Wahlmanipulationen schwieriger. Drittens war wahrscheinlicher, dass in mehr Wahlkreisen tatsächlich gewählt werden würde, da ganz kleine Wahlkreise verschwanden und sehr große aufgeteilt wurden. Viertens steigerte die Wahlrechtsreform im Ergebnis die Politisierung der Wählerschaft; die Zahl der Wechselwähler ging etwas zurück. Die Wahlrechtsreform änderte dagegen nichts am Patron-Klient-System. Anstatt sich an individuelle Wähler zu richten, konzentrierten sich Wahlkämpfe fortan darauf, große Stimmenblocks zu mobilisieren, die außer von Grundeigentümern vor allem von Fabrikbesitzern kontrolliert werden konnten.

Somit war der erbitterte Widerstand im Oberhaus, das die Reform zunächst ablehnte, verständlich, ließ sich theoretisch aber leicht brechen: Der Monarch musste nur genügend neue *Peers* ernennen, um eine Mehrheit sicherzustellen. Dagegen sperrte sich Wilhelm IV. Erst nachdem Neuwahlen die Mehrheit der Regierung Grey gestärkt hatten, sodass der Versuch einer Regierungsbildung durch Wellington scheiterte, während an vielen Orten gewaltsame Demonstrationen für die Reform stattfanden, erlaubte Wilhelm IV. Grey, mit der Ernennung neuer *Peers* zu drohen. Die konservativen *Peers* zogen schließlich die Abstimmungsniederlage der Erweiterung der Mitgliedschaft des Oberhauses vor. 1832 wurde erstmals nach neuem Wahlrecht gewählt.

1834 veränderte die Whig-Regierung, wie oben beschrieben, das britische Armenrecht und schaffte die Sklaverei im britischen Empire ab. 1835 war das lokale Wahlrecht an der Reihe; diesmal wurden die Wahlbedingungen eher verschärft, um Tory-Korporationen zu entmachten. Das harte Strafrecht, das für viele geringfügige Vergehen die Todesstrafe vorsah, wurde unter Innenminister Lord John Russell deutlich abgemildert. Weitere Reformen kamen dazu, allerdings nicht immer direkt von Regierungsseite. 1828 beispielsweise war in London von einem Whig-Zirkel die erste englische Hochschule gegründet worden, an der Nicht-Anglikaner einen Universitätsabschluss erwerben konnten. Den politischen Flüchtlingen, die im Zuge der 1830er Jahre in immer größerer Zahl in England ankamen, erschien das Land somit mit einigem Grund als Muster einer liberalen Demokratie. Zwar übersahen die meisten die Schattenseiten nicht – die hohen Lebenshaltungskosten bekamen sie unmittelbar zu spüren, das harsche Regiment in Armenhäusern und Gefängnissen mittelbar –, aber das änderte nur wenig an der Bewunderung für das Ausmaß von Presse-, Rede-, Versammlungs- und Koalitionsfreiheit, die allesamt nicht zu Chaos und Anarchie führten, wie kontinentale Konservative erwarteten, sondern zu Stabilität und Wohlstand beizutragen schienen.

Parlamentarische Strukturprobleme und außerparlamentarische Opposition in Deutschland

Dass immer mehr Flüchtlinge die Chance bekamen, das englische System vor Ort kennenzulernen, lag an der Schwierigkeit, in Kontinentaleuropa ähnliche Verfahren zur Aushandlung von Konflikten zu etablieren. In den meisten dortigen Parlamenten blieb die Frage in der Schwebe, wie die Machtverhältnisse aussahen, wenn es zu Konflikten zwischen Parlament und Regierung kam. Solche Konflikte waren durch die Entkoppelung von Parlamentszusammensetzung und Regierungsbildung wahrscheinlich, zumal in Haushaltsfragen. Hier prallten Wünsche nach zusätzlichen Mitteln für die Armee und die Forderung nach niedrigen Steuern bei geringer staatlicher Intervention in die Angelegenheiten von Einzelnen und Korporationen aufeinander. In Schweden und Norwegen ließen sich solche Konflikte theoretisch durch eine Ministeranklage vor dem Parlament lösen. In den meisten Verfassungen blieb Parlamentariern, die mit dem Regierungskurs unzufrieden waren, aber nur die Option, das Budget zu verweigern oder die Wahlen zu boykottieren, also Fundamentalkonflikte auszulösen. In den deutschen Großmächten fehlten dagegen auf gesamtstaatlicher Ebene ebenso wie in italienischen Staaten überhaupt parlamentarische Versammlungen.

Nicht nur die Stellung der Parlamentarier war unbefriedigend; in den 1820er und 1830er Jahren wuchs die Zahl der Personen, die politisch gebildet und interessiert, wegen zu geringen Vermögens, jungen Alters oder weiblichen Geschlechts aber von formeller politischer Partizipation ausgeschlossen waren. Da durch die Zensur die Möglichkeit, Reformforderungen im öffentlichen Raum zu artikulieren, ebenfalls begrenzt war, blieb nur außerparlamentarische Agitation.

1832 lud der «Preß- und Vaterlandsverein», der für freie Presse in einem freien Deutschland eintrat, zu einem Fest auf der Schlossruine bei Hambach in der bayerischen Pfalz. Offizieller Anlass der Feier war der Wunsch, dem bayerischen Monarchen dafür zu danken, dass er eine Verfassung gewährt hatte. Inoffiziell ging es darum «*Vaterland – Freiheit – ja! ein freies deutsches Vaterland*» zu fordern, und zwar vor dem Hintergrund der Befreiung Griechenlands, «Polens Wiederauferstehung», der Solidarität mit dem Widerstand in Spanien und Italien sowie der englischen «Reformbill». «Hoch lebe jedes Volk, das seine Ketten bricht und mit uns den Bund der Freiheit schwört! Vaterland – Volkshoheit – Völkerbund hoch!»[14] – das war nicht weniger als eine Kampfansage an die deutschen Fürsten und ihre Regierungen. Konkretes Ergebnis des Festes war die Gründung eines Netzwerkes von Zweigvereinen in den einzelnen Staaten. Die bayerische Regierung war unsicher, wie sie mit der Initiative umgehen sollte – das für den 27. Mai 1832 geplante Fest wurde erst erlaubt, dann verboten, schließlich wieder erlaubt. Schätzungen der Teilnehmerzahl reichten von 20 000 bis 30 000, von denen viele vor allem am Volksfest partizipierten. Die Reden im Festzelt konnten ohnehin nur von denen gehört werden, die teure Eintrittskarten erworben hatten.

Aus Sicht des österreichischen Staatskanzlers Metternich war das Hambacher Fest ein bedenkliches Zeichen dafür, dass die internationale Vernetzung der Reform- und Revolutionsbewegungen voranschritt. In Hambach waren bayerische Kokarden kaum zu sehen, schwarz-rot-goldene deutsche Abzeichen wurden dagegen häufig getragen, daneben wehten polnische Fahnen. Vertreter der französischen Linken waren ebenso zu dem Fest gekommen wie polnische Flüchtlinge. Das schien ernsthaft gefährlich: Die polnische Exilarmee war eine kampferprobte Streitmacht, der manche der kleineren Staaten des Deutschen Bundes gewiss nicht gewachsen wären. Im Gefolge von Hambach zeigte sich, dass die bestehenden Gesetze nicht ausreichten, die Oppositionsbewegung in Schach zu halten. Der Versuch, den beiden Initiatoren des Festes, den Journalisten Philipp Jakob Siebenpfeiffer und Johann Georg August Wirth, den Prozess zu machen, scheiterte an der Sympathie der Pfälzer Geschworenen. Beide blieben trotzdem inhaftiert und wurden wegen Beamtenbeleidigung von dem «Zuchtpolizeigericht», das ohne Geschworene tagte, zu zweijähriger Haft verurteilt. Beide flohen aus dem Gefängnis, Siebenpfeiffer auf eine Professur nach Bern, Wirth in ein wechselhaftes Leben in Frankreich.

Die Reaktion der deutschen Staaten war geeignet, den Konflikt nicht nur zwischen Deutschem Bund und radikalen Demokraten wie Siebenpfeiffer zu verschärfen, sondern auch zwischen Deutschem Bund und einzelstaatlichen Parlamenten. Im Sommer 1832 erließ die Bundesversammlung erst sechs und dann weitere zehn Artikel, die neben einer Wiederholung der Interventionsrechte des Bundes und Verschärfungen des Presse- und Vereinsrechts eine Kommission etablierten, welche die Debatten und Beschlüsse der Parlamente auf ihre Vereinbarkeit mit dem Bundesrecht prüfen und einschreiten sollte, falls das monarchische Prinzip oder das Bundesrecht durch die einzelstaatliche Gesetzgebung verletzt zu werden drohte.

Daraufhin unternahmen am 3. April 1833 etwa 50 Studenten den Versuch, durch einen Angriff auf die beiden Polizeiwachen in Frankfurt das Signal für eine Revolutionierung des Deutschen Bundes zu geben. Der Handstreich, der auf beiden Seiten Tote forderte, brach rasch in sich zusammen, löste aber eine Reihe von Gerüchten aus. Mehrere hundert polnische Soldaten und einige Dutzend Offiziere hätten ihre Quartiere in Frankreich verlassen und seien nun unauffindbar; in den Wäldern um Frankfurt hätten mysteriöse Feuer gebrannt; die Frankfurter Attentäter seien Teil einer deutschlandweiten Verschwörung gewesen; der Angriff polnischer Emigranten aus der Schweiz stehe unmittelbar bevor – und so weiter. Außerdem schlossen sich immer mehr Gesellen in Arbeitervereinen mit sozialrevolutionären Ambitionen zusammen, die sich Namen wie «Bund der Geächteten» gaben – drohte also auch noch eine sozialrevolutionäre Bewegung?

Der Deutsche Bund reagierte zwischen 1833 und 1835 mit weiteren Gesetzesvorgaben für die Bundesstaaten, die sich gegen Mobilität und Pressefreiheit richteten sowie die Verfolgung politischer Delikte verschärften. Pass- und Visumspflicht in deutschen Staaten wurde vor allem für «schnelle» Verkehrsmittel wie Postkutschen strenger geregelt. Um eine Ausbreitung sozialrevolutionärer Ideen zu verhindern, wurde Handwerksgesellen verboten, in die Schweiz, nach Frankreich oder nach Großbritannien zu reisen. Die Schriften der literarischen Gruppierung, die sich «Junges Deutschland» nannte, wurden verboten. In der Bundesfestung Mainz nahmen eine öffentliche Zentraluntersuchungskommission und ein geheimes Informationsbüro die Suche nach revolutionären Sympathisanten auf. Die Stadt Frankfurt wurde gegen den Protest der Stadtverwaltung und der britischen Regierung von 2500 österreichischen und preußischen Soldaten vor weiteren Angriffen «gesichert».

Diese Maßnahmen trafen respektable, bürgerliche Kreise; bei den Karlsbader Beschlüssen von 1819 war es um Studenten gegangen, die gesellschaftlich weniger etabliert waren als Redakteure und Abgeordnete. Sie verschärften daher die Opposition vor allem in den süddeutschen Kammern, deren Mehrheit immer deutlicher eine Distanzierung ihrer Regierungen von der Bundespolitik verlangte. Sie nationalisierten ferner die Opposition, da offenbar eine Bundesreform Bedingung für jede Liberalisierung wurde, zumal der Bundestag seinen anderen Aufgaben nicht nachkam. Als sich 1834 die meisten süd- und mitteldeutschen Staaten sowie Preußen zum «Deutschen Zollverein» zusammenschlossen, dem bis 1836 auch Baden, Frankfurt und Nassau, bis 1842 Braunschweig, Lippe und Luxemburg beitraten, endete das intensive zollpolitische Tauziehen seit der Gründung der ersten Zollvereine 1828. In diesen Verbünden wurden Zölle nur noch an Außengrenzen erhoben, die Einnahmen zwischen den beteiligten Staaten aufgeteilt; der Binnenhandel konnte zollfrei und schnell abgewickelt werden. Der Zollverein schloss die Lücke zwischen den westlichen und östlichen preußischen Landesteilen, sodass zollfreier Warentransport von einem Landesteil in den anderen möglich wurde. Der Deutsche Bund, der doch eigentlich die Aufgabe hatte, den Handel in Deutschland zu fördern, war an diesen Verhandlungen nicht beteiligt.

Allerdings fand nicht jede konservative Politik die Unterstützung der anderen deutschen Regierungen. 1837 starb der britische

König Wilhelm IV. Der Monarch hatte den Wettlauf um die britische Thronfolge nicht gewonnen, der nach dem Tod von Georgs Tochter Charlotte eingesetzt hatte: Die verbleibenden Söhne Georgs III. waren plötzlich bemüht, zusätzlich zu ihren zahlreichen illegitimen Nachkommen einen Thronfolger zu produzieren. Das Rennen gewann der vierte Sohn, Eduard Herzog von Kent, dessen Tochter Viktoria 1819 zur Welt kam. Während Viktoria zweifellos einen Anspruch auf die britische Krone hatte, war sie ebenso zweifellos von der Erbfolge in Hannover ausgeschlossen, die nur Männer antreten konnten. König von Hannover wurde daher 1837 der fünfte Sohn Georgs III., Ernst August, Herzog von Cumberland, der als erste Amtshandlung die Verfassung von 1833 außer Kraft setzte. Es spricht einiges für die Annahme, dass er ganz im Stile eines britischen Tories handelte, dem die skrupulöse Einhaltung formaler Regeln als wichtige Garantie gegen das Abgleiten in die Anarchie galt. Die Verfassung Hannovers war nach Ansicht Ernst Augusts ohne Konsultation mit dem Thronerben zustande gekommen, sodass es formale Gründe gab, sie für nichtig zu erachten. Vor dem Hintergrund der Auseinandersetzungen im Bund wirkte es freilich so, als wolle der König den Kurs der Bundesversammlung noch übertreffen und zu einem ungehemmten Absolutismus zurückkehren. Als sieben Professoren der Universität Göttingen (darunter die Gebrüder Grimm) gegen den aus ihrer Sicht zweifelsfreien Bruch der Verfassung protestierten, wurden sie ihrer Ämter enthoben – um aber rasch Anstellung an Hochschulen anderer deutscher Staaten, darunter Preußen, zu finden.

Elitäre europäische Verschwörungen und konservative Massenbewegungen: Italien und Spanien

Wenn Ernst August die Solidarität deutscher Regierungen überschätzt hatte, wie sah es mit dem Realitätsbezug von Metternichs Bild einer europäischen Revolutionsverschwörung aus? Am 5. Februar 1834 verkündete ein in einer Pariser Zeitung abgedruckter Leserbrief, 4500 Mann aus Italien, der Schweiz, Frankreich und Polen seien unter dem Kommando Gerolamo Ramorinos nach Savoyen, das Teil des Königreichs Sardinien war, einmarschiert. Der in Genua geborene Ramorino hatte 1809 die Militärakademie St. Cyr abgeschlossen, bei Wagram, Dresden und Waterloo gekämpft und sich 1815 in Sardinien den Carbonari angeschlossen. Nach dem Revolutionsversuch von 1821 war er nach Frankreich ins Exil gegangen. 1831 kämpfte er als Oberst im polnischen Aufstand mit, war allerdings einer der Ersten, die auf österreichisches Gebiet flohen. In Frankreich wurde er trotzdem als Held empfangen, sodass es kaum jemanden störte, dass er sich selbst zum General ernannte. Man durfte von ihm mithin einiges erwarten.

Autor des Briefes war Giuseppe Mazzini, der im französischen Exil die Geheimorganisation «Junges Italien» gegründet hatte, die Italien vom Absolutismus befreien sollte. Die Expedition scheiterte allerdings kläglich, und zwar nicht nur, weil sie den schweizer, französischen und sardischen Behörden im Vorfeld bekannt geworden war. Der Plan war, in verschiedenen Kolonnen auf Chambéry zuzumarschieren. Einige Kolonnen wurden von französischen und sardischen Truppen aufgehalten; eine legte am falschen Ufer des Genfer Sees an und wurde von der Genfer Miliz gefangen; die verbleibenden 200 Mann unter Ramorino besiegten immerhin 15 Zöllner, verbrannten deren Uniformen und pflanzten einen Freiheitsbaum, bevor sie den Rückzug antraten. Die Expedition forderte daher kaum Opfer; nur zwei Gefangene, welche die sardische Armee gemacht hatte, wurden am 17. Februar in Chambéry erschossen. Die in Genua festgenommenen Verschwörer wurden allesamt freigesprochen, der flüchtige Marinematrose Giuseppe Garibaldi erst zum Tode verurteilt, als das Gericht sicher war, dass er sich in Frankreich in Sicherheit befand. Einer akuten Bedrohung scheint vor allem Ramorino ausgesetzt gewesen zu sein, den die polnischen Soldaten des erneuten Verrats verdächtigten und der sich daher – vermutlich mit der Expeditionskasse – durch einen Sprung aus einem Fenster retten musste. Es fällt leicht, das Ganze als relativ harmlose Posse zu sehen, gegenüber der man Milde walten lassen konnte (was die Regierung Sardinien-Piemonts letztlich auch tat).

Die glücklose Mission machte jedoch deutlich, dass die revolutionären Aktivisten wussten, wo die neuralgischen Punkte des europäischen Staatensystems lagen. Savoyen befand sich nicht nur genau zwischen dem postrevolutionären Frankreich und dem österreichischen Einflussgebiet, sondern würde nach den Bestimmungen der Wiener Kongressakte an die Schweiz zurückfallen, falls Sardinien nicht in der Lage war, dort Ruhe und Ordnung aufrechtzuerhalten – Unruhen in Savoyen zu schüren bedeutete somit, die Grenzziehungen in Europa in Frage zu stellen.

1835 versuchte ein korsischer Abenteurer namens Joseph Fieschi, Louis Philippe umzubringen. Die «Höllenmaschine», die er zu diesem Zweck konstruierte, verfehlte ihr eigentliches Ziel, tötete aber 12 Menschen. Fieschi war ein Einzeltäter, der eine bunte Karriere hinter sich hatte – er war unter anderem bei Murats Versuch dabei gewesen, die neapolitanische Krone zurückzuerobern, aber als Franzose begnadigt worden. Das Pariser Attentat schien der Regierung Ausdruck einer Oppositionsstimmung, die durch die oppositionelle Presse angeheizt worden war, sodass das Presse-, Vereins- und Versammlungsrecht verschärft wurde. Mazzini, der 1834 seinen Geheimbund von Italien auf das «Junge Europa» (was im Klartext Junges Italien, Junge Schweiz, Junges Deutschland und Junges Polen mit insgesamt 17 Mitgliedern hieß) erweitert hatte, musste zunächst in der Schweiz bleiben, bis diese ihn 1837 wegen fortgesetzter umstürzlerischer Aktivitäten nach England auswies.

Aus konservativer Sicht war die Annahme, ein internationales Netzwerk revolutionsbereiter Oppositioneller versuche, die europäische Ordnung zu gefährden, indem es außenpolitische Krisen provozierte, daher durchaus plausibel – das Ausmaß der Verschwörungen wurde freilich stark überschätzt. Keiner der Versuche, in Frankreich, Italien oder Deutschland das Signal für einen Aufstand zu geben, hatte Resonanz. Das lag teilweise an der effektiven Überwachung durch ein dicht geknüpftes Spionagenetzwerk, vor allem aber an der geringen Zahl der Personen, die solche Pläne unterstützten (in Genua waren es 1834 wohl insgesamt neun).

Dagegen war es leichter möglich, ländliche, konservative Massenbewegungen gegen Reformen zu mobilisieren. Das war im Ansatz bereits in Polen deutlich geworden und sollte in Spanien noch klarer werden. Als Ferdinand VII. 1833 starb, weigerte sich die konservative Partei Don Carlos', die Thronfolge Isabellas und die Regentschaft von Ferdinands Witwe María Cristina zu akzeptieren. Die «Carlistenkriege» lassen sich als «Krieg einer zutiefst religiösen ländlichen Region gegen liberale Städte»,[15] die 1835 den Kirchenbesitz verstaatlichten, sehen. Dieser Bürgerkrieg spaltete Spanien zwischen 1833 und 1839, als sich die liberale Partei nach einer symbolischen Umarmung der Heerführer beider Seiten vorübergehend durchsetzte. Es war also durchaus möglich, legitime Zweifel an der Behauptung liberaler und demokratischer Kreise zu hegen, dass sie eher die Meinung des «Volkes» vertraten als die konservativen. Kein Zweifel konnte jedoch daran bestehen, dass der liberale Einfluss auf Regierungshandeln die Beziehungen zwischen Europa und der außereuropäischen Welt veränderte.

5. Europa und die Welt

Freihandel oder sanfter Kolonialismus?

Das Ausmaß der Veränderung wird am einfachsten durch den Blick auf eine politische Landkarte der Welt deutlich. Im ausgehenden 18. Jahrhundert hatten europäische Mächte den Anspruch erhoben, große Teile der Welt zu beherrschen. Überseeische Besitzungen hatten für viele europäische Länder eine Bedeutung, die weder ihrer Fläche noch ihrer Bevölkerung entsprach. In den 1830er Jahren waren die überseeischen Territorien europäischer Staaten stark geschrumpft und die Zahl der Staaten, die sich in Übersee engagierten oder engagieren wollten, zusammengeschmolzen. Über expandierende Kolonien verfügte vor allem Großbritannien, seit der Entscheidung, 1830 in Algerien einzumarschieren, auch Frankreich, durch das Engagement in Sibirien und Alaska schließlich Russland. Der niederländische Kolonialbesitz war im Zuge der Napo-

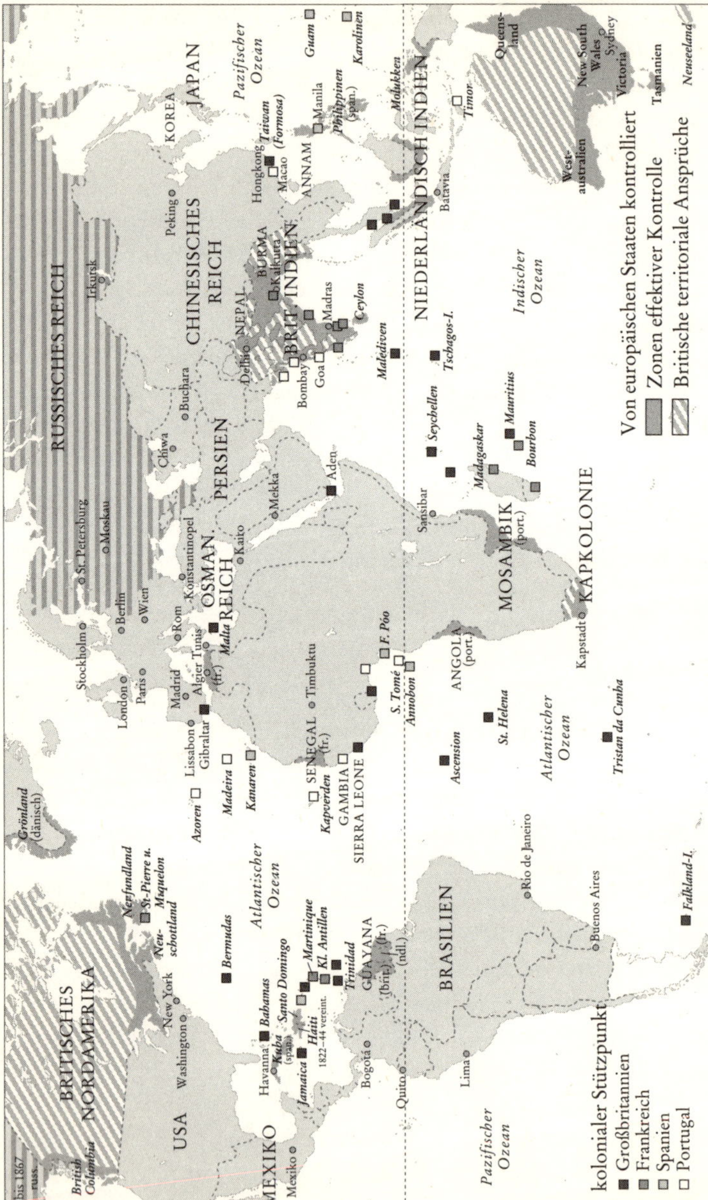

Europa und die Welt um 1850

leonischen Kriege zu großen Teilen auf Großbritannien übergegangen.

Der Einfluss Europas in der Welt ging aber nicht zurück. Das britische Kolonialreich wuchs in jenen Jahren um weitere Teile Indiens, neue Siedlungen in Australien und Neuseeland und frisch besiedelte Teile Nordamerikas. Hunderttausende Europäerinnen und Europäer nahmen immer größere Landstriche in Nord- und Südamerika, Nordafrika und Ozeanien nach europäischen Mustern unter den Pflug. Die neuen Staaten in Nord- und Südamerika blieben europäisch geprägt und wirtschaftlich eng mit europäischen Märkten verbunden, wenn sie sich auch teilweise von ihren alten kolonialen Metropolen lösten und stärker nach Großbritannien, in geringerem Umfang auch nach Frankreich orientierten.

Wie dieser Wandel zu bewerten ist, ist nicht klar. Die optimistischste Betrachtung der Mitte des 19. Jahrhunderts konstatierte eine liberale Periode zwischen den merkantilistischen Imperien des 17. und 18. Jahrhunderts und dem modernen Imperialismus der 1880er Jahre. Kurzfristig, so scheint es, waren die Aussichten für eine egalitäre Weltordnung günstig, da moralische Gebote über egoistische materielle Interessen triumphierten. Wenn es eine Chance für die heutige «Dritte Welt» gab, den Entwicklungsrückstand gegenüber Europa gar nicht erst entstehen zu lassen, seien es die 1840er Jahre gewesen. Wenn die Pläne Mohammed Alis in Ägypten, indischer Sultane oder südamerikanischer Präsidenten, ihre Länder zu Produzenten von Fertigwaren und nicht nur zu Rohstofflieferanten zu machen, scheiterten, dann – so impliziert diese Betrachtung zugleich – müssen die Gründe in Defiziten der lokalen politischen Strukturen oder in übertriebenen militärischen Ambitionen gelegen haben.

Eine kritischere Perspektive betont dagegen, dass die geringe Ausübung direkter Herrschaft durch europäische Staaten in Übersee darauf zielte, Kosten zu sparen, ohne Kernbestände ökonomischer oder politischer Interessen preiszugeben. Waren diese bedroht, so blieb Krieg immer ein Mittel, sie auch durchzusetzen. Zudem verhinderten europäische Staaten bewusst durch Zollschranken und andere Handelshindernisse – etwa ein Einfuhrverbot für indische Baumwollstoffe nach England –, dass sich außerhalb Europas in wirtschaftlich oder militärisch abhängigen Gebieten konkurrenzfähige Industrien etablierten.

Im 18. Jahrhundert waren jene Regionen die Juwelen in den imperialen Kronen, in denen europäische Plantagenbesitzer von Arbeitskräften, die vor allem als Sklaven aus Afrika importiert wurden, wertvolle Agrarprodukte wie Zuckerrohr anbauen ließen. Im 19. Jahrhundert besaßen die wichtigsten kolonialen Besitzungen wie etwa Indien eine hochdifferenzierte Gesellschaft, in der eine kleine europäische Führungsschicht und eine größere Gruppe europäischer Soldaten und Abenteurer in die Rolle von Herrschern über immer größere Gebiete gelangten. Die expandierenden Kolonien wie Algerien, Sibirien und die neuen britischen Besitzungen etwa in Australien waren relativ dünn besiedelte Regionen, in denen Filialen europäischer Gesellschaften entstehen sollten. Die Funktion dieser «Siedlungskolonien» war nicht mehr, nur tropische Produkte zu liefern – Wein, Schafe, Rinder oder Weizen gab es in Europa ebenso wie in Algerien, Australien, Kanada, dem Mittleren Westen oder Argentinien. Es ging darum, soziale Probleme in Europa, die auf Überbevölkerung zurückgeführt wurden, zu entschärfen sowie die Europa zur Verfügung stehenden Nahrungsmittelreserven zu vergrößern und damit die Kosten des Lebensunterhalts zu senken.

Neue Kolonien wurden selten planmäßig angelegt, sondern ergaben sich meist durch die Neigung bestehender europäischer Ansiedlungen, über ihre Grenzen hinauszuwachsen. Dabei konnte das Motiv, wie beim Auszug der niederländisch sprechenden *Buren* (Bauern) aus den Grenzen der britischen Kapkolonie 1836, der Wunsch sein, eine bestimmte Gesellschaftsform zu etablieren oder zu bewahren, oder es konnte sich – wie in Teilen Australiens – um die Auswirkungen des kolonialen Bevölkerungswachstums handeln.

Die Abschaffung der Sklaverei durch Großbritannien

Im Laufe des 19. Jahrhunderts nahm die Bedeutung der Plantagenkolonien ab. Das Verbot des transatlantischen Sklaventransports durch Großbritannien 1807 und die USA 1808 brachten den Handel keineswegs zum Erliegen; Frankreich, Spanien, Portugal und die südamerikanischen Staaten betrachteten sich als durch das Verbot nicht ge-bunden, sodass auch nach 1810 mehrere Millionen Afrikaner über den Atlantik gebracht wurden. Allerdings stellte sich in den britischen Plantagenkolonien nun die Frage, wie sich die wirtschaftliche Zukunft gestalten würde. Wenn die Sklavenbevölkerung schrumpfte, weil weniger Sklaven geboren wurden als starben, war ein Übergang zu freier Arbeit unvermeidlich. Zudem verstärkte sich vor allem im nonkonformistischen Milieu Großbritanniens die Kritik an der Sklaverei. Dass diese nicht, wie ihre Befürworter behaupteten, eine letztlich paternalistische, fürsorgliche Form der Arbeitsorganisation war, wurde an den regelmäßigen Aufständen auf den Karibischen Inseln deutlich (1816 auf Barbados, 1823 in Demerara, 1831 auf Jamaika), deren brutale Unterdrückung von Mal zu Mal heftigere Kritik auslöste. Nach dem Aufstand von 1831 forderte die *Anti-Slavery Society* von jedem Kandidaten für die Wahl ins Unterhaus eine Erklärung darüber, wie er zur Sklaverei stehe.

Allerdings warf die Forderung nach der Abschaffung der Sklaverei für die Whig-Regierung schwierige Fragen auf. Die meisten Karibischen Inseln verfügten über teilweise gewählte Versammlungen, die Veränderungen lokaler Gesetze zustimmen mussten. Diese Versammlungen, an deren Wahl nur die Inhaber größerer Vermögen beteiligt waren, lehnten die Abschaffung der Sklaverei ab. Aufgrund welcher Prinzipien war die Regierung in London berechtigt, über die Köpfe der karibischen Wähler hinweg zu handeln und ohne die Zustimmung der Betroffenen in Besitzrechte einzugreifen? Ökonomisch gesehen, war die Sklaverei zweifellos eine effiziente Form der Zuckerproduktion, der Zuckerexport die wirtschaftliche Basis der karibischen Kolonien. Wie sollte man die Folgen eines möglichen Zusammenbruchs der Produktion bewältigen? Gegner wie Befürworter der Sklaverei mussten anerkennen, dass die Sklaven bislang in einer extremen Form der Abhängigkeit gelebt hatten. Konnten sie sich als Marktteilnehmer bewähren?

Die Regierung Grey suchte diese Probleme zu umschiffen, indem sie die Entscheidung über die Sklavenemanzipation zum 31. Juli 1834 zwar formal den karibischen Kolonialparlamenten überließ, aber erheblichen Druck ausübte, indem sie die Besitzrechte an Sklaven durch insgesamt 20 Millionen Pfund abzulösen versprach. Sklavenbesitzer in den afrikanischen Kolonien, wo es keine repräsentativen Versammlungen gab, wurden nicht entschädigt – das war ein weiterer Grund für den Auszug der Buren aus der Kapkolonie. Zudem sollte die Freiheit nicht sofort beginnen: Kolonien konnten für Sklaven, die älter als sechs Jahre waren, eine «Lehrzeit» von bis zu sechs Jahren festlegen, während der die Sklaven bis zu 45 Stunden pro Woche für ihre bisherigen Herren arbeiten mussten.

Der Versuch, auch in der Karibik freie Arbeitsverhältnisse an die Stelle der Sklaverei zu setzen, war nicht so erfolgreich, wie die Befürworter der Sklavenemanzipation erwarteten. Das lag einerseits an den Bestrebungen der karibischen Plantagenbesitzer, sowohl die Entschädigung als auch die Besitzrechte an Sklaven zu behalten. Für die Lehrzeit, die in allen Kolonien 1838 vorzeitig endete, wurde Lohn verweigert und Pacht für das Land verlangt, auf dem Sklaven bislang ihre Nahrungsmittel angebaut hatten. Zwangsarbeit als Strafe für kleinste Vergehen führte durch die Hintertür sklavereiähnliche Zustände wieder ein. Da die britische Regierung davor zurückscheute, die relative Autonomie der Kolonien zu beenden – in Kanada waren just 1837 Aufstände ausgebrochen, in denen Kolonisten mehr Selbstverantwortung verlangten –, gab es dagegen außer öffentlicher Kritik wenig Handhabe.

Auch die Sklaven verhielten sich nicht so, wie die Londoner Reformer erwartet hatten. Statt sich als Lohnarbeiter auf Zuckerplantagen zu verdingen, hatten sie genau dieselben sozialen Zielvorstellungen wie die meisten anderen Menschen, die im 19. Jahrhundert den Atlantik überquerten: durch die Bewirtschaftung eigenen Landes selbständig zu werden. Die Plantagenbesitzer waren aber nicht bereit, dieser Tendenz durch generöse Lohnerhöhungen entgegenzuwirken – sie richteten den Blick lieber auf den Import neuer abhängiger Arbeitskräfte aus Europa, Afrika und Indien. Die Zuckerproduktion ging in der Karibik in der Tat signifikant zurück; die Preise für Plantagen verfielen von mehreren zehntausend auf unter tausend Pfund. Hoffnungen der Plantagenbesitzer, sie hätten damit die Richtigkeit ihrer Prognosen bewiesen, scheiterten aber an der britischen Sichtweise, dass die ehemaligen Sklavenbesitzer einfach nicht mehr über das notwendige moralische Format verfügten, um an einer Marktgesellschaft zu partizipieren.

Eigenarten liberaler Kolonialpolitik

Auch in anderen Teilen der kolonialisierten Welt war das Vertrauen darauf zu spüren, mit Marktmechanismen konfrontierte Menschen würden unabhängig davon, in welcher Kultur sie sozialisiert waren, in ähnlicher Weise auf monetäre Anreize reagieren. In Indien hatte sich der britische Einflussbereich auch nach Ende der Napoleonischen Kriege, die eine starke Militärpräsenz hinterließen, weiter vergrößert. Die *East India Company*, die 1818 die Territorien der Marathenkonföderation, 1819 Singapur und 1826 Teile Burmas annektierte, übte auch in weiteren Teilen des Landes, die unter der Herrschaft indischer Fürsten standen, großen Einfluss aus. In ihren Territorien hatte die *East India Company* meist die Rolle der ehemaligen Fürsten übernommen – einschließlich ihrer religiösen Verpflichtungen. Daraus ergab sich die Praxis, die Unterweisung in den heiligen Sprachen des Landes zu fördern. 1833 wurde Thomas Babington Macaulay zu einem Mitglied des Supreme Council for India ernannt, eines beratenden Expertengremiums, das den Generalgouverneur vor Ort unterstützen sollte. Macaulay war durch seine Familie in der evangelikalen Antisklavereibewegung sozialisiert worden. Sein Vater Zachary war 1793 bis 1796 Gouverneur von Sierra Leone gewesen, einer 1787 gegründeten britischen Siedlung in Afrika, die befreiten Sklaven eine Zuflucht bieten sollte.

Nach der Wahlrechtsreform 1832 ins Parlament gewählt, machte der vor allem durch seine Rezensionen in liberalen Journalen bekannt gewordene Macaulay in der Londoner Indienverwaltung Karriere, bis er 1834 in das Land aufbrach. Vor Ort sah er sich alsbald mit der Frage konfrontiert, ob die Charta der *East India Company* aus dem Jahr 1813 eine bestimmte Form der Verwendung der für Bildungszwecke vorgesehenen Mittel vorschrieb.

Macaulay, der in seinem indischen Strafgesetzbuch die Gleichbehandlung von Indern und Briten vorschrieb und die Pressezensur abschaffte, nahm dazu Anfang 1835 im «Minute on Indian Education» Stellung. Er wandte sich strikt gegen die Förderung von Sanskrit und Arabisch und forderte stattdessen eine auf Englisch abzuhaltende, moderne Ausbildung für die indische Elite, die allmählich auf die ganze Gesellschaft ausstrahlen sollte. Neben dem Argument, dass über das Erlernen der englischen Sprache das ganze vorhandene Wissen zu erschließen sei, während die klassischen indischen Texte nur überholte Vorurteile transportierten, verwies er vor allem auf den Bildungsmarkt: Inder seien bereit, für englische Bildung zu bezahlen, während die Stipendien der *East India Company* für Arabisch- und Sanskritkurse kaum an den Mann zu bringen seien.

Eine ähnliche Logik stand hinter dem Umgang der britischen Regierung mit Neuseeland, das durch die Praxis australischer Walfänger, dort Station zu machen, britisches Interessengebiet wurde. 1835 erkannte die britische Regierung die einheimischen Maori als souveräne Nation an. Edward Gibbon Wakefield, Sohn des Rotten-Borough-Händlers Edward, hatte zweimal junge reiche Erbinnen entführt und deswegen seit 1826 drei Jahre im Gefängnis verbracht. Dort hatte er Gelegenheit zum Nachdenken über die Todesstrafe, aber auch Kontakt zu unfreiwilligen Auswanderern nach Ozeanien. Im Gefängnis entwickelte er Pläne für Musterkolonien für Auswanderer aus den mittleren Schichten der Gesellschaft; Neuseeland betrachtete er ebenso wie Südaustralien als mögliche Standorte für solche Kolonien. Als die Neuseeland-Kompanie aktiv zu werden begann, griff die Regierung ein, indem sie einen Konsul für die Insel benannte und in einem 1840 in dem Ort Waitangi geschlossenen Vertrag die Herrschaft über Neuseeland übernahm, zugleich aber den Stämmen ihre Besitzrechte garantierte. Land sollte nicht direkt von den Maori an Siedler, sondern nur von den Maori an die Krone und von dieser an Siedler vergeben werden. Auch hier war die Annahme, dass prinzipielle Rechtsgleichheit und die Anerkennung der Besitzrechte der bereits in Neuseeland ansässigen Bevölkerung ausreichen werde, um die Entwicklung der Insel durch (wenige) Siedler und (viele) Maori zu ermöglichen – eine Vision, die in den 1860er Jahren scheitern sollte.

Das lag vor allem daran, dass den an den Spitzen der europäischen Gesellschaft vorgetragenen guten Absichten häufig in der Praxis eine ungleiche Behandlung von Europäern und Ursprungsbevölkerung entsprach, sei es im alltäglichen Umgang, sei es vor Gericht oder durch lokale Geschworene. In Algerien, das formal Teil Frankreichs wurde, galten französische Gesetze nur für europäische Zuwanderer, nicht für Eingeborene. Dazu kam, dass kurzfristige ökonomische Interessen in der Regel Vorrang vor prinzipiellen Erwägungen hatten. Die britischen Kolonien in Indien hatten ein chronisches Handelsbilanzdefizit gegenüber China, das als Tee- und Porzellanlieferant fungierte, aber kein Interesse an britischen oder indischen Waren hatte – mit einer Ausnahme: Opium. Als China versuchte, den Import des Suchtmittels zu begrenzen, reagierte die britische Regierung mit dem «Ersten Opiumkrieg» (1839–1842), der die Öffnung chinesischer Märkte über fünf Freihäfen sowie die britische Kontrolle Hongkongs durchsetzte. Auch Bowring, der in den 1850er Jahren in Asien tätig war, sollte in solchen Maßnahmen keinen prinzipiellen Widerspruch zu den Prinzipien des Freihandels erkennen.

6. Triumph des Liberalismus in Europa?

1840 bestieg Friedrich Wilhelm IV. den preußischen Thron. Auf liberale Beobachter machte dieser Regierungswechsel einen ambivalenten Eindruck. Preußen blieb einer der antikonstitutionellen Staaten. Es hatte sich bislang keiner reaktionären Maßnahme in Deutschland oder Europa widersetzt, und es sprach nichts dafür, dass sich dieser Kurs unter dem neuen Monarchen verändern würde. Friedrich Wilhelm IV. sandte aber in anderer Hinsicht durchaus mehrdeutige Signale aus, indem er etwa Opfer der Demagogenverfolgungen wie «Turnvater» Jahn rehabilitierte oder den Streit mit dem Erzbischof von Köln über die Frage, ob kirchliches oder staatliches Eherecht entscheidend war – Letzteres erlaubte die Ehe zwischen Katholiken und Protestanten, Ersteres knüpfte sie an die Bedingung, dass die Kinder katholisch erzogen werden müssten –, entschärfte. Der neue König war allgemein in einer gänzlich neuen Weise um die Zustimmung der Öffentlichkeit bemüht. Die Politik der Konfrontation zwischen protestantischer Dynastie und katholischer Minderheit wich der Unterstützung für die vom Zentral-Dombauverein betriebene Initiative, den Kölner Dom fertigzustellen. Beim Kölner Dombaufest 1842 war der Monarch anwesend, obgleich der Verein auch in implizitem Widerspruch zum Partikularismus des Deutschen Bundes ein nationales Denkmal zu errichten gedachte und entsprechend für seine Tätigkeit warb. An preußischen Universitäten lehrten Veteranen des Widerstands gegen den König von Hannover wie die Gebrüder Grimm, und in der vergleichsweise freiheitlichen Atmosphäre der preußischen Universitäten wuchsen oppositionelle Geister wie Karl Marx oder Gottfried Kinkel heran. Es sprach somit Ende der 1830er Jahre einiges dafür, dass in einem Staat wie Preußen eine Versöhnung von eher konservativen und eher liberalen Tendenzen gelingen könnte. Der ökonomische Reformkurs blieb erhalten (1843 wurde beispielsweise das Recht, innerhalb Preußens ohne Zuzugsgenehmigung den Wohnort zu wechseln, für jeden freigegeben, der nicht arm oder vorbestraft war). Presse und Einwohner wurden weniger intensiv kontrolliert. Die Gesetze, die aus den strikten Bundesbeschlüssen der frühen 1830er Jahre hervorgegangen waren, wurden zwar nicht aufgehoben, aber immer seltener angewandt. Ähnliches ließ sich auch an anderen Orten beobachten. Stendhal, der in seinem Roman *Le rouge et le noir* (Rot und Schwarz, 1830) eine der bittersten Schilderungen der klerikalen und heuchlerischen Atmosphäre im Frankreich der 1820er Jahre verfasst hatte, vertrat unter der Julimonarchie Frankreichs diplomatische Interessen in Italien. Viele Revolutionäre der 1820er und 1830er Jahre hatten sich mit ihrem Exil arrangiert. Anstatt politische Krisen auszulösen oder zu verschärfen, erwies sich die wirtschaftliche Entwicklung nun oft als Faktor, der die Integration vormaliger Außenseiter in die politische und ökonomische Mitte der Gesellschaft erleichterte. Henry Hunt, der 1819 in Manchester zur politischen Fundamentalreform aufgerufen hatte, wurde von Nachbarn und Gegnern mit Prozessen überzogen und als Grundbesitzer zunächst finanziell ruiniert – bis er die Marktchancen entdeckte, die im Verkauf von Frühstückspulver (also einem der neuen Fertignahrungsmittel) und Schuhcreme in Verpackungen mit der Aufschrift «Equal Laws, Equal Rights, Annual Parliaments, Universal Suffrage and the Ballot» («Gleiche Gesetze, Gleiche Rechte, Jährliche Parlamentswahlen, Allgemeines Wahlrecht und Geheime Wahl»)[16] lagen, und wieder zu Vermögen kam. Seit 1830 konnte er als Vertreter des «Topfbesitzer-Wahlkreises» Preston im Unterhaus seine Forderungen in den Debatten über die Wahlrechtsreform direkt artikulieren. Er wurde allerdings 1832 wieder abgewählt, weil er gegen das Reformgesetz gestimmt hatte, das er für zu wenig demokratisch hielt. Nachdem Robert Owen 1827 nach England zurückgekehrt war, versuchte er zunächst, den Acht-Stunden-Tag durchzusetzen. 1835 wandte er sich dem entstehenden politischen Massenmarkt zu. Er gründete eine *Universal Community Society of Rational Religionists* (kurz *Rational Society*), die sich gegen Konkurrenz als Wirtschaftsprinzip und für eine Säkularisierung der Gesellschaft aussprach. Wöchentlich zahlten etwa 50 000 Zuhörer dafür, in einer von 60 Zweigstellen entsprechende Vorträge zu hören (einer der «Kunden» Owens war Friedrich Engels); die Zeitschrift des Vereins hatte 40 000 Abonnenten. Die Gesellschaft scheiterte erst, als sie eine mit allen technischen Schikanen ausgestattete Massenunterkunft baute, die sie 1844 in den Konkurs trieb. Der Markt für politische Literatur und Belletristik finanzierte Heines zweite Karriere in Frankreich, und es sprach einiges für die Annahme, dass selbst Mazzini in London vom praktizierenden Revolutionär zum Revolutionär der Feder werden würde.

Liberale konnten also darauf hoffen, dass das freie Spiel der Märkte, die zunehmend von ständischen Schranken befreit worden waren, auch im politischen Bereich über kurz oder lang Reformen unvermeidlich machen würde. Dieser Zusammenhang zwischen wirtschaftlicher Dynamik und politischer Aufbruchsstimmung war vor allem in Großbritannien, Frankreich, den Niederlanden und deutschen Staaten wie Preußen zu spüren; es bestand aber die Aussicht, dass beides mittelfristig auch nach Süd- und Osteuropa ausstrahlen würde.

Grundlage der wirtschaftlichen Aufbruchsstimmung waren vielfach Wirtschaftsreformen, die von «konservativen» Regierungen angestoßen worden waren. Reaktionäre, die eisern an den Zuständen vor 1789 festhalten wollten, fanden sich in europäischen Kabinetten kaum, obgleich die Konservativen Neuerungen wie dem Fabriksystem tendenziell skeptischer gegenüberstanden als Liberale. Auch parteipolitisch schien den Konservativen der Wind ins Gesicht zu blasen. Mit der Anerkennung der Revolutionen in Griechenland, Frankreich und Belgien hatten die europäischen Kabinette sowohl das monarchische Prinzip als auch die Unveränderlichkeit der Grenzen von 1815 fallen lassen. Eine ganze Reihe von Monarchen hatten sich zum Parlamentarismus bekehren lassen (auch Hannover hatte seit 1840 wieder eine parlamentarische Verfassung). Es sah fast so aus, als wäre es möglich, im Rahmen einer liberalen Wirtschafts- und Gesellschaftsordnung Freiheit, Frieden und beschränkte Demokratie miteinander zu verbinden.

III. Revolution? (1840–1850)

1. Alte und neue Probleme

Bekanntlich erwies sich die Vorstellung, Europa werde in den 1840er Jahren unter liberalen Souveränen einen konfliktfreien Weg der graduellen Demokratisierung und dauerhafter internationaler Stabilität einschlagen, als Illusion. Ab 1846 erlebte Europa eine neue Revolutionswelle, die bis mindestens 1851 andauerte. Diesmal waren Frankreich, alle italienischen Staaten, der Deutsche Bund, das Habsburgerreich, die Schweiz, Norwegen, Dänemark und Großbritannien betroffen, ebenso Teile Polens, des Osmanischen Reichs sowie Russland, das zwar keine Revolution erlebte, aber auf zahlreichen Revolutionsschauplätzen direkt intervenierte. Die Revolution blieb diesmal nicht auf die Innenpolitik beschränkt; einzelne Staaten versuchten, eine Neuordnung europäischer Grenzen militärisch zu erzwingen.

Diplomatische Spannungen in der «Wiener Ordnung» und die bonapartistische Renaissance

Am Beginn der 1840er Jahre stand eine Krise der Wiener Ordnung, die auf der Kooperation zwischen den fünf Großmächten beruht hatte. Der Bruch erfolgte überraschenderweise nicht zwischen den liberalen «Westmächten» und den Mächten der «Heiligen Allianz», sondern zwischen Frankreich und Großbritannien. In den 1830er Jahren waren die diplomatischen Positionen dieser beiden Länder so ähnlich, dass Diplomaten sich in der Regel darauf verlassen konnten, dass beide mit abgestimmten Noten auf Initiativen der «Heiligen Allianz» reagierten. 1840 stand wieder ein Aspekt der «orientalischen Frage» zur Diskussion, konkret die Autonomiebestrebungen Mohammed Alis. Dieser hatte seine Herrschaft nach seiner Ernennung zum Statthalter von Ägypten 1805 ausgebaut und begonnen, den Einflussbereich Ägyptens zu erweitern – mit dem Maximalziel, den Sultan abzulösen, mindestens aber erblicher König von Ägypten zu werden. Zunächst engagierte er sich im Sudan und auf der Arabischen Halbinsel. Für die Unterstützung im Kampf gegen Griechenland wurde er mit der Kontrolle Kretas belohnt. 1831 wandte er sich gegen den Sultan, indem er mit der Eroberung Syriens begann. Seine Truppen gelangten bis auf 250 Kilometer an Konstantinopel heran. Sultan Mahmud II., der bei Großbritannien und Frankreich vergeblich um Unterstützung nachsuchte, wandte sich schließlich an Russland. Der Zar schickte eine Interventionsarmee, die den ägyptischen Vormarsch zum Stehen brachte. Im Gegenzug versprach der Sultan, den Bosporus im Kriegsfall für Schiffe dritter Staaten zu sperren. Bei einem Konflikt durfte Russland also aus dem Schwarzen Meer hinaus, Frankreich oder Großbritannien aber nicht ins Schwarze Meer hineinfahren. In militärische Planspiele für einen angesichts der zunehmenden Rivalität in Zentralasien nicht unwahrscheinlichen britisch-russischen Krieg übersetzt, bedeutete dies, dass Großbritannien damit rechnen musste, dass Russland seine Schwarzmeerflotte durch den Bosporus ins östliche Mittelmeer schicken würde, um die Segel- und Dampferroute London – Landweg über Suez – Indien zu unterbrechen. Dagegen konnte die britische Marine, durch den Bosporus blockiert, keine antirussischen Bestrebungen in der Kaukasusregion unterstützen.

Zwischen 1833 und 1839 setzte Mohammed Ali den Versuch fort, mit Hilfe französischer Fachleute Ägypten zu industrialisieren, mit einer besseren Armee und einer rationaleren Verwaltung auszustatten. Der Sultan holte seinerseits britische und deutsche Berater ins Land, um Heer und Flotte zu modernisieren. 1839 wagte er mit einem Angriff auf Syrien eine Revanche, die auf ganzer Linie scheiterte: Das osmanische Heer wurde bei Nisip besiegt, die osmanische Flotte ergab sich kampflos. Nach seinem Erfolg forderte Mohammed Ali die Anerkennung seiner erblichen Herrschaft über Syrien und Ägypten und rief damit den Widerstand der Großmächte auf den Plan. Großbritannien, Russland, Österreich und Preußen forderten ihn am 15. Juli 1840 auf, das nördliche Syrien binnen zehn Tagen zu räumen; verweigere er das, werde er ganz Syrien verlieren.

Frankreich schloss sich dieser Forderung nach Rückgabe Syriens nicht an. Es plante, dort ein eigenes Interessengebiet aufzubauen, um die Kontrolle der Region durch Russland und Großbritannien zu verhindern. Die Regierung des liberalen Revolutionshistorikers Adolphe Thiers, die seit März 1840 amtierte, drohte mit Krieg in Europa, rief französische Ansprüche auf die Rheingrenze in Erinnerung und leitete erste militärische Vorbereitungen ein. Die Reaktion der deutschen Öffentlichkeit war heftig: Unter dem Motto «Deutschlands Fluss, nicht Deutschlands Grenze» erfreuten sich nationalistische Lieder nicht nur bei Sängervereinen großer Beliebtheit. Dazu gehörte auch das Deutschlandlied August Heinrich Hoffmann von Fallerslebens: «Die Deutschen haben also ihre spätere Nationalhymne eigentlich dem Pascha am Nil zu verdanken.»[1]

Der Bruch Frankreichs mit dem europäischen Mächtekonzert unterblieb, denn Thiers wurde im Oktober entlassen. Eine britische Flotte transportierte russische, österreichische und britische Soldaten nach Syrien, die Beirut, Sidon und Akko einnahmen. Mohammed Ali verlor zwar Syrien, durfte Ägypten aber in eine Erbmonarchie umwandeln. Alle Großmächte kamen 1841 überein, den Bosporus im Kriegsfall für alle nichttürkischen Schiffe zu sperren. Das französische Taktieren erschien besonders bedrohlich, weil es mit einem intensivierten Rekurs auf die napoleonische Vergangenheit zusammenfiel. Die Zunahme der Erinnerung an die Jahre zwischen 1800 und 1815 war kein rein französisches Phänomen. Bayern errichtete 1833 in München ein Denkmal für den Russlandfeldzug. Auf Londoner Bühnen liefen gleichzeitig zahlreiche Stücke, die ein positives Napoleonbild zeichneten. Ähnliches galt für die Publikationen Heinrich Heines oder anderer französischer, deutscher oder italienischer Schriftsteller. Allerdings hatte der Rückgriff auf die napoleonische Tradition in Frankreich eine besondere Resonanz und eine besondere Aggressivität. Die Monarchie Louis-Philippes, in deren Pairskammer eine ganze Reihe «bonapartistischer» Familien saßen, deren Karriere in Konsulat und Empire begonnen hatte, bezog sich in Abgrenzung von der glücklosen Herrschaft der Bourbonen gerne auf die glorreichen Jahre Frankreichs. 1831 war in Paris anlässlich des zehnjährigen Todestags des Kaisers eine Darstellung seines Grabs auf St. Helena zu besichtigen; zugleich gab der König bekannt, die in der Restauration eingeschmolzene Bronzestatue Napoleons auf der Place Vendôme, an der viele Bonapartisten Kränze, Blumen und Adler niederlegten, solle wiederhergestellt werden. 1836 wurde der *Arc de Triomphe*, mit dessen Bau nach der Schlacht bei Austerlitz begonnen worden war, fertiggestellt. Als Louis-Napoléon, der sich nach dem Tod Josephs und Napoleons «II.» sowie angesichts der Passivität seines Vaters als Erbe des bonapartistischen Herrschaftsanspruchs verstand, im selben Jahr versuchte, in Straßburg eine Militärrevolte anzuzetteln, schickte ihn die Regierung lediglich auf eine Reise nach Süd- und Nordamerika, von wo er ins englische Exil zurückkehrte.

Im August 1840 versuchte Louis-Napoléon in Boulogne einen zweiten Coup, der zwei Tote forderte, bevor er innerhalb weniger Stunden zusammenbrach. Verschwörungstheoretiker sahen darin einen britischen Versuch, Bonapartisten gegen Orléanisten auszuspielen. In der Tat machte der Coup die Schwäche der Orléanisten deutlich. Als Louis-Napoléon und seine Genossen vor dem Oberhaus angeklagt wurden, berief er sich auf Volkssouveränität, das Empire und die Notwendigkeit, die Schmach von Waterloo auszumerzen. 160 der 312 Mitglieder der *Chambre des Pairs* weigerten sich, für eine Verurteilung dieser Prinzipien zu stimmen – sie enthielten sich der Stimme oder erschienen nicht zur Verhandlung, an deren Ende Louis-Napoléon mit den verbleibenden 152 Voten zu lebenslanger Haft in der Festung Ham verurteilt wurde. Das bestärkte die Regierung Orléans eher in ihrem Entschluss, sich in der Glorie des Empire zu sonnen, als im Dezember 1840 die sterblichen Überreste des Kaisers der Franzosen feierlich nach Paris überführt und im Invalidendom beigesetzt wurden.

Kaum war die orientalische Krise beigelegt und die französisch-britische Versöhnung durch mehrere Reisen der Königin Viktoria nach Paris und Gegenbesuche Louis-Philippes in England öffentlich dokumentiert, gab es neue Spannungen. Frankreich beantwortete den britischen Zugriff auf Neuseeland 1842 mit einem Protektorat über Tahiti, wo anglikanische Missionare aber mit einem britischen Protektorat gerechnet hatten. Gleichzeitig baute Frankreich seinen Einfluss im westlichen Mittelmeer aus. Zu der Eroberung Algeriens (die 1847 abgeschlossen war) kamen Bemühungen, Tunis und Marokko näher an den französischen Machtbereich heranzuführen. Vor diesem Hintergrund stand die Verheiratung der spanischen Königin und ihrer Schwester an. Louis-Philippes Sohn, Antoine, Herzog von Montpensier, war als Ehemann der jüngeren Tochter Ferdinands VII. ausersehen, womit die Möglichkeit im Raum stand, dass es zu einer Personalunion zwischen Spanien und Frankreich kommen würde – falls alle anderen Söhne Louis-Philippes starben, Isabella II. keine Kinder hatte und vor ihrer Schwester starb oder durch ein Kind ihrer Schwester beerbt wurde. Die Alternative war eine ebenso unwahrscheinliche Personalunion mit England, wenn nämlich Isabella mit Leopold von Sachsen-Coburg einen Angehörigen des Hauses Sachsen-Coburg heiratete, der mit Viktorias Ehemann Albert verwandt war. Um beide Risiken auszuschließen, einigten sich die britischen und französischen Kabinette auf einen Kompromiss: Die Ehe zwischen dem Herzog von Montpensier und Luisa Fernanda sollte erst geschlossen werden, sobald Isabella II. mit ihrem Cousin Francisco, Herzog von Cádiz, verheiratet und Mutter eines Kindes war. Der langjährige britische Außenminister Henry John Temple, dritter Viscount Palmerston, der 1846 die Amtsgeschäfte von seinem konservativen Widerpart Aberdeen übernahm, versuchte, dieses Arrangement aufzukündigen, indem er doch noch die Coburger Ehe durchsetzte. Die französische Regierung handelte schneller und arrangierte 1846 eine Doppelhochzeit Isabellas und Luisa Fernandas. Die wachsende Zahl von Konflikten innerhalb des europäischen Staatensystems schuf also zumindest die Illusion, dass Grenzen noch stärker zur Disposition standen als in den zurückliegenden Jahrzehnten.

Triumph und Krise des liberalen Wirtschaftsmodells

Dagegen schienen sich viele Prophezeiungen über die positiven Folgen des wirtschaftlichen Liberalismus in den 1840er Jahren zu erfüllen. Der Wohlstandsabstand zwischen den liberaleren und den restriktiveren Staaten Europas wuchs, und in Großbritannien zeigte sich, dass nun selbst die Deregulierung der politisch besonders sensiblen Getreidemärkte mehrheitsfähig wurde.

Seit der frühen Neuzeit hatte Großbritannien – im Gegensatz zur kontinentaleuropäischen Praxis konkreter Preisvorgaben – versucht, den Markt für Grundnahrungsmittel durch Zölle vor Preisschwankungen zu bewahren. War Getreide teuer, so waren Zölle niedrig; sank sein Preis, so stiegen die Zölle. Bei sehr niedrigen Preisen wurde eine Ausfuhrsubvention gezahlt, die aber 1814 abgeschafft wurde. 1815 setzte das Parlament neue Schwellenwerte fest, welche die britische Landwirtschaft nach dem Ende kriegsbedingter Engpässe vor einem katastrophalen Preisverfall und irisches Korn vor kontinentaler Konkurrenz schützen sollten. Import ausländischen Getreides wurde ab 80 *shilling* pro *quarter* (12,7 kg) erlaubt, für Getreide aus dem britischen Herrschaftsbereich lag die Grenze bei 67 *shilling*. Das Gesetz geriet rasch in die Kritik. Die Schwelle von 1815 hatte zwar deutlich unter dem Durchschnittspreis der zurückliegenden Jahre gelegen, war aber höher als das Preisniveau der Nachkriegszeit, das selbst 67 *shilling* im Jahresdurchschnitt kaum erreichte. Die *corn laws* erschienen somit als Subvention der Landbesitzer, welche die Lohnkosten, die sich vor allem am Lebensunterhalt orientierten, in die Höhe trieben. 1839 wurde eine nationale *Anti-Corn Law League* gegründet, die in Gewerberegionen bald zur Massenbewegung wurde. 1843 verteilte sie binnen weniger Monate 9 Millionen Pamphlete. Die *Anti-Corn Law League* stellte Freihandel als eine Art säkulare Religion des Friedens, der allgemeinen Freude und der preisgünstigen Verfügbarkeit von Eierspeisen dar, als Schlüssel zum Abbau der Rüstungsindustrie und des stehenden Heeres, zur Senkung der Steuerlast, zur Beendigung internationaler Konflikte und für die Steigerung des nationalen Wohlstands. 1846 entschied sich die Regierung Peel nach ersten Senkungen der Kornzölle, ihre Abschaffung bis 1849 zur Abstimmung zu stellen. Das Gesetz wurde beschlossen, spaltete aber die konservative Partei in einen Freihandels- und einen Schutzzoll-Flügel und ebnete so den Weg für die Rückkehr der Whigs an die Macht.

Außerhalb der Welt überzeugter Freihändler mehrten sich freilich die Zeichen für eine Krise des liberalen Wirtschaftsmodells. Kritik an Arbeitsbedingungen in den Fabriken, denen doch angeblich die Zukunft gehörte, nahm zu, die Unterstützung sozialistischer Bewegungen stieg (wenn auch innerhalb enger Grenzen). «Bauernbefreiung», «Gewerbefreiheit» und die Freigabe des Zuzugsrechts schienen vor allem dazu zu führen, dass immer mehr Arbeitssuchende auf den Straßen umherzogen. Zwar konnte niemand genau sagen, wie groß die Arbeitslosigkeit war, da es keinen Abgleich der Zahl der offenen Stellen mit der Zahl der Bewerberinnen und Bewerber gab, aber es war offensichtlich, dass an vielen Orten mehr Gesellen nach Stellen fragten, als beschäftigt werden konnten. Die Auswanderung stieg in den 1830er und 1840er Jahren deutlich an. Es ist zumindest eine plausible Schätzung, dass in den 1830er Jahren rund eine halbe Million Europäer in die USA auswanderte, in den 1840er Jahren dagegen 1,6 Millionen. Das bedeutet, dass selbst für relativ vermögende Europäer, die sich eine transatlantische Überfahrt leisten konnten, die Lebensverhältnisse und -perspektiven düsterer wurden.

Es gehörte somit zunehmende ideologische Engstirnigkeit dazu, das immer intensiver kommentierte Phänomen des «Pauperismus» (auch Louis-Napoléon schrieb in seiner Haft ein Traktat über dessen «Auslöschung» durch die Einrichtung strikt geführter Landarbeitergenossenschaften) allein als Ausdruck allgemeiner Arbeitsscheue zu deuten, wie das orthodoxe liberale Theoretiker und die Mehrheit der Beamten und Parlamentarier taten. Es war allerdings auch ein erheblicher logischer Sprung, den «Pauperismus» nur der

Ausbreitung der Industrie anzulasten, die in europäischer Perspektive weiterhin nur einen kleinen Teil der Bevölkerung betraf.

Gravierender war eine Serie von Missernten. Im Herbst 1845 wurde deutlich, dass etwas mit der irischen Kartoffelernte nicht stimmte; eine Pilzerkrankung hatte einen Teil der Ernte vernichtet. In den folgenden Jahren breitete sich die Kartoffelkrankheit in ganz Europa aus. In Irland fiel 1846 praktisch die gesamte Ernte aus. Da auch die Saatkartoffeln nun gegessen wurden, war 1847 ebenfalls nichts zu erwarten. Erst 1850 begann eine langsame Normalisierung. Nur in Irland war die Kartoffel das Grundnahrungsmittel der Bevölkerungsmehrheit, obgleich das Land zugleich viel Getreide für den Export produzierte. In Kontinentaleuropa war lediglich Belgien stark von Kartoffeln abhängig; in anderen Ländern hatte die als fad geltende Knolle erst wenige Freunde gewonnen. Der Ausfall der Kartoffelernte fiel aber mit für Getreide ungünstigen Witterungsbedingungen zusammen. In Frankreich verdoppelten sich die Preise für Weizen zwischen 1844 und 1846 in manchen Regionen, während sich die für Roggen fast verdreifachten. In Deutschland betrug die Steigerung im Durchschnitt 70 Prozent, in Großbritannien nur 40 Prozent, jeweils mit erheblichen lokalen und regionalen Schwankungen. Die Folge war überall eine Wirtschaftskrise «alten Typs»: Da mehr Geld für Lebensmittel ausgegeben werden musste, schwand die Nachfrage nach gewerblichen Produkten, was zur Unterbeschäftigung von Selbständigen und zur Entlassung von Abhängigen führte. Als letzte Stufe fielen an Finanzmärkten die Kurse, und Handelshäuser mussten Bankrott anmelden. Die Zahl der Ausschreitungen, in denen niedrigere Brotpreise gefordert, Häuser von Fabrikanten angegriffen oder Lebensmittellager geplündert wurden, nahm europaweit zu.

In Irland führte die Nahrungsmittelknappheit jedoch zu einer für diese Zeit in Europa beispiellosen demographischen Katastrophe. Während die Regierung Peel noch versucht hatte, dem Land durch subventioniertes Getreide zu helfen, vertraute die 1846 ernannte Regierung Russell überwiegend auf das freie Spiel der Märkte und ein Programm öffentlicher Arbeiten in Höhe von

7 000 000 Pfund – ein Zehntel der britischen Ausgaben für den zwischen 1854 und 1856 ausgefochtenen Krimkrieg. Die Ressourcen der örtlichen Armenhilfe waren bald aufgebraucht. Iren, die versuchten, in englische Häfen zu fliehen, wurden mit dem nächsten Schiff zurückverfrachtet, um die Armensteuerzahler von Liverpool, Glasgow und anderen Küstenstädten zu entlasten, sobald das Ausmaß des möglichen Zustroms deutlich wurde. Einige irische Landbesitzer förderten die Auswanderung in die USA oder nach Britisch-Nordamerika, wobei umstritten ist, ob sich der irische Peer und Minister Palmerston dabei als besonders hartherzig oder besonders großzügig erwies. Insgesamt starben in Irland in diesen Jahren etwas über eine Million von einer Bevölkerung von acht Millionen. Ein deutlicheres Symbol für das Versagen des Freihandels in einer Notsituation ließ sich kaum denken.

Politische Alternativen

Die Notwendigkeit, die Belange der ärmeren Schichten der Bevölkerung intensiver zu berücksichtigen, spielte auch in den politischen Debatten der 1840er-Jahre eine Rolle. Spätestens Louis-Napoléons Auftritt vor der *Chambre des pairs* 1840 hatte ins Bewusstsein gerufen, dass ein allgemeines Männerwahlrecht eine Alternative zum Zensuswahlrecht darstellte, die politische Spannungen entschärfen und soziale Ungerechtigkeiten beseitigen könnte. Ein solches Wahlrecht forderten auch die «Chartisten», die nach sechs Punkten einer «People's Charter» verlangten, die Francis Place und der Tischler William Lovett 1838 für den 1836 gegründeten Londoner Arbeiterverein formuliert hatten: allgemeines Männerwahlrecht, jährliche Parlamentswahlen und Diäten für Abgeordnete, sodass sich jeder an politischen Entscheidungsprozessen beteiligen und Abgeordneter werden konnte. Die Bewegung präsentierte 1839 eine Petition mit 1,3 Millionen Unterschriften, 1842 sogar eine mit 3,3 Millionen, die vom Unterhaus aber mit überwältigender Mehrheit zurückgewiesen wurden; daraufhin unterstützten die «Chartisten» 1842 eine Streikwelle, die mit 15 000 Verhaftungen gebrochen wurde. Ähnliche Überlegungen formulierten deutsche Radikalliberale und europaweit Anhänger Giuseppe Mazzinis. Mazzini wurde 1844 in seinem britischen Exil zur politischen Ikone, als bekannt wurde, dass die britische Regierung seine Korrespondenz öffnete und den Inhalt an den österreichischen Botschafter übermittelte. Der Vorgang wurde Gegenstand einer parlamentarischen Untersuchung, deren Ergebnisse geheim blieben – was die Regierung daran hinderte, die Vermutung, der britische Innenminister Sir James Graham habe zwei italienische Revolutionäre enttarnt und so ihre Hinrichtung durch Österreich ermöglicht sowie Attentatsversuche auf Mazzini unterstützt, durch mehr als Beteuerungen (die im Übrigen falsch waren) zu widerlegen. Die Affäre, über die europaweit in liberalen Blättern berichtet wurde, trug indirekt zum Sturz der Regierung Peel 1846 bei und machte Mazzini vom revolutionären Sektierer zum Beinahe-Märtyrer des Postgeheimnisses.

In fast allen Staaten begann in den 1840er Jahren die bürgerliche und teilweise auch die unterbürgerliche Gesellschaft, neue Formen der Öffentlichkeit zu kreieren, vor allem in Form von Vereinen, die zwar unter einem gewissen Maß obrigkeitlicher Aufsicht standen, aber immer mehr Mitglieder und immer weiter gefasste Zielsetzungen hatten. Lesegesellschaften stellten in- und ausländische Zeitungen zur Verfügung, deren Preis die Möglichkeiten einzelner Mitglieder überstieg; «Casino»-Gesellschaften schufen Diskussionsforen, in denen auch politische Fragen verhandelt wurden; Gewerbe- und Industrievereine konnten kaum über wirtschaftspolitische Fragen hinwegsehen; Hilfsvereine für die arbeitenden Klassen verbanden konkrete Maßnahmen nicht selten mit dem Ziel, die politische Aufklärung der «Proletarier» zu betreiben oder auf politische Veränderungen hinzuwirken. Ein extrem politischer «Arbeiterbildungsverein», der Bund der Kommunisten, verabschiedete Anfang 1848 in London das von dem exilierten Journalisten Karl Marx verfasste «Manifest der Kommunistischen Partei».

Vereine gelten zu Recht als typisch «bürgerliche» Organisationen. Damit ist nicht gemeint, dass ihre Mitglieder nur «Bürger» im Sinne einer Klassenzugehörigkeit oder eines Rechtsstatus waren, sondern dass Klassen- oder Standeszugehörigkeit dort formal keine Rolle spielte. Mitgliedschaft folgte in der Regel aus der Entrichtung eines Mitgliedsbeitrags, dessen Höhe über die soziale Zusammensetzung eines Vereins entschied. Vereinsämter wurden durch demokratische Verfahren besetzt, bei denen die Stimme jedes Mitglieds gleich viel zählte. Es war lange üblich, das Vereinswesen als eine liberale oder demokratische Sphäre zu betrachten, das in Gegensatz zur etablierten politischen Ordnung trat; Konservative schienen sich in ständischen Strukturen, im Umfeld der Kirchen oder gar nicht zu organisieren. Seit der Entdeckung, dass die Mitgliederschaft konservativer und religiöser Vereine (Veteranenvereine oder Heimatvereine etwa) ebenfalls erheblich war, ist das Bild jedoch komplexer geworden. An dem besonders gut untersuchten englischen Fall lässt sich zudem zeigen, dass Vereine insgesamt eher Angehörige bestimmter gesellschaftlicher Schichten vernetzten, als politisch Gleichgesinnte zu versammeln, obgleich manche Vereine durchaus in die Nähe von Parteien mit einem einigermaßen kohärenten Programm rückten. Allerdings waren explizit politische Vereine in vielen Ländern, darunter Frankreich, weiterhin verboten. Aus der bloßen Tatsache politischer Mobilisierung folgte zudem keineswegs direkt die politische Revolution. Es schien fast überall eines Impulses von außen zu bedürfen, damit aus ökonomischen Spannungen und politischen Kontroversen eine revolutionäre Situation wurde.

2. Das Problem der «Kettenrevolution»

In der Historiographie hat es sich eingebürgert, die Revolutionen des Jahres 1848/49 als einen historischen Prozess zu beschreiben, der seinen Ausgang in Frankreich nahm und dann auf weite Teile Europas ausstrahlte. Das wirft zumindest Fragen auf. Die Perspektive fasst unterschiedliche Revolutionen zusammen, die jeweils lokale Anlässe hatten, anders verliefen und endeten. Selbst das Reden von einer «deutschen» Revolution ist in diesem Sinne irreführend.

Einige kleinere Staaten waren vom «tollen» Jahr kaum betroffen oder erhielten ihre «Märzministerien» erst im Winter, als die Revolution andernorts schon vorbei war. Andere Länder zogen ihre Revolution vor. In Bayern hatte diese viel mit der Begeisterung König Ludwigs I. für die irische Abenteurerin Elizabeth Rosanna Gilbert zu tun, die als vermeintlich spanische erotische Tänzerin in den 1840er Jahren unter dem Namen Lola Montez in Europa Skandal um Skandal produzierte. 1846 verhinderte der hispanophile Monarch (der sich in seiner Korrespondenz mit «Lolitta» «Luis» nannte) ihre Ausweisung aus Bayern, machte sie zu seiner Mätresse und 1847 zur Gräfin Landsfeld. Da die in der britischen Armee sozialisierte protestantische Frau im antiklerikalen Sinne Politik machen wollte, ihre Rechnungen nicht bezahlte, friedliche Bürger und Ordnungskräfte auf den Straßen Münchens zusammenschlug sowie eine Studentenverbindung (die Alemannen) dazu brachte, die Regeln studentischen Betragens zu verletzen, hatte sie bald alle Schichten der Gesellschaft gegen sich und den König aufgebracht. Die Münchner Revolution gegen Lola Montez begann bereits am 7. Februar 1848 (die Revolution in Paris erst am 22. Februar) und war im März mit der Abdankung Ludwigs I. zugunsten seines Sohnes Maximilian II. in Altbayern weitgehend abgeflaut. Wenn hessen-darmstädtische Pamphlete Anfang März 1848 von der Revolution in einem Nachbarland sprachen, war zumindest unklar, ob Frankreich oder Bayern gemeint war.

Dazu kommt, dass der Mechanismus der Übertragung der Revolution von Land zu Land nur unpräzise benannt wird. Metaphern wie die vom «überspringenden Funken» bieten plausible Bilder, umgehen aber die Frage, was genau an der Nachricht, in Frankreich habe (wieder einmal) die Regierung gewechselt und der König die Beine unter den Arm genommen, kurhessische Bauern, ungarische Aristokraten, römische Handwerker oder Berliner Bürger dazu brachte, Forderungen nach Ablösung aller Feudallasten, nationaler Unabhängigkeit, Absetzung des Papstes, einem preußischen Parlament oder einer Berliner Bürgerwehr zu artikulieren und ihre gewaltsame Durchsetzung zu versuchen. Die These, die wirtschaftliche Krise habe zu einer besonders angespannten Lage geführt, in der jede überraschende Nachricht zur Explosion führen konnte, ist gerade für 1848 nur begrenzt plausibel, denn in diesem Jahr hatte sich die wirtschaftliche Lage gegenüber 1847 drastisch gebessert – warum zündete also nicht bereits der «Funke» des polnischen Aufstands 1846, des schweizer Sonderbundskriegs 1847 beziehungsweise der neapolitanischen Revolution im Januar 1848?

Der Fokus auf Frankreich als Ursprungsland der Revolution fügt sich in ein konservatives Interpretationsschema, das Frankreich seit 1789 als Ausgangspunkt revolutionärer Bewegungen darstellte, die sich aus der Unfähigkeit von Regierung und Bevölkerung zur Selbstbeherrschung ergaben und Nachbarstaaten schuldlos in Mitleidenschaft zogen. Die Revolution ging somit kaum auf das Versagen der eigenen Regierungspolitik zurück, sondern vor allem auf verderbliche Einflüsse von außen. Blickt man unvoreingenommen auf den chronologischen Verlauf der Unruhen 1848, wird die These vom allein aus Frankreich überspringenden «Funken» zumindest fragwürdig. Je nachdem, wo man den Ursprung der Revolutionswelle vermutet, rücken unterschiedliche Ursachen in den Mittelpunkt. Wenn man mit Karl Marx feststellt, der Auftakt habe 1846 in Krakau stattgefunden, gewinnen die seit 1815 offene polnische Frage und das Versagen des «Wiener Konzerts» bei ihrer Lösung an Gewicht. Sieht man den Anfang in der Schweiz des Jahres 1847, wird die konfessionelle Dimension der Revolution besonders zentral. Blickt man auf den Januar 1848 in Italien, so produzierte das Scheitern des sizilianischen Neoabsolutismus Chaos in Europa. Jede dieser Perspektiven zeichnet somit ein ganz anderes Bild der Revolutionen. Jedes hat seine Legitimität, aber nicht alle können in einer knappen Schilderung komplett ausgeführt werden.

3. Die europäische Revolutionswelle

Anfänge? Krakau

Die etwa 1000 km² große Republik Krakau war der einzige Teil des einstigen Königreichs Polen, der nach dem Wiener Kongress unabhängig geblieben war. Die Stadt, die neben ihrer Universität auch Warenschmuggel und Asyl für Flüchtlinge zu ihren besonderen Stärken zählte, bot sich nicht allein wegen ihrer auf 1794 zurückgehenden revolutionären Tradition als Zentrum von Verschwörungsplanungen an, sondern auch wegen ihrer relativen Autonomie, die zwar immer wieder durch ausländische Besatzungen unterbrochen, 1841 durch den Abzug österreichischer Truppen aber wiederhergestellt worden war. Für den Februar 1846 plante die polnische Emigration in Paris einen erneuten Aufstandsversuch, der gleichzeitig in Krakau, dem preußischen und dem österreichischen Teil Polens beginnen sollte. Das Signal wurde vereinbarungsgemäß im Februar 1846 gegeben. In Krakau brach der Aufstand binnen neun Tagen zusammen; in Preußen wurden die Verschwörer bereits im Vorfeld verhaftet. In Galizien versprachen die österreichischen Beamten und Offiziere vor Ort den (mehrheitlich ruthenischen, nicht polnischen) Bauern großzügige Belohnung, wenn sie die Obrigkeit gegen die adeligen Verschwörer unterstützten. Unter der Führung Jakub Szelas, der allen, die sich ihm anschlossen, das Ende der Feudalabgaben versprach, brach daraufhin ein Bauernaufstand aus, in dessen Verlauf zahlreiche Adelssitze niedergebrannt und wahllos etwa 2000 Angehörige der Oberschichten ermordet wurden. Die österreichische Armee, die zunächst in Krakau gebunden war, brauchte drei Wochen, um die Ordnung wiederherzustellen; Szela wurde zwar in die Bukowina verbannt, dort aber mit einem großen Gut belohnt. Im Wissen darum, dass Großbritannien und Frankreich über die spanischen Ehen zerstritten waren, einigten sich die polnischen Teilungsmächte im November 1846 auf den Anschluss der Republik Krakau an Österreich.

Schweiz

Die Stellung der katholischen Kirche in der Gesellschaft war seit den 1830er Jahren in vielen Staaten Gegenstand heftiger Debatten gewesen – mal, weil ein liberaler Staat aus katholischer Sicht angestammte Rechte angreifen wollte (wie in Preußen im sogenannten Mischehenstreit, als staatliches und katholisches Eherecht zwischen 1834 und 1840 aufeinanderprallten), mal, weil ein klerikaler Staat in die Rechte von Protestanten eingriff, wie bei der Ausweisung von Protestanten aus dem Zillertal 1837 oder dem Kniebeugenstreit in Bayern 1839, als der Monarch auch protestantischen Soldaten befehlen wollte, vor der Kanzel und bei katholischen Prozessionen auf die Knie zu fallen. Auch andere Staatskirchen gerieten unter Druck – in England wurde etwa viel über die Höhe und Berechtigung des Zehnten und die Rolle der Konfession bei aus öffentlichen Quellen subventionierter Schulbildung diskutiert. Vor allem in protestantischen und liberalen Kreisen wurde der offizielle Klerikalismus der italienischen Staaten mit wachsendem Unverständnis betrachtet.

In der Schweiz verbanden sich die Konflikte zwischen liberalen und katholischen Tendenzen mit Konflikten zwischen liberaleren und konservativen Kantonen. In dem Maße, in dem liberale Kantons- und Stadtverwaltungen Quotenregelungen für Katholiken und Protestanten fallen ließen und damit katholische politische Besitzstände gefährdeten, verstärkte sich der Widerstand in katholischen Kantonen, etwa durch die Übertragung von Schulen und Hochschulen an die Jesuiten. Als Mitte der 1840er Jahre die religiös motivierte Gewalt zunahm und mehrfach mehrere tausend Liberale und Protestanten nach Luzern zogen, um dort die Jesuiten zu vertreiben, begannen sieben mehrheitlich katholische Kantone (neben Luzern Zug, Uri, Schwyz, Unterwalden, Freiburg und Wallis) über ein gegenseitiges Schutzbündnis zu verhandeln, das 1846 – zur Bestürzung der übrigen Schweiz – bekannt wurde. Während liberale Kräfte in den restlichen Kantonen bereit waren, den «Sonderbund» zu tolerieren, erstrebten die radikaleren seine Auflösung. Im Sommer 1847 war durch Regierungswechsel in mehreren Kantonen in der Tagsatzung, der Versammlung der Kantone auf Bundesebene, eine radikale Mehrheit erreicht, die im Juli die Auflösung des Sonderbundes beschloss und im Oktober daranging, dies militärisch durchzusetzen.

Entweder hatten die schweizer Schützenvereine ihren eigentlichen Zweck längst aus den Augen verloren, oder die vielen Schützen, die sich auf beiden Seiten am Feldzug beteiligten, schossen (was wahrscheinlicher ist) bewusst daneben. Der «Sonderbundskrieg» verbrauchte jedenfalls viel Munition, forderte aber nur etwa 100 Tote und zwischen 400 und 500 Verletzte. Der Krieg war Ende November 1847 beendet; im Laufe des Jahres handelte die Schweiz eine neue Verfassung aus, die im September 1848 verabschiedet wurde. Da der Sonderbund diplomatisch von Österreich unterstützt worden war, bedeutete sein Ende auch eine österreichische Niederlage, die den Anfang vom Ende des Einflusses Metternichs in Mitteleuropa markierte.

Italien

In Italien war 1846 ein neuer Papst gewählt worden. Pius IX. begann seine Herrschaft mit Reformen, die vor allem deutlich machten, wie tief die Kluft zwischen dem Kirchenstaat, den anderen absolutistischen italienischen Staaten und dem Rest Europas inzwischen geworden war. Neben neuen Gesetzbüchern und einer Amnestie für politische Gefangene kündigte er an, dass er den Bau von Eisenbahnen nicht mehr verbieten und Bewohnern seines Staates erlauben werde, an wissenschaftlichen Kongressen teilzunehmen. Damit stand Pius plötzlich – und ohne es zu wollen – an der Spitze des italienischen Fortschritts. Gleichzeitig machte sich Österreich unbeliebt, indem es die Hungerkrise nach 1846 in der Lombardei besonders schlecht bewältigte. 1847 lebten die Mailänder daher gesünder: Sie rauchten nicht mehr, da sie mangels eines parlamentarischen Budgetrechts die österreichische Verwaltung finanziell vor allem treffen konnten, indem sie ihr die Einkünfte aus dem Tabakmonopol entzogen. Im Januar 1848 kam es auf Sizilien zu einem

Aufstand, der die Abspaltung der Insel zum Ziel hatte; gleichzeitig forderten Proteste auf dem Festland eine Verfassung, die der Monarch Ende des Monats gewährte. Die Verfassungsbewegung griff im Februar auf die übrigen italienischen Fürstentümer über: Die Toskana erhielt am 11. Februar eine Verfassung mitsamt nach Zensuswahlrecht gewählter repräsentativer Versammlung und einem neuen, moderat-liberalen Ministerium, Piemont am 5. März, der Kirchenstaat am 11. März, Parma am 29. März. In allen Staaten gaben die Monarchen relativ gewaltfreien Protesten sofort nach, um ihre Kronen zu retten.

Frankreich

Die französische Monarchie ging noch einen Schritt weiter. In Frankreich war die Wahlrechtsfrage wieder akut geworden; eine immer breitere Bewegung forderte eine Absenkung oder Abschaffung der Zensusschranken. Da politische Vereine in der Julimonarchie verboten waren, mussten alternative Organisationsformen erfunden werden: Die Opposition veranstaltete «Bankette», auf denen politische Trinksprüche ausgebracht, Tischreden gehalten und Petitionen unterzeichnet wurden. Für den 22. Februar 1848 war ein besonders großes Bankett in Paris geplant, dessen Logistik allerdings selbst den Organisatoren Sorgen bereitete. Ursprünglich für das volatile XIIe *arrondissement* geplant, wurde das Bankett zunächst auf die Champs-Élysées verlegt und schließlich ganz abgesagt. Nicht abgesagt wurde aber eine Demonstration der Nationalgarde, Pariser Studenten und Arbeiter, die am 22. Februar stattfand. Am 23. Februar wurden die ersten der inzwischen traditionellen Barrikaden errichtet und bei Schüssen auf Demonstranten vor dem Außenministerium, Sitz des Premierministers Guizot, etwa 50 Menschen getötet. Louis-Philippe versuchte zwar kurz, unter Thiers eine neue Regierung zu bilden, dankte aber bereits am 24. Februar zugunsten seines Enkels Philippe, Graf von Paris, ab und machte sich mit falschem Bart auf den Weg nach England – die Überfahrt musste der britische Konsul in Le Havre bezahlen.

In Frankreich war damit, anders als in den italienischen Staaten, auch die monarchische Staatsform zur Disposition eines Parlaments gestellt, das wie 1789 unter dem Druck der Straße agieren musste. Offenbar war die Popularität der Julimonarchie so gering, dass sich keine nennenswerte Unterstützung dafür fand, den Willen Louis-Philippes zu respektieren. Die provisorische Regierung aus elf Männern, der neben Alphonse de Lamartine, der 1847 eine Geschichte der gemäßigt-republikanischen Girondisten veröffentlicht hatte, auch ein Sozialist wie Louis Blanc angehörte, erfreute sich bald allgemeiner Anerkennung durch Frankreichs Beamte und Offiziere. Sie versuchte, den sozialen Protest zu entschärfen, indem sie bereits am 25. Februar ein Recht auf Arbeit proklamierte und Höchstarbeitszeiten festsetzte. Liberale Forderungen befriedigte sie mit der Abschaffung der Sklaverei und der Aufhebung der Todesstrafe für politische Verbrechen, demokratische mit der Ausschreibung der Wahl einer verfassunggebenden Versammlung mit 900 Sitzen auf der Grundlage eines allgemeinen Wahlrechts für erwachsene Männer ohne Rücksicht auf Vermögen – was die Zahl der Wähler um das Vierzigfache vergrößerte. Die Wahl fand Ende April 1848 statt; viele Nachwahlen folgten. Zu den normalen Nachwahlgründen (Rücktritt oder Tod) kam, dass die Liste der Kandidaten in jedem Wahlkreis nach Belieben ergänzt werden konnte. Zahlreiche prominente Politiker wurden daher für mehr als einen Sitz gewählt, aber sie konnten natürlich nur einen einnehmen; die Übrigen mussten dann neu besetzt werden.

Deutschland

Zuvor hatte sich in den deutschen Staaten mit Variationen derselbe Prozess abgespielt wie in Italien. In größeren Städten, vor allem in Residenzstädten, kamen seit Anfang März 1848 Menschenmengen zusammen, die sich aus städtischen Handwerkern, Arbeitern und Dienstboten und Bauern und Landarbeitern aus der Umgebung sowie ihren Frauen zusammensetzten. Die Mengen waren bewaffnet, wenn auch meist nur mit Utensilien, die im Betrieb greifbar und allenfalls – etwa durch Geradeschmieden der Sensen – etwas gefährlicher gemacht worden waren. Die Mengen forderten vor allem die Ernennung von Ministern, die das Vertrauen der Öffentlichkeit genossen, Pressefreiheit, die Einrichtung von Bürgerwehren (anders gewendet, die Verbannung der Armee aus den Städten), größere soziale Gerechtigkeit und in den Staaten, die über keine Verfassung verfügten, Einrichtung einzelstaatlicher parlamentarischer Versammlungen, dazu meist auch die Parlamentarisierung des Deutschen Bundes. Die Fürsten gaben den Forderungen nach Regierungsumbildung rasch nach und ernannten sogenannte Märzministerien – dass der bayerische Monarch abdankte, führte bezeichnenderweise nicht wie in Frankreich zu einer republikanischen Episode. Zu ernsthaften Konflikten kam es allein in Wien, wo am 13. und 14. März bis zu 60 Menschen starben, und in Berlin, wo am 18. März etwa 230 Menschen zu Tode kamen. Der König von Preußen und der Kaiser von Österreich zeigten sich aber ebenfalls konzessionsbereit. Metternich floh, in einem Wäschesack versteckt, aus Wien und ging dann nach England. Am 21. März stimmte auch der König von Dänemark für seine Besitzungen, die teilweise im Deutschen Bund lagen, Forderungen nach einer gesamtstaatlichen Verfassung zu. Seit dem 31. März bereiteten rund 500 «Männer des öffentlichen Vertrauens» auf Einladung der Bundesversammlung in Frankfurt am Main die Parlamentarisierung des Deutschen Bundes vor.

England

In London versammelten sich am 10. April 1848 rund 150 000 Menschen auf Kennington Common, einer Grünfläche am südlichen Ufer der Themse, um einen Marsch aufs Parlament vorzubereiten; sie wollten eine diesmal angeblich von fast 6 Millionen Männern unterschriebene Petition der Chartisten übergeben. Dazu mussten sie allerdings erst über eine der Themsebrücken gelangen, zu deren Verteidigung neben Soldaten und 4000 Polizisten auch 85 000 Freiwillige zusammengezogen waren, die extra für den Tag als Konstabler eingeschworen worden waren – einer von ihnen war Louis-Napoléon, der 1846 aus seinem Gefängnis zurück nach England geflohen war. Statt eine Konfrontation zu riskieren, erklärte sich die Führung der Chartisten bereit, die Petition persönlich, ohne Demonstration, zu überbringen. In London blieb es daher ruhig, obgleich das Parlament ablehnte, die Petition zu diskutieren, und zudem feststellte, die meisten Unterschriften seien gefälscht. Die konservative Presse redete die Demonstration klein, die liberale und radikale ironisierte das feige Zurückweichen einer Gruppe, die sich noch am Morgen durch besonders blutrünstige Rhetorik hervorgetan hatte.

Nord- und Südosteuropa

Ebenfalls am 9./10. April fand eine Petitionsversammlung in Iaşi in Moldawien statt, die typische «Märzforderungen» formulierte; in diesem Fall war das Ergebnis aber die Verhaftung der etwa 300 Petenten. Weitere Ereignisse des Monats April waren partielle Regierungsumbildungen in Schweden, wo im März eine Demonstration mit etwa 30 Todesopfern auf Seiten der Demonstranten auseinandergetrieben wurde, und Norwegen.

Mögliche Analyseebenen

Der Versuch, den Verlauf der Revolution von 1848 chronologisch nachzuzeichnen, muss notwendigerweise in dem Chaos enden, das vielleicht der zentrale Eindruck war, der sich den Zeitgenossen aufdrängte. Überall fanden Ereignisse statt, die in einem normalen Jahr für eine Sensation gesorgt hätten, aber jetzt nur kleinere Meldungen wert waren. Versucht man, die Ereignisse zu systematisieren, so bieten sich unterschiedliche Modelle an. Eine klassische Analyse orientiert sich an den sozialen Schichten, die in den verschiedenen Phasen der Revolution die treibenden Kräfte zu sein schienen. Sie beschreibt eine Revolution der Landbevölkerung, der Bürger und der Arbeiter. Eine solche Analyse würde suggerieren, dass es vor allem materielle Interessen waren, die darüber entschieden, wer sich wann am revolutionären Prozess beteiligte. Während die Forderung der Landbevölkerung nach Abschaffung der Feudallasten rasch gewährt wurde und die des Bürgertums nach Verfassungsmodifikationen sich im Laufe des Sommers realisieren ließen, traten am Schluss (im Herbst und Winter 1848/49) die sozialpolitischen Forderungen abhängiger Arbeiter gerade dann in den Vordergrund, als die Staatsmacht wieder erstarkte. Für eine solche Systematisierung spricht in der Tat einiges; trotzdem wird hier ein Zugang gewählt, der die politischen Wendepunkte stärker in den Mittelpunkt rückt. Er geht von der Beobachtung aus, dass revolutionäre Akteure politische Vorstellungen und Ziele auf unterschiedlichen Ebenen formulierten und mit mehr oder weniger Erfolg in verschiedenen Rahmen zu realisieren versuchten: innerhalb der Grenzen der 1848 bestehenden Staaten (Innenpolitik); durch Veränderungen des internationalen Systems (Außenpolitik); schließlich mit Bezug auf «Nationen», deren politische Form erst noch bestimmt werden musste.

Innenpolitik

Betrachtet man die innenpolitische Entwicklung, so lässt sich ein Muster erkennen, nach dem alle Revolutionen abliefen, allerdings mit beträchtlichen Variationen im Detail. Im Frühjahr 1848 wurden Forderungen vorgebracht, die sich im Verlauf des Jahres 1848 als zumindest teilweise widersprüchlich erweisen sollten. Die Tatsache, dass die sozialen Schichten, die diese Forderungen mehrheitlich betrafen, zusammen demonstrierten, schuf den Eindruck einer geschlossenen Front gegen die Regierung, der die meisten Monarchen dazu brachte, Konzessionen zu machen oder völlig zu kapitulieren.

Ein Bündel von Forderungen zielte auf Parlamentarisierung, Pressefreiheit, Anlehnung der Minister an die Mehrheit des Parlaments, Übergang der bewaffneten Gewalt in Friedenszeiten an ehrbare Bürger. Solche Fragen lagen vor allem den oberen Schichten der Gesellschaft am Herzen, die als Journalisten tätig waren, in Parlamente gewählt wurden oder Mitglieder politisierender Vereine waren, also direkt oder indirekt persönlich Politik machten. Sie wurde Anfang 1848 von breiteren Schichten geteilt. Die Forderung nach einem allgemeinen Wahlrecht weckte die Hoffnung, dass politische Versammlungen auch das Los der armen Leute deutlich verbessern würden. Die Entscheidung der französischen provisorischen Regierung, ein Recht auf Arbeit zu verkünden und es durch die Einrichtung von «Nationalwerkstätten» – also Arbeitsbeschaffungsmaßnahmen, in denen Arbeitslose für wenige Stunden Arbeit am Tag einen kargen Lohn erhalten konnten – einzulösen, war ein erstes Signal in diese Richtung. In vielen ländlichen Gesellschaften war die Abschaffung von Feudalabgaben zentral, die in der ersten Phase der Revolution von 1848 meist sofort gewährt wurde.

Mit allgemeinen Wahlen waren im Prinzip auch die radikalen Demokraten einverstanden, die in der Revolution von 1848 erstmals auf einen politischen Durchbruch hofften. Allerdings reagierten in Deutschland Teile der radikalen Linken auf die Entscheidung des nicht demokratisch legitimierten «Vorparlaments», sich nicht selbst zum Parlament zu erklären, sondern erst eines wählen zu lassen, mit dem Versuch, gewaltsam eine deutsche Republik herbeizuführen. Der von dem badischen Anwalt Friedrich Hecker und dem Rechtsanwalt Gustav Struve angeführte Versuch, in Baden die Republik zu etablieren und dann die Revolution ins übrige Deutschland zu tragen, endete mit dem Sieg badischer Truppen über den «Heckerzug» am 20. April 1848; Hecker zog sich daraufhin ins US-amerikanische Exil zurück.

Die Skepsis der Demokraten gegenüber überhasteten Wahlen bestätigte sich, als die Abstimmungen des Frühjahrs 1848 überall in Europa Kammern hervorbrachten, in denen demokratisch-republikanisch gesinnte Personen eine Minderheit waren. Sieger der Wahl vom April 1848 war in Frankreich eine breit aufgestellte «Partei der Ordnung», die von gemäßigten Liberalen bis hin zu Legitimisten reichte, die eine Rückkehr Heinrichs V. auf den Thron wünschten – die radikale Linke brachte es nur auf etwa 70 der 900 Sitze. Bei den Wahlen zur preußischen Nationalversammlung, zum österreichischen Reichsrat und zum Parlament des Deutschen Bundes in Frankfurt am Main schnitten die Liberalen besser ab; im Gegensatz zu Frankreich, wo nach der Ablösung eines liberalen Regimes der Weg nach links wie nach rechts offen schien, hatten sich Konservative entweder nicht zur Wahl gestellt oder waren nicht erfolgreich gewesen. Für «Demokraten» verliefen die Wahlen enttäuschend, und «Sozialisten» waren in allen Parlamenten eine verschwindende Minderheit. Bauern oder Arbeiter gab es praktisch keine, indirekte Vertreter der Interessen von Gesellen, Arbeitern und Bauern musste man ebenfalls mit der Lupe suchen. Dominante Berufsgruppen waren Angehörige des «Bildungsbürgertums» (meist mit starkem Juristenüberhang), daneben Kaufleute, Grundbesitzer oder Rentiers.

Es war daher wahrscheinlich, dass die Masse der Menschen, die den Erfolg der Revolution durch ihren Einsatz bei den Demonstrationen des Frühjahrs erfochten hatten, die Parlamente nur dann als ihre Vertreter ansehen würden, wenn diese ihre Anliegen ernst nahmen. Manche Forderungen, die außerhalb der Parlamente erhoben wurden, waren weder innerhalb noch außerhalb der Sitzungssäle mehrheitsfähig – etwa das Frauenwahlrecht, das überall erwogen, aber nirgends von einer größeren «Partei» ernsthaft gefordert wurde. Andere Anliegen – wie bessere Armenversorgung, gerechtere Besitzverteilung und Anrecht auf Arbeit – waren zwar nicht in den Parlamenten, wohl aber auf den städtischen Straßen mehrheitsfähig, zumal die Revolution wieder die wirtschaftlichen Verhältnisse im verarbeitenden Gewerbe dramatisch verschlechtert und bis zum Sommer zu Massenarbeitslosigkeit geführt hatte. Das wachsende Misstrauen wurde daran deutlich, dass zunehmend gesonderte Petitionen von «Arbeitern» verfasst oder getrennte Arbeiterparlamente einberufen wurden.

Vor diesem Hintergrund beschloss die französische Regierung am 21. Juni 1848 ausgerechnet, die Nationalwerkstätten aufzulösen und die verbleibenden Arbeitslosen zur Armee einzuziehen oder zu Schanzarbeiten in die Provinz zu schicken. Sie provozierte so einen Aufstand der körperlich arbeitenden Pariser Bevölkerung, der vom 23. bis 26. Juni andauerte, etwa 6500 Menschenleben kostete (ganz überwiegend auf Seiten der Aufständischen, die gegen das reguläre Militär und eine aus der Arbeiterschaft selbst rekrutierte *garde mobile* von etwa 17 000 Mann antraten) und Zehntausende Verhaftungen nach sich zog; etwa 11 000 Menschen wurden verurteilt.

Diese soziale Revolution, die sich im Juni erstmals zeigte, barg aus der Sicht der parlamentarischen Mehrheiten zwei Gefahren. Erstens richtete sie sich gegen die gerade erst errungenen verfassungspolitischen Fortschritte. Wenn die formal korrekt zustande gekommenen Entscheidungen einer Regierung, die das Vertrauen einer durch Wahlen legitimierten Versammlung besaß, durch lautstarke Demonstrationen umgestoßen werden konnte, dann war der Weg in die Anarchie – oder gar in den Terror nach dem Muster von 1793 – nicht mehr weit. Es war somit nach Meinung der Mehrheit notwendig, Härte zu zeigen, um das Erreichte nicht zu gefährden. Aus der Sicht der französischen Nationalversammlung etwa hatte sich die radikale Linke bereits Mitte Mai 1848 dadurch diskreditiert, dass sie nach Abstimmungsniederlagen versucht hatte, die Pariser Bevölkerung zum Sturm auf das Parlament aufzurufen.

Zweitens forderten die Demonstranten des Juni 1848 zumindest implizit die Umverteilung von Vermögen und signalisierten dadurch, dass sie den Respekt vor Privateigentum, der ein zentraler Wert des Liberalismus war, nicht teilten. Damit waren der Lebensstil und das Vermögen nicht nur der Aristokratie, sondern auch des besitzenden Bürgertums bedroht. Das verschob die Wahrnehmung der staatlichen Ordnungsmacht – das Bajonett des professionellen Soldaten wirkte weniger als Symbol staatlicher Repression und mehr als wohltätiger Schutz der Obrigkeit, wenn es sich zwischen den Bankier und den Mob stellte, als wenn es den Bürger daran hinderte, seine Meinung zu sagen.

Ähnliche Szenen wie in Paris im Juni 1848 wiederholten sich in Wien im August und Oktober, in Berlin im Juni und Oktober, in Frankfurt am Main im September. Zwar gab es dort weniger Tote, aber die Grundkonstellation war ähnlich: Soziale Unzufriedenheit verband sich mit demokratischer Agitation zu Ausschreitungen, die nur durch Militäreinsatz oder scharfe Schüsse der Bürgerwehren unter Kontrolle zu bringen waren. In Frankfurt tötete eine wohl überwiegend aus klein- und unterbürgerlichen Schichten bestehende Menge aus Männern und Frauen den eher als harmlosen

Dandy bekannten Abgeordneten Felix von Lichnowsky, als er auf Ausschau nach Militär umherritt.

Es war zudem zunehmend unklar, welchen Teil der Bevölkerung die Parlamentarier in den durch die Revolution zustande gekommenen Versammlungen eigentlich noch vertraten. Die Landbevölkerung war deutlich konservativer als die liberalen Parlamente. Forderungen nach Gleichstellung der Konfessionen und Emanzipation der Juden, die in der Paulskirche erhoben wurden, standen etwa antisemitischen Ausschreitungen in ländlichen Regionen Deutschlands am Beginn der Revolution gegenüber; der Forderung nach Unterstützung städtischer Arbeiter die Zufriedenheit der Landbevölkerung in den deutschen Staaten und im gesamten Habsburgerreich über die Abschaffung der Feudallasten im März 1848, obgleich Detailfragen offenblieben.

Als im Verlauf des Jahres 1848 in fast allen Staaten Konstellationen entstanden, in denen revolutionäre Parlamente und liberale Regierungen auf die bewaffnete Macht des regulären Militärs zurückgriffen, um sich gegen eine gewaltbereite Opposition von links zu verteidigen, war nicht nur das Experiment der Bürgerwehren nachdrücklich gescheitert, sondern auch die Position der Monarchen, welche die Kontrolle über das Militär entweder nie verloren hatten oder in dem Maße zurückgewannen, in dem die Sympathie der Soldaten gegenüber radikalen Forderungen abnahm, entscheidend gestärkt. Der österreichische Kaiser Ferdinand I., der sich zeitweilig aus Wien nach Innsbruck zurückgezogen hatte, konnte sich im Oktober 1848 über die Rückeroberung Wiens nach einem linkspopulistischen Aufstand freuen; in Berlin rückte das Militär im November 1848 wieder ein. Zwar musste Ferdinand wegen Geistesschwäche im Dezember zugunsten seines Neffen Franz Joseph I. abdanken. Aber ähnlich wie der preußische König im Dezember 1848 konnte auch der österreichische Kaiser im März 1849 einseitig eine neue Verfassung verkünden, die allerdings nie in Kraft trat. Preußen dagegen führte das allgemeine Männerwahlrecht in sozial abgestufter Form ein und gewährte dem Parlament die Gesetzesinitiative, wies aber weitergehende liberale Forderungen zurück. Vor allem blieb die Kommandogewalt über das Militär allein beim Monarchen, der weiterhin seine Minister nach Gutdünken ernannte und entließ.

Nur in wenigen Staaten war der Versuch erfolgreich, der konservativen Wende den Weg in eine radikaldemokratische Republik entgegenzusetzen. In Deutschland waren das im Sommer 1849 Baden und die bayerische Pfalz, in Italien die Toskana (zwischen Februar und April 1849) und der Kirchenstaat, aus dem der Papst im November 1848 floh und wo Mazzini zwischen Februar und Juli 1849 an der Spitze einer römischen Republik stand. Im Habsburgerreich war Venedig von März 1848 bis August 1849 Republik, Ungarn zwischen April und August 1849. Alle diese Republiken endeten mit der Rückkehr der alten Monarchen und der hergebrachten innenpolitischen Ordnung vor den Reformen des Frühjahrs 1848 – was in der Toskana insofern begrüßt wurde, als die Rückkehr eines habsburgischen Großherzogs einen Schutz vor einer österreichischen Besatzung darstellte.

In Frankreich war diese Form der Restauration bestehender dynastischer Verhältnisse durch die Flucht des Monarchen unmöglich. Radikal-republikanische Kräfte waren seit Mai 1848 marginalisiert, legitimistische Royalisten, die wieder einen Bourbonen auf dem Thron sehen wollten, ebenfalls nicht mehrheitsfähig. Auch die dritte Option, eine Rückkehr der Bonapartes, war ausgeschlossen, da ihnen verboten war, das Land zu betreten. Nicht verboten war es allerdings, sie zu wählen, denn um gewählt zu werden, war keine Kandidatur notwendig; auf dic Stimmzettel konnte jeder beliebige Name geschrieben werden. Ein erster Versuch der bonapartistischen «Partei», Louis-Napoléon so ins Spiel zu bringen, der sich in Frankreich als Mann des Volkes präsentierte, wenn er sich nicht gerade anschickte, englische Arbeiter niederzuknüppeln, scheiterte. Damit war die Sache freilich nicht zu Ende. Am 4. Juni wurde er bei Nachwahlen in drei *départements* gewählt, was ein ernsthaftes Problem aufwarf. Konnte Louis-Napoléon seinen Sitz einnehmen? Der radikaldemokratische Abgeordnete Alexandre Ledru-Rollin meinte Ja: Er sei ein politischer Pygmäe, dessen Popularität in der

Sonne der Republik rasch hinwegschmelzen werde. Premierminister Lamartine war zwar gegen die Einreiseerlaubnis, das Parlament aber aus unterschiedlichen Gründen mit großer Mehrheit dafür. Einige Abgeordnete störten sich daran, dass für Louis-Napoléon ein Verbot gelten sollte, das andere Mitglieder seiner Familie nicht mehr betraf. Andere hofften, einen Präzedenzfall für die Rückkehr der Orléans zu schaffen, die inzwischen ebenfalls aus Frankreich verbannt waren, wieder andere wollten das Verdikt der Wählerschaft nicht unterlaufen oder waren darüber erbost, dass Lamartine das Parlament in Sachen Bonapartismusgefahr irregeführt hatte. Allerdings machte ein Brief Louis-Napoléons, der am 16. Juni verlesen wurde, den Effekt dieser Debatte zunichte, denn mit einigem bösen Willen ließ sich der Text als Aufruf zum Sturz der parlamentarischen Republik verstehen. Angesichts der massiven Kritik verzichtete Louis-Napoléon auf sein Mandat. Am 17. und 18. September 1848 wurde er aber erneut in vier *départements* gewählt; diesmal kehrte er am 24. September 1848 nach Frankreich zurück. Dort wurde am 4. November 1848 die neue Verfassung verkündet, die auf eine Balance zwischen einem auf drei Jahre gewählten Parlament mit 750 Mitgliedern und einem für nur eine Amtszeit von vier Jahren wählbaren Präsidenten setzte. Um diesen Posten bewarb sich Louis-Napoléon mit dem impliziten Versprechen, zur Praxis demokratischer Konsultation und zum Ruhm der Herrschaft seines Onkels zurückzukehren, diese aber an Wohlstand und sozialer Gerechtigkeit zu übertreffen. Offenbar glaubte ihm die Wählerschaft vor allem in ländlichen Regionen. In der Wahl vom 10. Dezember 1848 erhielt er 5,5 Millionen Stimmen, das waren rund 75 Prozent der abgegebenen Voten bei einer Wahlbeteiligung von 76 Prozent. Sein schärfster Konkurrent war mit 1,5 Millionen Stimmen der ehemalige Verteidigungsminister Louis-Eugène Cavaignac, der für das Pariser Juni-Massaker verantwortlich gewesen war. Ledru-Rollin kam auf kaum 400 000 Stimmen, Lamartine auf kaum 20 000. Skeptisch gegenüber einer Rückkehr des Bonapartismus in das höchste Staatsamt waren allein protestantische, gewerblich orientierte und an der Grenze liegende Regionen.

Eine Wahl unter ähnlich freien Bedingungen nach einer ähnlich langen Phase revolutionärer Politisierung und Polarisierung hat 1848 in keinem anderen Teil Europas stattgefunden. Wenn die französischen Ergebnisse als typisch gelten können, machten sie deutlich, wie tief die Kluft zwischen den im Frühjahr 1848 noch führenden liberalen und liberaldemokratischen Politikern und der politischen Stimmung im und auf dem Land im Laufe des Jahres geworden war. Das erklärt, warum die Dynamik der Revolution kaum über Frühjahr und Sommer 1848 hinaus bewahrt werden konnte und warum republikanische Initiativen des Jahres 1849 außer in einer alten Republik wie Venedig nicht zur Massenbewegung wurden. Offenbar hielt eine breite Mehrheit der Bevölkerung eine auf religiöse Bezüge gestützte, traditionsverhaftete Herrschaft, die vor allem Stabilität und ein gewisses Maß an sozialer Gerechtigkeit garantierte, ohne zu versuchen, Egalität herzustellen, für die einzig legitime oder einzig praktikable Regierungsform – trotz der Tatsache, dass sich die französische Provinz bald in «schwarze» und «rote» Regionen spalten sollte. Dazu trug bei, dass viele Revolutionäre aus naheliegenden Gründen nicht nur politische, sondern auch gesellschaftliche Konventionen auf den Prüfstand stellten und sie systematisch brachen, wenn sie ihnen nicht vernünftig oder legitim erschienen. Karl Blind, einer der ganz wenigen deutschen «Achtundvierziger», «der die Revolution ohne Wenn und Aber gewollt und jahrelang darauf hingearbeitet hat»,[2] versuchte nicht nur, Handwerksgesellen für demokratische Ideen zu begeistern, sondern tat das mit dem Geld Friederike Cohens, der Frau eines jüdischen Bankiers, die offen mit dem deutlich jüngeren ehemaligen Studenten und Journalisten zusammenlebte. Zu diesem Zeitpunkt waren Ehen zwischen Juden und Christen in Baden nicht nur gesellschaftlich geächtet, sondern explizit verboten – Blind konnte erst 1849 in Frankreich seine 1848 verwitwete Partnerin heiraten.

Nun war Blind im Rahmen der deutschen Revolution außergewöhnlich radikal. Er beteiligte sich am Heckerzug und am Versuch, im September 1848 von Baden aus eine deutsche Republik auszurufen. Aber auch der durch seine schwarze Kleidung immer leicht überspannt wirkende, als Egozentriker wegen seines Wahlspruchs *Dio e Popolo* (Gott und Volk) als *Io e Popolo* (Ich und das Volk) oder «Theopompus» karikierte Mazzini, der im Umgang beißende Marx, der später seine «Volksnähe» demonstrieren sollte, indem er mit Leipziger Arbeitern Französisch sprach, ein Draufgänger wie Garibaldi oder ein Musiker wie Richard Wagner, der sich neben seinen Kompositionen vor allem durch seine Schuldenberge auszeichnete, Phrenologen, Spiritisten, Vegetarier, Anhänger türkischer Bäder – all das erregte auch 1848 oft mehr Ver- als Bewunderung. Es ließ «brave», in ihrem Privatleben «normale» Revolutionäre wie Friedrich Hecker oder Lajos Kossuth besonders hervortreten und machte Politiker attraktiv, deren Hobbys – im Falle Louis-Napoléons Frauen und Bälle – man vielleicht nicht gutheißen, immerhin aber als gängige Beschäftigungen der Reichen und Mächtigen mühelos nachvollziehen konnte.

Außenpolitik

In Italien und in Deutschland hatte die Revolution von Anfang an eine internationale Dimension. In eingeschränkterem Umfang galt das auch für die zwischen dem Osmanischen Reich und Russland gelegenen Donaufürstentümer, wo sich sofort die Frage stellte, ob sie sich an Russland oder an das Osmanische Reich anlehnen sollten. Zunächst schien die osmanische Option vielversprechender. Als im September auch die Revolution in der Walachei mit einem osmanischen Einmarsch endete, war das Vertrauen auf den Sultan insofern gerechtfertigt, als er die Anführer der Revolution, die Bauernbefreiung und ein Parlament angestrebt hatten, nach Österreich ins Exil schickte, statt sie, wie vom Zaren gewünscht, abzuurteilen.

In Italien folgte aus der Idee, eine italienische Konföderation unter Leitung des Papsttums einzurichten, die Notwendigkeit, den Hegemon Italiens, das Habsburgerreich, aus der Region zu verdrängen. Dafür sprach aus der Sicht der italienischen Fürsten einiges. Ein Krieg würde liberale Offiziere ablenken, die möglicherweise unzuverlässige Armee außer Landes schaffen und politische Triumphe produzieren, welche die Monarchie stabilisieren könnten.

Pius IX. war von dieser Politik, die ihn zum vornehmsten und implizit mächtigsten italienischen Fürsten machte, geschmeichelt, und die Unterstützung des Papstes verlieh ihr wiederum kaum zu überschätzende Legitimität. Karl Albert von Sardinien-Piemont hatte als Souverän des an die österreichische Lombardei grenzenden Landes besonders viel zu gewinnen, und für ihn schien die Lage durch die Revolution in der Lombardei und in Venetien besonders günstig. Nach längeren Auseinandersetzungen mit der Bevölkerung hatte sich die österreichische Armee unter Josef Radetzky aus Mailand und Venedig zurückgezogen; italienische Einheiten der Habsburger Armee desertierten. Zudem war denkbar, dass Frankreich ebenfalls gegen Habsburg agieren würde. Da der Kurs des revolutionären Frankreichs völlig unklar war, bereiteten sich manche in England auf eine Invasion vor, andere erwarteten, Frankreich werde allen liberalen Zielen der 1830er und 1840er Jahre zum Sieg verhelfen – kaum jemand prognostizierte, dass Frankreich außenpolitisch passiv bleiben würde.

Der Unterstützung Königs Ferdinand II. beider Sizilien, des (ebenfalls habsburgischen) Großherzogs Leopold II. von der Toskana und des Papstes versichert, marschierte Karl Albert am 23. März 1848 in die Lombardei ein. Der Papst und der König von Neapel widerriefen ihre Befehle jedoch, als klar wurde, dass Karl Albert einen Eroberungsfeldzug für Piemont, nicht für den Papst führte. Allerdings fanden die Befehle aus Rom und Florenz bei den Offizieren vor Ort nicht immer Gehör; manche zogen nach Mailand oder Venedig weiter. In dieser Situation griff Pius IX. zur Macht seines klerikalen Amtes, verdammte den Krieg gegen einen katholischen Souverän und raubte damit dem Feldzug seine höhere Weihe. Ferdinand, der seine innenpolitische Stellung bereits im Mai wieder gefestigt hatte, konzentrierte sich auf die Rückeroberung Siziliens, die bis September 1848 weitgehend abgeschlossen war. Von seinen Alliierten im Stich gelassen, musste Karl Albert zudem feststellen, dass die militärische Lage der Österreicher viel besser war als vermutet. Im Frühjahr 1848 hatte sich Radetzky in eine unangreifbare Position zwischen vier befestigten Plätzen mit offenen

Nachschubrouten nach Tirol und in die habsburgischen Kernlande zurückgezogen. Von dort schickte er sich an, die Truppen Karl Alberts am 24. Juli 1848 bei Custozza bei relativ ausgeglichenen Verlusten von rund 2500 Mann zu schlagen. Danach konnte sich Radetzky an die Rückeroberung der Lombardei machen und Venedig belagern, das sich im August 1849 ergab. Auch ein zweiter Versuch Piemonts, Teile der Lombardei zu erobern, als Österreich im Frühjahr 1849 in Ungarn engagiert war, schlug fehl. Karl Albert dankte danach zugunsten seines Sohnes, Viktor Emanuels II., ab – unter dessen Herrschaft Sardinien-Piemont tatsächlich die Vormachtstellung in Italien erreichen sollte. Dazu trug die Tatsache, dass der Staat als Einziger in Italien die Verfassung von 1848 in Kraft ließ, einiges bei.

Von den italienischen Republiken erlangte vor allem die römische internationale Bedeutung, in der Mazzini und Garibaldi, der die 1830er Jahre als militärischer Abenteurer in Südamerika verbracht hatte, entscheidende Rollen spielten. Die Ermordung des päpstlichen ersten Ministers im November 1848 und die Flucht des Papstes ins Königreich Neapel riefen vor allem in katholischen Kreisen Frankreichs heftige Proteste hervor. Zudem boten die Notlage des Papsttums und die Unfähigkeit Österreichs zu intervenieren Frankreich die Möglichkeit, Einfluss in Italien zu gewinnen. Es war eine der ersten überaus populären Maßnahmen des im Dezember gewählten neuen Präsidenten der französischen Republik, seit April 1849 französische Truppen in den Kirchenstaat zu schicken und einem kleineren spanischen Kontingent den Zugang zu ermöglichen; insofern intervenierte das postrevolutionäre Frankreich militärisch auf Seiten der Reaktion. Zwar wurden die französischen Hilfstruppen von Garibaldi zweimal besiegt (der glücklose Ramorino dagegen verlor erneut eine Schlacht, wurde wieder als Verräter verdächtigt und diesmal von der römischen Republik auch als solcher erschossen), im Juli 1849 eroberten sie aber Rom, setzten den Papst wieder in seine Rechte ein und blieben im Kirchenstaat präsent. Mazzini entkam, um in England erneut Revolutionen vorzubereiten, während Garibaldi mit knapp 4700 Mann eine letzte

Schlacht gegen 86 000 Franzosen, Österreicher, Neapolitaner, Spanier und Toskaner wagen wollte. Als seine Armee sich angesichts der hoffnungslosen Lage auflöste, floh er schließlich doch auf Umwegen nach Piemont.

In Deutschland spielte sich die Revolution von vornherein auf einer internationalen Ebene ab, da im Deutschen Bund über 30 souveräne Einzelstaaten zusammengeschlossen waren. Jede innenpolitische Revolution berührte somit zugleich die Belange des Staatenbundes. Ähnlich wie die Fürsten der einzelnen Staaten hatte sich die Bundesversammlung, obgleich sie nur aus weisungsgebundenen Gesandten der deutschen Staaten bestand, bemüht, die Forderungen der Revolutionäre zu antizipieren und die Revolution zu entschärfen. Sie erklärte Schwarz-Rot-Gold zu den Farben des Deutschen Bundes, verlagerte die Bundesgrenze an die Außengrenzen Preußens und unternahm erste Schritte, um auf Bundesebene eine parlamentarische Versammlung einzuberufen, indem sie 500 bekannte, politisch aktive Männer vor allem aus dem südwestdeutschen Raum nach Frankfurt einlud. Dieses «Vorparlament» beschloss nach heftigen Kontroversen die Einberufung einer verfassunggebenden Nationalversammlung nach Frankfurt am Main, die nach allgemeinem Männerwahlrecht gewählt werden sollte; allerdings blieb es den einzelnen Staaten überlassen, die Wahlmodalitäten (indirekte oder direkte Wahl, Ansässigkeitspflicht für Wähler, Ausschluss von Armen usw.) im Detail festzulegen.

Die verfassunggebende Nationalversammlung trat am 18. Mai 1848 in der hastig zum Parlament umgebauten Frankfurter Paulskirche zusammen, wo sie sich mit zwei Aufgaben konfrontiert sah: eine Verfassung zu entwerfen und eine deutsche Exekutivgewalt einzurichten. Beides war schwierig, da sich damit Weichenstellungen für die Zukunft verbanden. Als systematisch denkendes Juristenparlament begann die Versammlung nach dem Vorbild der Generalstände von 1789 zunächst mit der Diskussion von Grundrechten; die Beratungen über den Rest der Verfassung begannen im Oktober, als sich die politischen Gewichte in den Einzelstaaten bereits deutlich zugunsten der Monarchen verschoben hatten.

Die Einrichtung einer Exekutivgewalt warf zugleich die Frage nach dem Verhältnis zwischen nationalem Parlament und einzelstaatlichen Regierungen auf. Der demokratische Flügel der Paulskirche bejahte die Souveränität des Parlaments, der liberalkonservative bezweifelte sie, da nur eine von der Bundesversammlung eingesetzte Zentralgewalt Legitimität beanspruchen könne. Die Paulskirche löste die Frage durch einen Kompromiss. Das Parlament entschied über die Einrichtung der Zentralgewalt, wählte aber einen allgemein akzeptablen Kandidaten und holte die implizite Zustimmung der Bundesversammlung ein, die sich auflöste, als der «Reichsverweser» (ein Titel, der fast alles offenließ) seine Geschäfte aufnahm. Zum Reichsverweser wählte die Versammlung Erzherzog Johann von Österreich, einen Offizier der Revolutionsjahre, der vor allem durch seine Ehe mit einer bürgerlichen Posthalterstochter eine gewisse soziale Offenheit ausstrahlte. Der Reichsverweser verfügte fortan über ein Kabinett, aber über sonst nichts. Die Nationalversammlung konnte weder Steuern erheben, noch hatte sie Truppen. Zwar sollten die Soldaten aller deutschen Bundesstaaten auf den Reichsverweser vereidigt werden, dieser Vorgabe folgten aber die wenigsten Regierungen.

Was es hieß, eine Quasi-Regierung ohne Macht zu besitzen, wurde der Paulskirche spätestens im Spätsommer 1848 deutlich. Die dänische Revolution im März 1848 hatte mit ihrer Forderung nach einer dänischen Gesamtstaatsverfassung die dänische und die deutsche Revolution auf Kollisionskurs gebracht. Dänemark bestand aus vier Landesteilen: Dänemark, Schleswig, Holstein und Lauenburg. Holstein und Lauenburg waren Teile des Deutschen Bundes und mehrheitlich von Deutschsprachigen bewohnt, Schleswig mehrheitlich, Dänemark ausschließlich dänisch. Wenn Dänemark eine demokratische Verfassung bekommen sollte, dann – so die Forderung der dänischen Partei – müsse diese mindestens Schleswig einschließen. Dagegen sprach aber ein altes Dokument, das Privileg von Ripen von 1460, nach dem Schleswig und Holstein «auf ewig ungeteilt» sein sollten. Damit war vermutlich gemeint, jedes Fürstentum für sich solle nicht weiter unterteilt werden (eine ähnliche Formulierung wie in «die einige und unteilbare Republik» Frankreich); Gelehrte wie Johann Gustav Droysen, Professor für Geschichte an der Universität Kiel, verstanden den Satz aber als Versprechen, dass Schleswig und Holstein zusammen (und damit deutsch) bleiben sollten. Noch im März verkündete das dänische Parlament die Eingliederung Schleswigs in den dänischen Gesamtstaat. Als sich in Holstein und Schleswig Widerstand regte, marschierte preußisches Militär im Auftrag der Nationalversammlung im Mai 1848 ein, zog sich aber auf den Druck Großbritanniens und Russlands im Sommer wieder zurück – ohne die Instruktionen der Paulskirche weiter zu beachten. Die Nachricht über den Waffenstillstand von Malmö vom August 1848, der Preußens Missachtung der Nationalversammlung und der Nationalbewegung deutlich machte, war der Anlass des Frankfurter Septemberaufstands.

In dieser Lage begann in der Nationalversammlung die Diskussion über die Verfassungsordnung Deutschlands, die auch eine Diskussion über Deutschlands Grenzen sein musste. Wie die dänische Episode deutlich machte, optierte die Paulskirche für bestehende Grenzen, nicht für ein Selbstbestimmungsrecht der Völker – dementsprechend erteilte sie dem Wunsch polnischer Vertreter aus Posen nach Autonomie oder Unabhängigkeit eine klare Absage. Tschechische Kandidaten hatten es abgelehnt, sich für die Paulskirche zur Wahl zu stellen. Tschechen partizipierten daher nur an den Verfassungsdiskussionen des Habsburgerreichs. Blieb die Frage nach dem Status des deutschsprachigen Österreichs. Die Option, ähnlich wie für Preußen bereits geschehen, auch für das Habsburgerreich alle (deutschen, tschechischen, ungarischen und italienischen) Landesteile in einen deutschen Nationalstaat aufzunehmen, fand keine Mehrheit. Da die österreichische Regierung deutlich machte, dass es eine «großdeutsche Lösung» mit einer Teilung ihres Staatsgebietes in einen deutschen und einen nichtdeutschen Teil nicht geben werde, blieb nur noch die sogenannte kleindeutsche Lösung eines «deutschen» Reichs ohne das Habsburgerreich. Als Verfassungsform fand die Republik keine Mehrheit, auch nicht die Wahlmonarchie. In der «kleindeutschen» Variante bestand bei der

Einrichtung einer Erbmonarchie, für die sich die Mehrheit der Paulskirche entschied, angesichts der Machtverhältnisse zwischen den Staaten keine Alternative zu dem Versuch, Preußen die Kaiserkrone eines konstitutionellen Deutschland anzubieten.

Diese Lösung lag im Prinzip durchaus im preußischen Interesse. Preußen und Österreich waren schon lange Rivalen. Österreich war durch die Kaiserkrone in der Bundesversammlung der protokollarische Vorrang garantiert; dagegen begann Preußen durch den Zollverein auf weite Teile Deutschlands erheblichen Einfluss auszuüben, der durch die politische Einigung auch auf das Gebiet der Militär- und Außenpolitik ausgedehnt werden konnte. Die Einrichtung eines Bundesstaates unter preußischer Kontrolle hätte die Folgen der voneinander getrennten preußischen Landesteile fast gänzlich beseitigt. Dennoch lehnte Friedrich Wilhelm IV. das Angebot der Kaiserkrone ab und besiegelte damit das Schicksal der Paulskirche. Die Forderung, alle Staaten müssten die Verfassung der Paulskirche anerkennen, wurde weitgehend sinnlos, die «Reichsverfassungskampagne» des Frühjahrs fand nur in wenigen Staaten, darunter Sachsen und Württemberg, breitere Unterstützung und wurde durch preußische Truppen niedergeschlagen. Die Abgeordneten der Paulskirche wurden von ihren Souveränen zurückgerufen, da die Arbeit der Versammlung beendet sei; ein Teil ging nach Stuttgart – Württemberg hatte als einziger größerer Staat die Reichsverfassung anerkannt –, wo die Versammlung am 18. Juni durch Militär endgültig aufgelöst wurde. Der Reichsverweser hielt am längsten an seinem Titel fest – er trat erst Ende 1849 zurück.

Nach dem Ende des Paulskirchenexperiments griff Preußen die Idee einer kleindeutschen Einigung unter konservativem Vorzeichen auf. Die Regierung Joseph von Radowitz' bemühte sich, möglichst viele deutsche Staaten zu Verhandlungen über eine «Union» zu bewegen. Den Anfang machten Hannover, Kurhessen und Sachsen, bald kamen fast alle Staaten außer Bayern, Württemberg und Österreich hinzu. Im Januar 1850 wurden Wahlen zum Unionsparlament nach dem neuen preußischen Drei-Klassen-Wahlrecht ausgeschrieben, das zwar formal für erwachsene Männer allgemein war, bei der Gewichtung der Stimmen Vermögende aber massiv privilegierte; im März trat das Parlament, in dem nur Konservative und Rechtsliberale vertreten waren, in Erfurt zusammen, binnen fünf Wochen lag eine Verfassung vor. Dagegen stellte Österreich die These, der Deutsche Bund sei nie aufgelöst worden, bestehe also weiter; die nicht in der Union vertretenen Staaten trafen sich dementsprechend im Mai, um die Wiedereröffnung des Bundes zu diskutieren, dessen Bundestag am 2. September 1850 erneut zusammentrat. Fortan existierten zwei politische Zentren mit dem Anspruch, «Deutschland» politisch zu organisieren: die preußische Union und der österreichisch dominierte Deutsche Bund.

Eine Spaltung Deutschlands in einen preußischen Norden und österreichischen Süden wurde dadurch verhindert, dass der österreichische Ministerpräsident Felix Prinz zu Schwarzenberg im Norden zwei Ansatzpunkte für eine antipreußische Politik fand. Im Frühjahr 1849 hatte Preußen erneut erfolgreich gegen Dänemark Krieg geführt, Schleswig und Holstein auf internationalen Druck aber im Sommer 1850 wieder aufgegeben. Allerdings hatte Dänemark die effektive Kontrolle noch nicht wiedererlangt; in Holstein hielten sich noch letzte Widerstandsnester. Dass man in Kopenhagen nicht um preußische Hilfe bitten würde, lag nahe, also wandte man sich an den Deutschen Bund, der zusagte, in Holstein mit bayerischen und österreichischen Truppen zu intervenieren. Schlimmer noch: Auch der Unionsstaat Kurhessen bat um Bundeshilfe. In diesem Land hatte die Regierung nach der Revolution mehrfach die Verfassung gebrochen; Militär und Beamtenschaft verweigerten ihr daher den Gehorsam. Österreich sagte der Regierung Unterstützung gegen ihre unbotmäßigen Untertanen zu, was Preußen in die ideologisch schwierige Lage brachte, die Verfassungspartei in Kurhessen unterstützen zu müssen und dadurch die eigenen Hochkonservativen zu verprellen. Ein österreichisch-bayerischer Einmarsch in Kurhessen würde die beiden Landeshälften Preußens militärisch erneut auseinanderdividieren, zumal wenn die Bundesokkupation und damit das Durchmarschrecht österreichischer Truppen bis nach Holstein reichte. Preußen sah sich daher vor der Alternative,

Krieg führen zu müssen – und damit eventuell Russland auf den Plan zu rufen, das sich hinter Österreich stellte – oder nachzugeben. Der König entschied sich für die zweite Lösung. Ende 1850 wurde der Deutsche Bund mit vagen Versprechungen einer auch auf Parlamentarisierung zielenden Bundesreform, die bereits 1851 ins Leere liefen, auch durch Preußen wiederhergestellt.

Nationalbewegungen

Die «deutsche» Revolution, die von vornherein Folgen für Dänen, Polen und Tschechen hatte, führte zum Konflikt zwischen verschiedenen nationalen Bewegungen, die auf die einheitliche Verwaltung und parlamentarische Vertretung sprachlich und kulturell homogener Bevölkerungen in geschlossenen Staatsgebieten zielten. Überhaupt gilt der Nationalismus als eine der treibenden Kräfte des 19. Jahrhunderts, und der «Völkerfrühling» von 1848 steht scheinbar auf der Schwelle zwischen der Restauration vornationaler Imperien nach 1815 und den erfolgreichen oder erfolglosen Versuchen der Gründung von Nationalstaaten nach 1860. Vor allem im Habsburgerreich war der Verlauf der Revolution durch nationale Forderungen und Rivalitäten geprägt. Außer in Italien nahm die Revolution in Ungarn Züge einer nationalen Unabhängigkeitsbewegung an, was zum letztlich erfolgreichsten Revolutionsversuch beitrug; zugleich schien es vor allem die Rivalität der Nationalbewegungen im Habsburgerreich zu sein, welche die Revolutionen zum Scheitern verurteilten.

Seit 1847 mehrten sich unter den in der ungarischen Ständeversammlung vertretenen liberalen Adeligen Forderungen nach einem eigenen Ministerium, das von einem auf der Grundlage eines breiteren Wahlrechts gewählten Landtag abhängig sein sollte. Bürgerausschüsse, die sich zu Parlamenten entwickelten, bildeten sich nicht nur in Wien, sondern auch in Prag oder Lemberg (Lwów/Lwiw); Provinziallandtage kamen im Laufe des Jahres 1848 außer im ungarischem Preßburg (Bratislava) auch in Brünn (Brno) und Zagreb, allerdings nicht in Prag (obwohl 1848 für den Landtag gewählt wurde), zusammen und traten somit in implizite Konkurrenz zum Wiener Reichstag, der am 22. Juli 1848 eröffnet wurde, nach den Oktoberunruhen in Wien nach Kremsier (Kroměříž) umzog und am 7. März 1849 gewaltsam geschlossen wurde. Das 1848 neu gewählte ungarische Abgeordnetenhaus, in dem Lajos Kossuth zur führenden Figur wurde, führte ebenfalls eine unruhige Existenz: Zunächst tagte es in Pest, dann in Debrecen, im Sommer 1849 noch einmal in Pest, am Schluss in Szeged – jeder Umzug brachte den Verlust einiger Abgeordneter mit sich, am Schluss blieben von über 400 noch etwa 200 übrig.

In der ungarischen Revolution vermischten sich «nationale» mit territorialen und sozialen Problemen und Spannungen. Die Grenzen Ungarns umfassten auch mehrheitlich kroatische und polnische Gebiete; die ersten militärischen Auseinandersetzungen fanden zwischen ungarischen und kroatischen Soldaten statt. Anlass für den offenen Bruch und die Verhängung des Kriegsrechts waren aber die Ermordung des Oberkommandierenden in Pest im September 1848 sowie die Weigerung der ungarischen Nationalversammlung, den Übergang der Krone auf Franz Joseph im Dezember 1848 anzuerkennen – Österreich reagierte in der Verfassung vom März 1849 mit der Verkleinerung der Grenzen der ungarischen Teilmonarchie, was zur Entscheidung führte, aufgrund des vermeintlichen «Thronverzichts» der Habsburger Dynastie Kossuth zum «Gouverneur-Präsidenten» zu wählen.

Allerdings erschwerten die vielfältigen inneren Spannungen es den ungarischen Revolutionären, eine einheitliche Linie zu finden und sich der österreichischen und russischen Invasion mit Erfolg zu widersetzen. Im August 1849 brach die ungarische Gegenwehr zusammen; Teile der nationalen Armee gingen ins Osmanische Reich, wo sie interniert wurden, bis 1851 ein amerikanisches Kriegsschiff Kossuth dort abholte und nach England brachte.

Im Wiener Reichstag, an dessen Debatten allerdings weder Ungarn noch Italiener teilnahmen, blieben solche Nationalitätenkonflikte dagegen weitgehend aus. Damit steht die Frage nach der Sprengkraft und der Bedeutung des Nationalismus für «1848» im Raum.

Zunächst einmal gilt es, eine mögliche Begriffsverwirrung aufzuklären. Es wird seit Langem darüber gestritten, ob «Nationalgefühl», «Nationalismus», «Nationalbewegungen», «Nationalitäten» alte oder neue Phänomene sind. Zum Teil wird in dieser Auseinandersetzung aneinander vorbeigeredet. Zweifellos fiel immer schon auf, dass Menschen in verschiedenen Teilen Europas und der jeweils bekannten Welt in anderen Sprachen kommunizierten, anderen religiösen Vorstellungen anhingen und andere Bräuche hatten. Ebenso wenig umstritten ist, dass diese Unterschiede in Europa seit den lateinischen Bibelübersetzungen mit Variationen des Wortes «natio» beschrieben wurden – so die «Nationen» an mittelalterlichen und frühneuzeitlichen Universitäten. Allerdings scheint auch die Annahme plausibel, dass die Unterscheidung von Menschen nach Nationen lange hinter anderen Merkmalen zurücktrat, etwa den Stand oder die Religion. Die immer noch plausible These, dass sich der «Nationalismus» in der «Moderne» entscheidend veränderte, will beschreiben, wann, wie und warum die Zugehörigkeit zu einer «Nation» zum wichtigsten Unterscheidungsmerkmal wurde – zumindest insofern, als etwa im Ersten Weltkrieg eigentlich nur noch der Nationalstaat Menschen dazu bringen konnte, ihr Leben für ihn auf Spiel zu setzen, während die Klassensolidarität der Arbeiterschaft oder die Religionsgemeinschaften ein solches Potential kaum entfalteten. Der «moderne» Nationalismus war insofern ein egalitäres Phänomen, als er die Gleichheit der Angehörigen einer Nation über Standes- oder Klassenunterschiede stellte. Er war zugleich ein exklusives Phänomen, da er die Tendenz hatte, die Welt als eine Zusammensetzung von Territorien unterschiedlicher Nationen zu imaginieren. In den Fällen, wo solche Territorien sich nicht klar trennen ließen und eine «Nation» unter der Herrschaft eines von einer anderen dominierten Staates stand, mussten sich Nationalisten entscheiden: entweder für die Assimilation von Minderheiten, für die Aufgabe des «fremden» Territoriums oder gegen die Vorstellung eines ethnisch homogenen Nationalstaats. Insofern führt die Kontroverse, ob es eine «liberale» Phase des Nationalismus gegeben habe, wie sie etwa den «Junges Europa»-Vorstellungen Mazzinis entsprechen würde, ebenfalls etwas in die Irre: In einem Staat war Nationalismus notwendigerweise exklusiv, auch wenn er nicht zwingend mit der Vorstellung einer Hierarchie der Nationen verbunden sein musste, wie sie etwa in der Polendebatte der Paulskirche prononciert zutage trat.

Sinnvoller ist die Frage, was eigentlich genau mit dem Begriff «Nation» gemeint war. Für Abbé Sieyès hatte der Begriff 1789 lediglich eine Bevölkerung beschrieben, die unter den gleichen Gesetzen lebte – also nicht notwendigerweise ethnisch oder sprachlich homogen war. Selbst bei der Betrachtung der Revolution von 1848 spricht einiges dafür, dass eine solche Nationsbestimmung noch mit Vorstellungen einer notwendigerweise ethnisch exklusiven Nation konkurrierte – ebenso wie die Realität sozialer Hierarchien deutlich ausgeprägter blieb als die Vision staatsbürgerlicher Gleichheit.

Gewiss gab es im Vorfeld der Revolution von 1848, vor allem aber in ihrem Verlauf vielfältige Nationalisierungsprozesse, die sich aus der Erfahrung von Konflikten und Diskriminierungen in Parlamenten, Streitigkeiten über Grenzen und Privilegien sowie Vorstellungen nationaler Größe ergaben. Daraus lässt sich aber kaum ableiten, dass es der Nationalstaat bereits mit dem supranationalen Imperium an Attraktivität aufnehmen konnte. Es spricht daher einiges dafür, dass die deutsche Nationalversammlung aus einer spezifischen liberalen Bildungsbürgerperspektive die Attraktivität der Nationalstaatsgründung ebenso überschätzte wie die Demokraten die Anziehungskraft der Republik.

Das Ende der Revolution

Nachdem die Revolution von 1848 im Verlauf des Jahres 1849 überall niedergeschlagen worden war und ihre politischen Nachbeben spätestens Ende 1850 abgeklungen waren, stellte sich die Frage nach Erfolg oder Scheitern, aber auch die Frage danach, was 1848 eigentlich stattgefunden hatte. Die Repression unmittelbar nach der Revolution war – im Vergleich etwa zu den Folgen des Pariser Juniaufstands – relativ milde, allerdings auch kaum berechenbar. Standrechtliche Erschießungen und jahrelange Kerkerhaft kontrastierten mit Arrestbedingungen, die relativ leicht die Flucht ermöglichten, gelegentlich in die Schweiz oder Belgien, meist nach Großbritannien oder in die USA. Frankreich fiel in dem Maß als Asylland aus, in dem sich dort die Herrschaft Louis-Napoléons etablierte. 1850 suspendierte er die Verfassung, die seine Amtszeit bis 1853 begrenzt hätte, Anfang 1851 erfolgte der Verfassungsbruch und Anfang 1852 die durch das nicht ganz unplausible Argument, alle anderen napoleonischen Reformen habe man ja auch behalten, begründete Rückkehr zur Konstitution des Empire – der Kaisertitel (Napoleon «III.») folgte Ende 1852.

Aus der Sicht der demokratischen wie der meisten liberalen Revolutionäre war ihre Bewegung damit auf ganzer Linie gescheitert. Liberale mochten sich angesichts der im Laufe des Jahres 1848 offenbar gewordenen «roten Gefahr» fragen, ob das so furchtbar schlimm war. Demokraten oder Sozialisten konnten dagegen nur aus Gefängniszellen oder aus dem inneren oder äußeren Exil versuchen, auf eine neue Revolution hinzuarbeiten. Aus dem Rückblick erscheint die Revolution von 1848 dagegen oft als partieller Erfolg. Schließlich hatten zahlreiche Staaten neue Verfassungen erhalten, das allgemeine Männerwahlrecht war – mit oder ohne Drei-Klassen-Variante – weiter verbreitet, die Rolle von Parlamenten dadurch strukturell gestärkt. Zudem hatten sich einzelne Regierungen hinter manche Forderungen der Revolution gestellt und damit einen neuen Weg der Kooperation zwischen national orientierten Oppositionsbewegungen und einzelnen Staaten aufgezeigt.

Wenn das ein Erfolg der Revolution war, muss man allerdings nach der Reichweite ihrer Forderungen fragen – und danach, ob 1848 überhaupt überall eine «Revolution» war. Die Antwort wird entscheidend vom Revolutionsbegriff abhängen. Definiert man Revolution als Situation eines umfassenden gewaltsamen Umsturzversuchs, der nicht unbedingt zu einem dauerhaften Machtwechsel führen muss, so fallen die Ereignisse in Frankreich, Dänemark, Deutschland, Italien, Österreich und manchen südosteuropäischen Staaten zweifellos darunter; es wäre dann unter Umständen sogar sinnvoll, etwa von einer schwedischen Revolution zu sprechen.

Versteht man eine Revolution aber als Situation, in welcher der Sitz staatlicher Gewalt zumindest zeitweise unklar ist, so waren die meisten Vorgänge in den deutschen Staaten keine Revolution. Sie beschränkten sich auf Forderungen nach Veränderung, die an die Fürsten gerichtet waren. Dagegen könnte man fragen, ob die britischen Chartisten revolutionäre Forderungen erhoben, ohne allerdings eine Situation herbeizuführen, in der die Macht der Regierung ernstlich gefährdet gewesen wäre. Der revolutionäre Charakter der Ereignisse in Frankreich und Teilen Italiens stünde dagegen in jedem Fall außer Zweifel – wenn auch in Frankreich der Machtübergang so rasch erfolgte, dass die Phase der Unsicherheit im Gegensatz zu Ungarn oder den italienischen Republiken nur kurz war. Insgesamt kann man aber feststellen, dass die «Revolutionen» vielerorts das nachholten, was in den Reformen um 1815 angelegt gewesen war: die Parlamentarisierung und Konstitutionalisierung eines großen Teils Europas.

Schluss:
Europa um 1850

Am 1. Mai 1851 eröffnete in London die *Great Exhibition of the Works of Industry of all Nations*, die erste «Weltausstellung», ihre Tore. In einem aus Stahl und Glas errichteten «Kristallpalast» im Hyde Park im Westen der Stadt zeigte sie Kunstgegenstände, Kunsthandwerk, technische Geräte, Agrarprodukte und Kuriositäten aus allen Teilen der damals bekannten Welt, von den Falkland-Inseln über Tasmanien bis China. Der deutsche Zollverein, der die deutschen Staaten vertrat, trug beispielsweise unter anderem einen von den Essener Krupp-Werken erstellten, besonders großen Stahlkubus bei. Am Ende wurden Preise vergeben, die deutlich machten, dass die Qualität britischer «Industrie»-Produkte mit der Attraktivität französischen Designs und amerikanischer Innovation nur begrenzt mithalten konnte, was große Investitionen in Arbeiterbildung und Kunstmuseen auslöste. Die Weltausstellung, die bis zum 15. Oktober lief, war ein enormer Publikumserfolg. Etwa sechs Millionen Menschen aus allen Teilen Europas und Amerikas sollen sie besucht haben, einige davon mit Pauschalreisen, die ein gewisser Thomas Cook organisierte. Er dehnte damit sein Angebot aus, das sich bislang auf Ausflüge für Abstinenzler in Nordengland beschränkt hatte, und legte so den Grundstein für einen globalen Tourismuskonzern.

Dass die Ausstellung 1851 stattfinden konnte, machte deutlich, wie schnell manche Teile Europas die Revolution hinter sich gelassen hatten. Der kontinentalen Geheimpolizei wurde bereits bei der Vorstellung bang, dass eine Massenveranstaltung in der Nähe eines königlichen Palasts abgehalten werden sollte, noch dazu in einer Stadt, in der sich Radikale wie Mazzini, Marx, kurzzeitig Kossuth aufhielten, dazu etwa 1000 bis 2000 weitere französische, polnische, italienische, ungarische und deutsche Demokraten oder gar Kommunisten. Die britische Regierung dagegen betrachtete das Ereignis mit großer Gelassenheit. Sie erlaubte zwar einigen kontinentalen Polizisten, die Veranstaltung zu beobachten – erhoffte sich davon aber vor allem Unterstützung beim Aufspüren von Hochstaplern oder Taschendieben. Die britische Presse belächelte die kontinentale Furcht vor Exilanten, die in billigen Wirtshäusern abseits der Hauptstraßen Pläne für eine neue Revolution schmiedeten. Vor solchen Plänen konnten sich ohnehin nur die Länder fürchten, die ihre Bevölkerung schlecht behandelten – aus der Sicht des sich zunehmend als liberales Musterland verstehenden Großbritannien waren das freilich alle europäischen Staaten, vielleicht mit Ausnahme Frankreichs.

Die Londoner Ausstellung signalisierte den Durchbruch einer in vielerlei Hinsicht bürgerlichen Gesellschaft. Selbst am Tag der Ausstellungseröffnung durch die Königin war der Zutritt an den Besitz einer Eintrittskarte gekoppelt, die jeder erwerben konnte; soziale Exklusivität wurde durch einen sehr hohen Eintrittspreis, nicht durch Gästelisten oder das Hofprotokoll, sichergestellt. Die ausgestellten Waren konnte jeder erwerben, der das Geld dazu hatte; vielfach handelte es sich um Pilotmodelle für künftige Serienproduktion, nicht um exklusive Einzelstücke für einen primär aristokratischen Markt.

Wenn die Besucher der Weltausstellung typische Bewohner der Britischen Inseln waren, so kamen sie nun vornehmlich aus Städten, nicht aus Dörfern. Allerdings blieb unwahrscheinlich, dass es sich um Industrie- oder Landarbeiter handelte, und zwar nicht nur, weil die Preise für den Besuch der Ausstellung allenfalls moderat, nicht billig waren. Es lag vielmehr daran, dass auch im Musterland der «Industrialisierung» Kleinbetriebe prägend blieben. Eine Übersetzung des Titels als «Industrieausstellung» würde also in die Irre führen: Ähnlich wie die in Deutschland entstehenden «Industrieschulen» auf die Erziehung zur Arbeitsamkeit zielten, statt auf eine Arbeit in der Fabrik vorzubereiten, wurden in London «Werke des

Fleißes aller Nationen», nicht Produkte der globalen «Industrie» ausgestellt.

Zwar blieb es selten, dass Objekte aus allen Teilen Europas an einem Ort ausgestellt wurden, doch wurde es zunehmend einfacher, sich zuverlässig über andere Länder zu informieren. Wer etwa wissen wollte, wie viele Menschen in welchen Staaten lebten, konnte nun mit Ausnahme der Balkanregion und Russlands auf periodische, methodisch immer ausgefeiltere Statistiken zurückgreifen, die in Bibliotheken wie der des Britischen Museums vorgehalten wurden, Wachstumsraten vergleichen und daraus Rückschlüsse auf Wohlstand oder Armut ziehen. Eine solche Kalkulation hätte ergeben, dass die Bevölkerung Europas um 1850 etwa 266 Millionen Menschen zählte und damit gegenüber 1790 um etwa die Hälfte gewachsen war. Obgleich man im Kristallpalast den Eindruck haben konnte, hier vergnüge sich eine «bürgerliche», zwar durch Vermögen differenzierte, aber prinzipiell rechtsgleiche Gesellschaft, so lebten freilich nur noch in zwei Staaten «Bürger» in Republiken: die rund 35,5 Millionen Einwohner der Französischen Republik (die allerdings bald erneut zum Kaiserreich werden sollte) und die etwa 2,4 Millionen Eidgenossen – dazu die Einwohner Frankfurts, Hamburgs, Bremens und Lübecks. Ebenso verdeckte der Verweis auf die Produktion «aller Nationen», dass in Europa multinationale Imperien, nicht arrondierte Nationalstaaten die typische Staatsform blieben – nicht nur in Russland, dem Habsburgerreich, dem Osmanischen Reich, den Überbleibseln der spanischen und portugiesischen Imperien, sondern auch in Großbritannien, das aus englischen, schottischen und irischen «Nationen» bestand. Es spricht auch wenig dafür, dass die meisten Bewohner Europas damit unzufrieden gewesen wären: Trotz der verbesserten Kommunikations- und Reisemöglichkeiten blieb ihr Horizont oft regional oder lokal. Nationalisten, für die allein eine Aufteilung der Welt in Nationalstaaten eine akzeptable Ordnung darstellte, blieben weiterhin eine, wenn auch lautstarke, Minderheit.

Der Triumph der monarchischen imperialen Verfassung, die in der Regel mit zumindest innerhalb Europas arrondierten Staatsgebieten einherging – große En- und Exklaven gab es eigentlich nur noch im Deutschen Bund –, verdeckte große inhaltliche Unterschiede. In Großbritannien hatte sich die Praxis, dass die Königin zwar regierte, aber nicht herrschte, durchgesetzt. Im Norden und Westen des Kontinents sowie im deutschsprachigen Mitteleuropa außer Österreich waren ebenso wie in Sardinien-Piemont konstitutionelle oder parlamentarische Monarchien etabliert – wenn auch die Stabilität der Verfassungsordnung in Portugal und Spanien äußerst gering war. Trotz der Konzessionen an den Parlamentarismus beanspruchten die Monarchen dort weiterhin eine zentrale politische Rolle, sei es durch die Besetzung aller wichtigen Posten wie in Frankreich, sei es durch die militärische Kommandogewalt wie in den deutschen Staaten. In Österreich, im Süden Italiens, im Russischen und im Osmanischen Reich existierten dagegen weiterhin absolute Monarchien.

Der konstitutionellen Trennung zwischen «liberalen» und «autokratischen» Staaten entsprach eine unterschiedliche Sicht auf die Gesellschaft. Gewiss: Außer den deutschen und schweizerischen Republiken kam kein Land längere Zeit ohne Adelstitel aus. Die Aristokratie trug überall ständische Züge, und selbst primär durch ihr Vermögen definierte Notablen verfügten über «soziales Kapital», das sich nicht allein durch Geld erwerben ließ. Jedoch sollten Unterschiede zwischen durch Adelsprädikate privilegierten und «bürgerlichen» Staatsangehörigen in «liberalen» Staaten zumindest in formalen Zusammenhängen – vor Gericht, bei der Zulassung zu Bildungsgängen, bei der Vergabe öffentlicher Ämter – keine oder keine ausschlaggebende Rolle spielen. Wenn eine Privilegierung des Adels dennoch nachweisbar war, dann war es möglich, diese zu kritisieren oder zu skandalisieren. In autokratischen Systemen dagegen blieb die Zugehörigkeit zum Adel selbstverständliche Voraussetzung für die Zugehörigkeit zur gesellschaftlichen Elite. Bestimmte Funktionseliten – Diplomaten und führende Militärs etwa – waren in der Praxis weiterhin überall Angehörige des Adels. In liberalen Staaten musste dies aber nun durch mehr als bloßes Herkommen, beispielsweise durch individuelle Kompetenz, begründet werden. Auch das Bürgertum blieb freilich von einem allgemeinen Stand weit entfernt – wer Bürger einer Stadt werden wollte, musste in den meisten Teilen Europas weiterhin die zuständigen Gremien von seiner Rechtschaffenheit überzeugen und zudem Einzugsgelder zahlen.

In der Bewertung religiöser Differenzen waren die Unterschiede noch deutlicher ausgeprägt. In Großbritannien und Frankreich spielte die Konfessionszugehörigkeit fortan zumindest offiziell keine Rolle mehr, obgleich sich Juden und Katholiken in Großbritannien deutlich schwerer mit dem Aufstieg in Spitzenpositionen taten als Juden und Protestanten in Frankreich. Dagegen blieb in den meisten anderen europäischen Staaten die Benachteiligung religiöser Minderheiten, vor allem von Juden, gängige Praxis; die Strenge des konfessionellen Staats wurde allenfalls zwischen anerkannten christlichen Konfessionen etwas gelockert.

«Europa» – worunter neben dem geographischen Begriff weithin das europäische Staatensystem, meist sogar nur die fünf Großmächte verstanden wurde – hatte sich etwas aus der direkten Beherrschung der Welt zurückgezogen. Die meisten Staaten hatten kaum mehr überseeische Besitzungen oder Ambitionen; allein Großbritannien und Frankreich stellten sich gegen den Trend. In den ehemaligen Kolonien europäischer Staaten, in den USA, in Mittel- und Südamerika bildeten sich nun Gesellschaften heraus, die sich zwar ihrer Beziehung zu Europa bewusst waren, aber auf ihrer politischen wie kulturellen Andersartigkeit beharrten. Dagegen hatten die Territorien, die bei den ehemaligen Kolonialmächten verblieben, immer geringere Bedeutung, seitdem die Zuckerproduktion nicht mehr so profitabel war und die Bedeutung territorialer Kontrolle zurückging, da Märkte nun allgemein zugänglich waren.

In anderer Hinsicht wurden die Beziehungen zwischen Europa und den anderen Kontinenten enger. Kaufleute reisten schneller hin und her, Rückwanderer berichteten von ihren Erfahrungen in außereuropäischen Gebieten, Auswanderer blieben mit ihren Verwandten durch Briefe in Kontakt, die ein immer größerer Teil der europäischen Bevölkerung lesen konnte. In Ländern wie Preußen, den Niederlanden und Schottland war inzwischen eine deutliche Mehrheit der Männer und nur ein etwas geringerer Anteil der Frauen alphabetisiert, in Frankreich, England und Irland immerhin noch eine knappe Mehrheit (wenn auch teilweise nur eine Minderheit der Frauen). Im Habsburgerreich, Spanien, Portugal, Belgien und Russland blieb dagegen eine mehr oder weniger deutliche Mehrheit der Bevölkerung Analphabeten, die abseits der zentralen Verkehrswege lebten und Konsum-, Lebens- und Glaubensgewohnheiten beibehielten, die sich immer deutlicher von denen im liberalen Westeuropa abhoben. Europa driftete mithin sichtlich in zwei Regionen auseinander, nämlich einerseits in solche, in denen eine relativ liberale politische Ordnung mit wirtschaftlichem Wachstum und einer gebildeten Bevölkerung zusammentraf, und andererseits in Gebiete, in denen politische Autokratie, relative wirtschaftliche Stagnation und begrenzter Bildungsstand breiter Bevölkerungsschichten den dominierenden Eindruck bildeten – trotz der gemeinsamen, wenn auch ganz anders bewerteten Erinnerungen an die kurzen Jahre, in denen große Teile Europas zu einem politischen Herrschaftsbereich gehört hatten und Optimisten hoffen konnten, auf dem ganzen Kontinent sei eine Ära relativ großer Freiheit und unbegrenzten Fortschritts ausgebrochen.

Mit Blick auf die am Anfang des Buches aufgeworfene Frage nach dem Zusammenhang zwischen demographischem, wirtschaftlichem und sozialem Wandel einerseits und politischen Umbrüchen andererseits signalisiert der Erfolg der Weltausstellung von 1851, dass kein notwendiger Zusammenhang zwischen ökonomisch-sozialen Umbrüchen und politischen Revolutionen bestand – das war zwischen 1848 und 1851 nicht anders als 1789 oder 1830. Im Gegenteil: Während die «linken» Revolutionäre im Exil aus ihrer Diagnose der intellektuellen Leere des neuartigen Massenkonsums und dem Kontrast zwischen der Londoner Wohlstandsfeier, kontinentaler Repression und dem irischen Elend die Notwendigkeit einer weiteren Revolution ableiteten, entschärfte die wirtschaftliche Dynamik, die Großbritannien seit den 1840er Jahren erlebte, in der Praxis politische Spannungen. Die Angst vor dem Abstieg breiter Bevölkerungsschichten in Hunger und Elend, welche die Jahre des «Pauperismus» geprägt hatte, verschwand – mit einiger Verzögerung galt das auch in Ländern, in denen die «Industrialisierung» später eingesetzt hatte. Die düsteren Prognosen Malthus' wurden immer deutlicher widerlegt – was den Skandal der irischen Hungersnot verstärkte, aber ihn ins Politische wendete: Sie war eine Folge der britischen Verfassung, nicht der Industrialisierung. An die Stelle der Konkurrenz zwischen «Großbürgertum» und «Adel» trat vielfach die Integration der «superreichen» Kaufleute, Bankiers und Industriellen in eine Aristokratie, die ihrerseits von steigenden Pachtzinsen und neuen Investitionsmöglichkeiten profitierte.

War politischer Wandel Voraussetzung wirtschaftlicher und gesellschaftlicher Veränderungen? Auf den ersten Blick scheint die Antwort klar: Besonderes wirtschaftliches Wachstum ließ sich zuerst dort beobachten, wo die strikte ständische Ordnung, der konfessionelle Staat, die bürokratische Kontrolle von Zeitungen, Pamphleten und Büchern ins Wanken gerieten, sei es durch graduelle politische Reformen wie in Großbritannien, sei es durch Revolutionen von unten wie in Frankreich oder von oben wie in vielen deutschen Staaten. Dort, wo es solche Reformen nicht gab oder wo sie bald wieder zurückgenommen wurden, in Spanien, Italien, Russland oder in Südosteuropa, blieb auch der ökonomisch-soziale Wandlungsprozess vor 1850 weitgehend aus. Blickt man genauer auf die Ebene einzelner Landgüter oder Betriebe, wird das Bild allerdings komplizierter, denn in der Praxis unterschied sich die Wirtschaftsweise im nördlichen Irland wohl doch nicht so dramatisch von der im westlichen Polen, sodass vielleicht doch der Ort der jeweiligen Region im expandierenden Weltmarkt entscheidend gewesen sein könnte. Eine Wirkung politischer Konstellationen war zweifellos, dass sie geographische Faktoren – etwa den privilegierten Zugang Großbritanniens zum atlantischen Wirtschaftsraum – verstärken konnten, indem sie andere Regionen (wie Frankreich, Spanien oder die Niederlande) zeitweise ausschalteten und Londoner Kaufleuten so Vorteile gegenüber ihren Konkurrenten in Rotterdam oder Cádiz verschafften.

Am Ende steht daher – wie meist bei den zentralen historischen Fragen – keine klare Hierarchie von Ursache und Wirkung, sondern die Beobachtung komplexer Rückkopplungseffekte, deren Bedeutung zwar grob zu bestimmen ist, im Detail aber immer wieder Kontroversen auslöst – die notwendig bleiben, da die Frage des Zusammenhangs zwischen wirtschaftlicher Dynamik und politischer Freiheit weiterhin für Europas Gesellschaften zentral ist. Wenn die Betrachtung der Jahre zwischen 1789 und 1850 eine notwendige Verbindung vermuten lässt – zumindest waren um 1850 die freiheitlichsten Gesellschaften Europas auch die wohlhabendsten, und zwar, wie es der Logik des am Ende der Epoche an Popularität gewinnenden politischen Liberalismus entsprechen würde, bei wachsendem Abstand –, so legen spätere Epochen der europäischen Geschichte andere Schlüsse nahe.

Literaturhinweise

Autoren leben von Illusionen: dass ihre Bücher lange gelesen werden und dass man aus einer Vielzahl von Gründen zu ihnen greifen wird. Beide Illusionen oder – positiver formuliert – Annahmen machen es schwer, Literaturhinweise zu formulieren, die allen Interessen gerecht werden können und zugleich lange aktuell bleiben werden. Einen relativ häufig aktualisierten Überblick zur Forschungsliteratur, zu laufenden wissenschaftlichen Kontroversen oder Diskussionen liefern inzwischen zahlreiche etablierte Lehrbuchreihen, unter anderem der Oldenbourg Grundriss der Geschichte (München, ständige Neuauflagen) sowie das Handbuch der europäischen Geschichte (Stuttgart 2002 bis 2004). Wer eine ausführlichere europäische Geschichte sucht, um einzelne hier nur angerissene Geschichten in größerem Detail verfolgen zu können, ist auf der Ebene der Ereignisse durch das von Theodor Schieder herausgegebene Handbuch der Europäischen Geschichte (Stuttgart seit 1968, manche Bände wurden bis in die 1990er Jahre neu aufgelegt) immer noch hervorragend bedient, ebenso wie durch das Handbuch der europäischen Wirtschafts- und Sozialgeschichte (Stuttgart 1985–1993) oder das Handbuch der Geschichte der Internationalen Beziehungen (Paderborn, seit 1999). Viele der angesprochenen Konzepte und Kategorien (wie Bürgertum, Kommunismus, Liberalismus, Nationalismus) lassen sich inzwischen in der Enzyklopädie der Neuzeit nachschlagen, die seit 2005 erscheint und vermutlich 2012 abgeschlossen sein wird. Informationen zu Personen, Orten oder Ereignissen finden sich dort allerdings nicht. Hier bleibt man auf biographische Nachschlagewerke angewiesen, wie sie inzwischen für fast jedes Land abgeschlossen vorliegen (mustergültig ist das Oxford Dictionary of National Biography, noch nicht ganz abgeschlossen sind Neue Deutsche Biographie oder Dictionnaire de biographie française).

Ein eher strukturorientierter Zugriff ist das Markenzeichen der Penguin History of Europe, die vermutlich bald in deutscher Übersetzung vorliegen wird: Einer der ersten Bände (Tim Blanning, The Pursuit of Glory: Europe, 1648–1815, New York 2007) ist für die hier behandelte Epoche einschlägig. Einen ähnlichen Zugriff auf die Geschichte Europas und der Welt wählt Jürgen Osterhammel in Die Verwandlung der Welt. Eine Geschichte des 19. Jahrhunderts, München 2009, deren Schwerpunkt allerdings auf der Zeit nach 1850 liegt.

Die Geschichtsschreibung zum 19. Jahrhundert wird – immer noch – durch Nationalgeschichten bestimmt, die in unterschiedlicher Länge in ganz verschiedenen Ausrichtungen vorliegen. Die Auswahl ist so groß, dass jede individuelle Nennung rein zufällig wäre. Zudem sind entsprechende Geschichten leicht zu finden, denn kürzere Einführungen in Nationalgeschichten bilden inzwischen einen festen Teil vieler Verlagsprogramme, etwa bei C. H. Beck («Beck Wissen», «Beck'sche Reihe»), Reclam, Oxford University Press («Short Oxford History of ...») oder Cambridge University Press. Darstellungen einzelner der hier besprochenen Gegenstände im europäischem Rahmen wie der von Dieter Dowe und anderen herausgegebene Sammelband Europa

1848 (Bonn 1998), Jonathan Sperbers The European Revolutions, 1848–1851 (Cambridge 1994) oder Mike Rapport, 1848: Year of Revolution (London 2008), die Geschichte der Napoleonischen Kriege von Charles J. Esdaile, Napoleon's Wars: An International History (London 2008) oder Bände der Reihe Europa bauen (etwa Hagen Schulze, Staat und Nation in der europäischen Geschichte, München ²1995, oder Klaus J. Bade, Europa in Bewegung. Migration vom späten 18. Jahrhundert bis zur Gegenwart. München 2002) bleiben insgesamt selten.

Insofern hat es nicht nur seinen Reiz, sondern auch pragmatische Vorteile, sich die Geschichte Europas durch dichter belegte Biographien «europäischer» Persönlichkeiten zu erschließen. Beispiele dafür sind die Napoleon Biographien Johannes Wilms' (Napoleon, München 2005, sowie Napoleon III., München 2008) oder Philip Dwyers (Napoleon, Bd. 1, London 2007; vgl. auch ders., Talleyrand, London 2002) die Stein-Biographie von Heinz Duchhardt (Münster 2007), die Mazzini-Biographien von Mack Smith (London 1994) und Jean-Yves Frétigné (Paris 2006) oder das Leben Josephs II. von Derek Beales (2 Bände, Cambridge 1987–2009). Eine Marx-Biographie wird Jonathan Sperber demnächst vorlegen, auf eine aktuelle Standardbiographie Metternichs wartet die historisch interessierte Öffentlichkeit dagegen noch.

Ich habe versucht, die Quellen kontroverserer Interpretationen durch den Einbau entsprechender Zitate zu belegen. Zwei Fälle, bei denen mir das nicht gelungen ist, seien hier noch aufgelöst: Die Zahlen zu den Kosten der Napoleonischen Kriege stammen aus Pierre Banda, Le prix de la gloire: Napoléon et l'argent (Paris 2007); die skeptische Sicht auf den revolutionären Charakter von 1848 in Deutschland ist Peter Wende, 1848: Reform or Revolution in Germany and Great Britain, in: Tim Blanning und Peter Wende (Hrsg.), Reform in Great Britain and Germany 1750–1850 (Oxford 1999), S. 145–157, verpflichtet.

Eine ausführlichere Literaturauswahl findet sich unter www.chbeck.de/go/Geschichte-Europas.

Zeitleiste[I]

2.–8. 6. 1780:	Londoner «Gordon Riots»
April 1782:	Genfer Revolution
3. 9. 1783:	Frieden von Paris – Unabhängigkeit der späteren USA
1784/85:	Bauernaufstand in Transsilvanien
1786/87:	Niederländische Revolution
1787–1792:	Russisch-osmanischer Krieg
22. 2. 1787:	Französische Notablenversammlung
Seit 18. 1. 1788:	Ansiedlung britischer Sträflinge in Australien
1789/90:	Aufstände in Ungarn, den habsburgischen Niederlanden, Tirol, Galizien, Böhmen
5. 5. 1789:	Eröffnung der französischen Generalstände
27. 6. 1789:	«Dritter Stand» der Generalstände wird zur *Constituante*
14. 7. 1789:	Sturm auf die Bastille
4./5. 8. 1789:	*Constituante* schafft «Feudalrechte» ab
26. 8. 1789:	Erklärung der französischen Menschen- und Bürgerrechte
27. 6. 1790:	Übereinkunft zwischen Habsburgerreich und Preußen
24. 8. 1790:	Zivilverfassung des französischen Klerus
3. 5. 1791:	Polnische Mai-Verfassung
Seit August 1791:	Sklavenaufstand auf St. Domingue
20./21. 6. 1791:	Fluchtversuch Ludwigs XVI.
4. 8. 1791:	Frieden zwischen Osmanischem Reich und Habsburgerreich
3. 9. 1791:	Französische Verfassung
1. 10. 1791:	Konstituierung der *Législative*
20. 4. 1792:	Kriegserklärung Frankreichs an das Habsburgerreich («Erster Koalitionskrieg»)
10. 8. 1792:	Sturm auf die Tuilerien; Ludwig XVI. wird «suspendiert»
September 1792:	Wahl des französischen «Nationalkonvents»
2.-7. 9. 1792:	Massaker an Pariser Gefangenen
20. 9. 1792:	Kanonade von Valmy
1793/94:	*Terreur* in Frankreich
21. 1. 1793:	Hinrichtung Ludwigs XVI.
23. 1. 1793:	Zweite Polnische Teilung
5. 10. 1793:	Französischer Revolutionskalender
28. 7. 1794:	Hinrichtung Robespierres – Übergang zum «Direktorium»
Seit 19. 1. 1795:	Batavische Republik (Niederlande)
5. 4. /22. 7. 1795:	Frieden zu Basel zwischen Frankreich und Preußen bzw. Spanien
25. 6. 1795:	Auflösung Polens («Dritte Polnische Teilung»)

15.-17. 11. 1796:	Schlacht bei der Brücke von Arcole – Frankreich erobert Norditalien
17. 10. 1797:	Friede von Campo Formio zwischen Frankreich und dem Habsburgerreich (Ende des «Ersten Koalitionskriegs»)
1797–1799:	Tochterrepubliken in Schweiz und Italien
18. 5. 1798:	Französische Expedition nach Ägypten
1. 8. 1798:	Vernichtung der französischen Flotte bei Abukir
28. 10. 1798:	Neapel erobert Rom («Zweiter Koalitionskrieg»)
Dezember 1798:	Neapolitanische Revolution
22. 1. 1799:	Parthenopäische Republik (Neapel)
23. 6. 1799:	Aufgabe Neapels
23. 8. 1799:	Napoleon verlässt Ägypten
9. 11. 1799:	Staatsstreich Napoleons – Beginn des Konsulats
25./26. 9. 1799:	Russische Niederlage bei Zürich – Russland scheidet bis Jahresende aus der Koalition aus
9. 2. 1801:	Frieden von Lunnéville zwischen Frankreich und dem Habsburgerreich
27. 3. 1802:	Frieden von Amiens zwischen Frankreich und Großbritannien (Ende des «Zweiten Koalitionskriegs»)
25. 2. 1803:	Reichsdeputationshauptschluss
1. 1. 1804:	Unabhängigkeit Haitis
21. 3. 1804:	*Code civil des français*
2. 12. 1804:	Napoleon Kaiser der Franzosen
1805:	«Dritter Koalitionskrieg» zwischen Großbritannien, Österreich, Russland und dem Empire
21. 10. 1805:	Französische Niederlage zur See bei Trafalgar
2. 12. 1805:	Französischer Sieg zu Lande bei Austerlitz
26. 12. 1805:	Friede von Preßburg
1. 1. 1806:	Gregorianischer Kalender im Empire
6. 8. 1806:	Nach Gründung des Rheinbunds Auflösung des Heiligen Römischen Reichs
August 1806:	Angriff Preußens auf das Empire («Vierter Koalitionskrieg»)
14. 10. 1806:	Schlachten bei Jena und Auerstedt
21. 11. 1806:	Kontinentalsperre
14. 6. 1807:	Schlacht bei Friedland
7./9. 7. 1807:	Frieden von Tilsit (Ende des «Vierten Koalitionskriegs»)
22. 7. 1807:	Verfassung des Herzogtums Warschau
27. 10. 1807:	Vertrag von Fontainebleau – Aufteilung Portugals
29. 11. 1807:	Portugiesische Königsfamilie flieht nach Brasilien
25. 3. 1807:	Verbot des internationalen Sklavenhandels durch das englische Parlament ab 1808
1. 1. 1808:	Verbot des Imports von Sklaven in die USA
5. 5. 1808:	Joseph Bonaparte König von Spanien
August 1808:	Französischer Rückzug aus Portugal
April – Oktober 1809:	«Fünfter Koalitionskrieg» – Österreich gegen das Empire
1810:	Erste Unabhängigkeitserklärungen spanischer Kolonien
12. 3. 1812:	Verfassung der *Cortes* von Cádiz

12. 6. 1812:	Napoleons Einmarsch in Russland (Beginn des «Sechsten Koalitionskriegs»)
August 1812 – Februar 1815:	Krieg «von 1812» zwischen USA und Großbritannien (Friede von Ghent 24. 12. 1814)
5. 12. 1812:	Napoleon verlässt die dezimierte *Grande Armée*
25. 3. 1813:	Deklaration von Kalisch Preußens und Russlands
16.-19. 10. 1813:	«Völkerschlacht» bei Leipzig
11. 12. 1813:	Ferdinand VII. wieder König von Spanien
13. 4. 1814:	Napoleon dankt ab
30. 5. 1814:	Friede von Paris
30. 9. 1814:	Eröffnungssitzung des Wiener Kongresses
1. 3. 1815:	Napoleon landet in Frankreich
9. 6. 1815:	Wiener Kongressakte
18. 6. 1815:	Schlacht bei Waterloo
16. 8. 1819:	«Massaker von Peterloo»
31. 8. 1819:	Karlsbader Beschlüsse
30. 12. 1819:	*Six Acts*
1820:	Revolutionen in Sizilien, Piemont, Sardinien, Spanien; Beginn des Griechischen Aufstands; *Cato Street Conspiracy*
14. 2. 1820:	Ermordung des Herzogs von Berry
8. 6. 1820:	Wiener Schlussakte
1821:	Unabhängigkeit vieler spanischer Kolonien
5. 5. 1821:	Tod Napoleons auf St. Helena
Dezember 1821:	Eröffnung der griechischen Nationalversammlung
1822:	Abspaltung Brasiliens von Portugal
1822/23:	Bürgerkrieg in Spanien; französische Intervention
1823/24:	Internationale Anerkennung mittel- und südamerikanischer Staaten
26. 12. 1825:	Dekabristenaufstand in Russland
1829–1834:	Bürgerkrieg in Portugal
22. 3. 1829:	Unabhängigkeit Griechenlands («Londoner Protokoll»)
6.-14. 10. 1829:	Jungfernfahrten der Lokomotive «Rocket»
5. 7. 1830:	Französische Eroberung von Algier (bis 1847 ganz Algeriens)
25. 7. – 7. 8. 1830:	«Juli»-Revolution in Frankreich
25. 8. -5. 10. 1830:	Belgische Revolution
29. 11. 1830:	Revolution in Polen
1831–1837:	Choleraepidemie in Europa
Ab Februar 1831:	Aufstände im Kirchenstaat, Herzogtum Parma und in deutschen Staaten
4. 6. 1831:	Wahl Leopolds von Sachsen-Coburg zum König der Belgier
7./8. 9. 1831:	Eroberung Warschaus
31. 10. 1831:	Angriff Mohammed Alis auf das Osmanische Reich
27. 5. 1832:	Hambacher Fest
1833–1839:	Carlistenkriege in Spanien
3. 4. 1833:	Frankfurter Wachensturm
1. 1. 1834:	Deutscher Zollverein
1. 8. 1834:	Abschaffung der Sklaverei in britischen Kolonien bis 1838

18. 11. 1837:	Protest der «Göttinger Sieben»
24. 6. 1839–27. 11. 1840:	Krieg zwischen Ägypten und dem OsmanischenReich
6. 2. 1840:	Vertrag von Waitangi – Neuseeland britische Kolonie
6. 8. 1840:	Bonapartistischer Putschversuch
15. 12. 1840:	Bestattung Napoleons I. im Pariser Invalidendom
9. 9. 1842:	Tahiti Französisches Protektorat
1845–1850:	Irische Hungersnot
18. 2. 1846:	Revolutionsversuch in Krakau
3.–29. 11. 1847:	Schweizer Sonderbundskrieg
12. 1. 1848:	Aufstand in Sizilien; Neapolitanische Verfassung
7. 2. 1848:	Revolution in Bayern
22. 2. 1848:	Revolution in Paris
5. 3. 1848:	Verfassung für Piemont
11. 3. 1848:	Verfassung für den Kirchenstaat
17. 3. 1848–24. 8. 1849:	Republik Venedig
23. 3. 1848:	Angriff Sardinien-Piemonts auf Österreich
31. 3. 1848:	Beginn des Frankfurter Vorparlaments
10. 4. 1848:	Chartistendemonstration in London; Demonstrationen in Moldawien
20. 4. 1848:	Ende des «Heckerzugs»
23. 4. 1848:	Wahlen zur Französischen Nationalversammlung
18. 5. 1848:	Nationalversammlung in der Paulskirche
22. 5. 1848:	Preußische Nationalversammlung
23.-26. 6. 1848:	Juniaufstand in Paris
22. 7. 1848:	Wiener Reichstag
24./25. 7. 1848:	Niederlage Sardiniens bei Custozza
18. 9. 1848:	Frankfurter «Septemberaufstand»
6. 10. 1848:	Oktoberrevolution in Wien
17./18. 9. 1848:	Louis-Napoléon französischer Abgeordneter
5. 12. 1848:	«Oktroy» der preußischen Verfassung
10. 12. 1848:	Louis-Napoléon Präsident der Französischen Republik
23. 11. 1848:	Papst flieht aus Rom
9. 2. – 3. 7. 1849:	Römische Republik
7. 3. 1849:	Auflösung des Wiener Reichstags
23. 3. 1849:	Zweite Niederlage Sardiniens gegen Österreich
14. 4. – 13. 8. 1849:	Ungarische Republik
18. 6. 1849:	Auflösung des Stuttgarter Rumpfparlaments
April – 10. 7. 1849:	Wiederaufnahme des Kriegs Preußens gegen Dänemark (Friedensschluss 10. 7. 1850)
20. 3. 1850:	Erfurter Unionsparlament
2. 9. 1850:	Wiedereröffnung des Deutschen Bundestages
1. 5. 1851:	Eröffnung der ersten Weltausstellung in London

Anmerkungen

Einleitung: Europa um 1789

1 Rosemary Sweet, English Perceptions of Florence in the Long Eighteenth Century, in: Historical Journal 50, 2007, S. 837–859, hier S. 843 (Zitat), 853 f.
2 Tim Blanning, The Pursuit of Glory. Europe 1648–1815. London 2007, S. 44.
3 Chevalier de Jeaucourt, Artikel «Europe», in: Encyclopédie, ou dictionnaire raisonné des sciences, des arts et des metiers. Paris/Neufchatel, 1751–72, Bd. 6, S. 211 f., Zitat S. 212.

Kapitel I: Revolution (1789–1815)

1 James C. Scott, Seeing Like a State: How Certain Schemes to Improve the Human Condition Have Failed. New Haven 1998, S. 15 (Zitate), 20.
2 M. J. Daunton, Progress and Poverty. An Economic and Social History of Britain 1700–1850. Oxford 1995, 435–437.
3 «Gouvernement», in: Encyclopédie, ou dictionnaire raisonné, Bd. 7, S. 790.
4 Jean-Jacques Rousseau, Du contrat social ou principes du droit politique. Amsterdam 1762, Buch III, Kapitel IX.
5 Blanning, Pursuit, S. 394.
6 Timothy Tackett, Becoming a Revolutionary: The Deputies of the French National Assembly and the Emergence of a Revolutionary Culture (1789–1790). Princeton 1996, S. 174.
7 Declaration des Droits de l'Homme et du citoyen du 26 août 1789, Art. 2.
8 Edmund Burke, Reflections on the Revolution in France and on the Proceedings of Certain Societies in London Relative to that Event, London 1790, ND Harmondsworth 1986, S. 126, 130, 134, 141, 161, 311, 342.
9 Gilbert Bodinier, Les campagnes de la Révolution, in: André Corvisier (Hrsg.), Histoire militaire de la France 2: De 1715 à 1871. Paris [2]1997, S. 261–279, hier S. 264.
10 John Torpey, The Invention of the Passport: Surveillance, Citizenship and the State. Cambridge 2000, S. 51.
11 Boyd Hilton, A Mad, Bad, and Dangerous People? England 1783–1846. Oxford 2006, S. 72.
12 Holger Hoock, The British State and the Anglo-French Wars over Antiquities, 1798–1858, in: Historical Journal 50, 2007, S. 49–72, hier S. 57.
13 Jürgen Osterhammel, Die Verwandlung der Welt: Eine Geschichte des 19. Jahrhunderts. München 2009. S. 413.
14 Karl H. Wegert, German Radicals Confront the Common People. Revolutionary Politics and Popular Politics 1789–1849. Mainz 1992. S. 40.
15 Philip Dwyer, Napoleon: The Path to Power 1769–1799. London 2007,S. 4.
16 Graeme Fife, The Terror: The Shadow of the Guillotine. France, 1792–1794. New York 2006, S. 18.

17 Paul W. Schroeder, The Transformation of European Politics 1763–1848. Oxford 1994, S. 228 f.
18 Stuart Woolf, Napoleon's Integration of Europe. London 1991, S. 74.
19 Charles Esdaile, Napoleon's Wars. An International History 1803–1815. London 2008, S. 9.
20 Adam Zamoyski, 1812. Napoleon's Fatal March on Moscow. London 2005, S. 143.
21 Ute Planert, Der Mythos vom Befreiungskrieg. Frankreichs Kriege und der deutsche Süden: Alltag – Wahrnehmung – Deutung 1792–1841. Paderborn 2007. S. 483 f.
22 Zit nach M. E. Chamberlain, Lord Aberdeen: A Political Biography. London 1983, bei Adam Zamoyski, Rites of Peace, The Fall of Napoleon & the Congress of Vienna. London 2008, S. 115.
23 Hilton, Mad, Bad, and Dangerous.
24 [François René] Vicomte de Chateaubriand, Mémoires d'outre tombe, hg. Maurice Levaillant und Georges Moulinier, 2 Bde., Paris 1988, Bd. I, S. 906.
25 Zitiert nach Zamoyski, Rites of Peace, S. 520.

Kapitel II: Reform (1815–1840)

1 M. J. Daunton, Progress and Poverty: An Economic and Social History of Britain 1700–1850. Oxford 1995.
2 Jan de Vries, The Industrious Revolution. Consumer Behavior and the Household Economy, 1650 to the Present. Cambridge 2008.
3 Kenneth Pomeranz, The Great Divergence. China, Europa, and the Making of the Modern World Economy. Princeton 2000, S. 311–315.
4 Hilton, Mad, Bad, and Dangerous, S. 564.
5 David Todd, John Bowring and the Global Dissemination of Free Trade, in: Historical Journal 51, 2008, S. 373–397, hier S. 382.
6 Daten bei de Vries, Industrious Revolution, S. 83 f.
7 Die Verbindung der Maurergesellen oder authentische Darstellung der diesen Verbindungen üblichen Gebräuche. Lübeck 1841, S. 50 ff. Ich verdanke diesen Hinweis Jürgen Brand; vgl. derselbe, Gesellschaftliche Selbstorganisation in der Welt der Arbeit des 19. Jahrhunderts oder, im Westen nichts Neues, in: Peter Collin (Hrsg.), Regulierte Selbstregulierung im frühen 19. Jahrhundert, erscheint vermutlich Frankfurt 2010.
8 Zit. nach Jean-Yves Frétigné, Guiseppe Mazzini. Père de l'unité italienne. Paris 2006, S. 20.
9 The Parliamentary Debates: Forming a Continuation of the Work Entitled «The Parliamentary History of England from the Earliest Period to the Year 1803». Published under the Superintendence of T. C. Hansard (1803/04–1830), Bd. 5, Sp. 1257.
10 Berlin 1815, Zitat S. 16.
11 Jerome McGann, Byron, George Gordon Noel, sixth Baron Byron (1788–1824), in: Oxford Dictionary of National Biography, Oxford University Press 2004; Online-Ausgabe Oktober 2008 [http://www.oxforddnb.com/view/article/4279, eingesehen 29. Juli 2009].
12 A. Jardin/A.-J. Tudesq, La France des notables, Bd. 1: L'évolution générale 1815–1848. Paris 1973, S. 116.
13 Heinrich Heine, Ludwig Börne. Eine Denkschrift, in: Heinrich Heine, Sämtliche Werke, Bd. IV. München [2]1993, S. 5–133, hier 43.

14 Philipp Jakob Siebenpfeiffer, Rede auf dem Hambacher Fest, zitiert nach Peter Wende (Hrsg.), Politische Reden 1792–1867, Frankfurt am Main 1990, S. 180–191, Zitate S. 181, 183 und 191 (Hervorhebung i. O.).

15 Raymond Carr, Liberalism and Reaction, in: ders. (Hrsg.), Spain: A History. Oxford 2000, 205–242, hier S. 206 f.

16 John Belchem, Hunt, Henry [Orator Hunt] (1773–1835), in: Oxford Dictionary of National Biography, Oxford 2004, Online-Ausgabe [http://www.oxforddnb.com.proxy.ub.uni-frankfurt.de/view/article/14193, eingesehen 30. Juli 2009].

Kapitel 3: Revolution? (1840–1850)

1 Winfried Baumgart, Europäisches Konzert und nationale Bewegung. Internationale Beziehungen 1830 bis 1878. Paderborn 1999, S. 299.

2 Rudolf Muhs, Karl Blind – Ein Talent in der Wichtigmacherei, in: Sabine Freitag (Hrsg.), Die Achtundvierziger. Lebensbilder aus der deutschen Revolution 1848/49. München 1998, S. 81–98, 312–15, hier S. 85.

Zeitleiste

1 Daten zu parlamentarischen Versammlungen beziehen sich immer auf die Eröffnung.

Bildnachweis

S. 95, S. 154 © The Bridgeman Art Library
S. 107 © bpk/RMN/Daniel Arnaudet

Personenregister